젠더와 언어

젠더와 언어

평화로운 공동체 회복을 위한 남녀의 소통 전략

김 귀 순

한국문화사

젠더와 언어

초판인쇄 2011년 12월 10일
초판발행 2011년 12월 20일

지 은 이 김 귀 순
꾸 민 이 조 소 연
펴 낸 이 김 진 수
펴 낸 곳 **한국문화사**
등 록 1991년 11월 9일 제2-1276호
주 소 서울특별시 성동구 아차산로3(성수동1가) 502호
전 화 (02)464-7708 / 3409-4488
전 송 (02)499-0846
이 메 일 hkm7708@hanmail.net
홈페이지 www.hankookmunhwasa.co.kr

책값은 뒤표지에 있습니다.

ISBN 978-89-5726-923-7 93700

■ 머리말

일반적으로 젠더와 언어는 언어학의 연구 영역에서 페미니스트 언어학자들에 의해 꾸준히 논의되어온 오랜 역사를 가지고 확고한 학문영역을 구축하고 있지만 일반 언어학도들의 관심에서 도외시되어 온 경향이 있었다. 최근에 오면서 언어와 젠더 연구는 점점 광범위해지고 학제간 성격을 띠는 쪽으로 다양하게 전문화되고 있으며 접근방식과 방법론 결합 등을 통해 계속 발전되고 있다.

그러나 지금까지의 언어 연구는 서로 다른 언어간의 보편성과 차이성에 근거를 두고 언어를 어떻게 습득하고 어떻게 학습시킬 것인가에 대한 연구가 주류를 이루었다. 이러한 연구도 언어 연구의 큰 틀에서 볼 때 매우 중요하다. 그러나 언어가 사회적 산물이라고 본다면 인간의 사회적 행동을 결정하는 문화와 제도 및 인간의 언어 인식에 대한 연구의 중요성도 간과할 수 없다.

언어가 의사소통의 중요한 부분이라면 의사소통의 주체자인 사람에 대한 연구가 필수적이다. 사람에 대한 연구는 사람을 이루는 주요 구성원인 남녀의 인식구조와 행동방식에 대한 연구가 그 주를 이루게 될 것이다.

언어는 인간 문화의 주요소로서 문화적 선입견과 가치를 나타낸다. 여성언어가 생물학적 차이를 대변한다는 관점에서 여성의 사회적 역할을 상징한다는 관점으로 바뀌게 된 것이 본격적인 페미니스트 언어학 연구의 출발점이 되었다. 페미니스트 언어학은 언어가 사회적 관행과 함께 사회속에서 젠더 구분과 불평등이 야기되는 방식을 규명하여 저항하는데 관심을 가진다.

페미니스트들은 젠더 이데올로기에 입각한 언어는 남성적 관점을 나타내기 때문에 성차별적이라고 생각한다. 미국 하버드대를 중심으로 한 진보주의자들이 언어내에 존재하는 성차별을 개선하기 위한 정치적 교정은 미국 노동부의 성차별어 전면 개정이란 놀라운 성과를 가져왔다.

페미니스트들은 이보다 더 한 걸음 나아가 여성만이 체험하는 것을 언어로 표현하고자 신조어를 만들었지만 널리 유포되지 않아 페미니스트들만의 정치적 언어 교정은 실패로 끝났다. 그러나 언어 개혁의 일종인 정치적 교정은 언어 전반에 걸친 문화 장벽을 제거하는 데 큰 디딤돌이 되었다. 여성의 경험과 여성의 관점을 중요시하는 미국 페미니스트들의 언어 실험적 교정활동은 사회적 동의를 얻지 못한 채 언어 현실의 벽을 넘지 못했다. 이것은 언어개혁의 한계를 보여 준 것으로 모든 성공적인 개혁이 그러하듯이 천천히 가더라도 여럿이 함께 가는 것이 무엇보다 중요하다는 것을 우리에게 시사해 준다.

이 책은 의사소통과 담화분석을 포함해 남녀의 언어 사용의 차이에 대한 이론적 토대를 중심으로 전개하면서 언어 속에 나타난 성차별의 실재와 언어개혁운동의 현주소가 어떠한 과정을 거쳐 왔는지를 살펴보는데 역점을 두었다. 이를 위해 주어진 자료에 대한 연구들의 사례를 분석하고 이러한 분석에 의거한 필자의 견해를 피력하려고 하였다.

그 결과 이론적 흐름을 정리하되 정리 자체가 목적이 아니라 젠더 이데올로기와 언어 현상, 언어 교정주의의 비판적 소개 등을 통해 언어와 젠더 이론에 대한 새로운 창의적 틀을 보여주려고 노력하였지만 여전히 보완할 점이 많은 것이 사실이다.

본 책을 통해 필자는 남녀가 다양한 상황에서의 담화분석을 통해 담화시의 성정체성은 생물적 성처럼 고정된 것이 아니라 담화를 하고 있는 남녀간 상호작용에 의해 파워의 우위가 결정된다는 페미니즘에 입각한 후기구조주의 담화분석 이론의 타당성을 여러 가지 데이터를 제시하면서 입증하였다.

구조주의 담화분석에 따른 성정체성 분석은 남성은 파워그룹, 여성은 희생양이라는 이분적 사고를 양산시키고 여성은 언제나 피해자, 희생양이라는 이분적 사고를 내재화한다. 이에 반해 페미니스트들의 후기구조주의 담화분석은 여성이 언제나 비파워 그룹에 속하는 것이 아니라 담화환경에 따라 인습적, 관행적 나약함을 극복하고 저항하며 도전함으로써 상대적 강자가 될 수 있다는 페미니즘적 사고를 지향한다.

이 책은 저자가 십여 년에 걸쳐 언어 속에 나타난 젠더 현상을 연구 발표한 논문을 정리해 놓은 것으로 책 내용 중에 등장하는 인물 호칭에 현실과 약간의 차이가 있을 수 있다 이 책은 언어 사용면의 성별 차이에 관한 연구에 집중되었으며 억양, 발음, 어휘, 문법, 담화전략, 의사소통 패턴을 중심으로 엮어 나갔다.

가부장제 사회에서 오랜 기간 여성 배제가 지속되어 온 역사인식은 가지되 연구의 초점을 남성성과 여성성의 관계에 따른 언어 표현의 차이를 조명하였다. 특히 남녀간 담화시 담화전략과 담화 하위문화의 차이로 양성간 의사소통이 잘 안 되는 경우를 언어전략의 상대성 원리로 설명하였다.

부족한 연구이지만 모든 학문은 누군가의 비판으로부터 자유로울 수 없고 그러한 비판이 학문적 발전을 가져온다는 신념에서 이 글은 출발하였다. 좋은 조언과 후속 연구들이 많이 나오기를 바란다.

이 책의 출간을 도와주신 한국문화사 김태균 부장님을 비롯해 직접 편집과 교정을 맡아 주신 임직원 여러분과 부산 외국어대학교 권아영 학생에게 감사드린다.

2011. 11. 30.

편견과 차별 없는 평등한 세상

김 귀 순

■ 차례

1장 페미니즘과 언어

1절 젠더 이데올로기와 언어교정주의에 대한 고찰 1)

일반적으로 언어학의 연구 영역에서 성과 언어는 페미니스트 언어학자들에 의해 꾸준히 논의되어온 오랜 역사를 가지고 확고한 학문영역을 구축하고 있지만 일반 언어학도들의 관심에서 도외시되어 온 경향이 있다. 언어가 의사소통의 중요한 부분이라면 의사소통의 주체자인 사람에 대한 연구가 필수적이다. 사람에 대한 연구는 사람을 이루는 주요 구성원인 남녀의 인식구조와 행동방식에 대한 연구가 그 주를 이루게 될 것이다.

지금까지 언어 연구는 서로 다른 언어간의 보편성과 차이성에 근거를 두고 언어를 어떻게 습득하고 어떻게 학습시킬 것인가에 대한 연구가 주류를 이루었다. 이러한 연구도 언어연구의 큰 틀에서 볼 때 매우 중요하다. 그러나 언어가 사회적 산물이라고 본다면 인간의 사회적 행동을 결정

1) [언어과학]. 2005. 10월 제 12권 3호 pp.1-24 한국언어과학회.

하는 문화와 제도 및 인간의 언어 인식에 대한 연구의 중요성도 간과할 수 없다.

기존의 젠더 이데올로기에 대한 언어 연구는 언어의 사회적 역할에 연구의 초점을 두고 있으며 좀 더 광범위하게는 우리 인류가 수천 년 동안 걸어오면서 쌓아온 문화와 제도에 대한 언어적 연구이다. 이 책에서는 언어의 사회적 역할에 충실하면서 남녀가 평등하게 살 수 있는 이상 사회를 향한 페미니스트와 사회개혁주의자들의 현실개혁에 대한 꿈과 소망이 언어 개혁이라는 형태로 나타나는 과정을 다루고 있다. 그 과정에서 필연적으로 겪게 되는 사회적 비판과 언어현실에서의 일반인들의 수용여부가 급진적, 좌파적 언어개혁론자들의 의지를 꺾게 되는 것을 지켜보면서 언어는 결코 성중립적이지도 않지만 언어교정주의자들의 의도대로 급진적이지도 않음을 알 수 있다. 또한 페미니스트들의 주장대로 남녀문장의 구분이 과연 존재하는지와 존재한다면 어떤 기준을 가지고 구분하는지를 살펴보고자 한다.

1. 젠더 이데올로기

1.1. 젠더 이데올로기란 무엇인가

일반적으로 이데올로기[2)]란 인간 · 자연 · 사회의 총체에 대하여 사람들이 품게 되는 의식형태로서 ① 존재에 근저적인 뜻 부여(가치체계) ② 자신과 객관적 제조건에 대한 현실 인식(분석체계) ③ 원망과 확신에 의해 자신의 잠재적 에너지를 의지적으로 활성화함(신념체계) ④ 구체적인

2) http://100.naver.com/100.php. 이데올로기의 구조와 기능

사회적 쟁점에 대한 수단과 태도의 선택도식 등이 포함된다. 이러한 내용을 가진 의식형태가 사회집단(정당·조직·세대·계층·계급 등)에 의해 공유되면 사회적 이데올로기가 성립한다. 또한 이 사회적 이데올로기가 구체적인 각 개인의 생활을 통하여 내재화되면 각 개인의 개인적 이데올로기가 형성된다.

이데올로기의 일반적 정의에 따라 젠더 이데올로기를 정의해 본다면 젠더 이데올로기는 우리가 살고 있는 사회 및 문화 속에서 사람들의 인식과 판단에 커다란 영향을 미치게 된다. 사회적 동물인 인간에게 있어 젠더 구분은 매우 중요한 것으로 남자로 태어났느냐, 여자로 태어났느냐에 따라 한 개인으로서 엄청난 결과가 수반된다. 이것은 우리가 세상을 대하는 방식에도 영향을 미친다. 젠더는 생물학적 토대를 둔 성(sex)과 달리 사회적으로 구성되며 학습된다. 그리고 이분법적인 구조인 생물학적 성(sex)이 아니므로 좀더 남성적이거나 좀더 여성적이라는 표현이 가능하다. 따라서 젠더의 개념 속에 개인 및 사회의 문화에 따른 다양성이 존재한다.

그러나 젠더 이데올로기는 이러한 다양성을 인정하지 않고 한 성에 고정적 역할과 특정한 기대치를 부여하고 이것을 고착화시키는 것을 말한다. 따라서 젠더 이데올로기는 자유민주주의와 공산주의라는 이념적 이데올로기만큼 때로는 젠더 간의 갈등과 대결을 사회 구성원들 사이에서 일으킬 수 있다는 데 그 위험이 존재한다.

예를 들면, 가부장적 전통사회에서 아이를 돌보고 집에서 살림을 사는 주체가 여성이라고 하는 젠더 이데올로기가 존재하는 곳에서는 남성이 가사를 돌보고 아이를 키우는 것은 비정상적인 것으로 보이게 된다. 이러한 젠더 이데올로기를 신봉하고 있는 남성이 집안을 돌보는 전통적 여성 역할을 해야 하는 경우 남성 자신의 정신적 갈등은 매우 클 수 있다. 심지어는 이들의 직업을 나타내는 사회적 언어도 없다. 여아는 남아에 비해 컴퓨터를 잘 못하고 남아는 여아와 달리 학교에서 주도적 생활을 해야 한다는 젠더 이데올로기 속에서 그 반대의 행동을 하는 여아와 남아는 비정상적인 것으로 취급되어 정신적 갈등을 겪을 수도 있다.

젠더 이데올로기에서는 여성은 '의존성(dependence)', '순응성(domesticity)'이란 특성을 보유하고 있으며 남성은 그 대신 '야심(ambition)', '힘(power)', '일(work)'이라는 특성을 보유하고 있다고 여겨진다. 만약 이러한 젠더 이데올로기를 고수하는 개인이 있거나 사회가 있다고 할 때 야심을 가지고 힘차게 일을 하여 월급을 받는 여성이라면 이 여성은 남성으로 성전환해야 하는가 하는 의문이 생기게 된다. 그리고 여성이 주로 하게 되는 대부분의 가사노동은 월급을 받지 않으므로 '노동(work)'이 아니라고 해야 하는 지에 대한 물음도 제기된다.

앞서 언급하였듯이 한국어에서는 둘 다 성으로 표기되지만 생물학적 개념인 섹스와 사회·문화적 개념인 젠더는 본질적으로 다르다. 사회변화가 초래되면 우리의 윤리관이나 종교관이 바뀌듯이 젠더 개념도 변화하기 마련이다. 예를 들면, *housekeeper*가 *homemaker*로 변화하게 되었는데 이 *homemaker*는 남성, 여성 모두가 해당될 수 있다. 따라서 한국어에서 '집에서 살림을 사는 여자'를 주부(主婦)'라고 한다면 '집에서 살림을 사는 남자'도 '주부(主夫)'라고 부를 수 있을 것이다. 이러한 신조어에 동의하지 않는다면 'house wife'를 'house manager'라는 성 총칭적 용어로 전환한 영어와 같이 성 총칭적 신조어를 만드는 것을 우리 사회에서도 검토해 볼 만하다.

이러한 남녀의 역할에 대한 개인의 갈등과 사회적 차별을 양산하는 젠더 이데올로기가 사회내에 존재한다면 성평등에 관한 우리의 인식은 제고될 수 없다. 탈냉전시대를 맞이하여 자유민주주의와 공산주의라는 이념적 이데올로기가 소멸되듯이 젠더 이데올로기도 진정한 성평등 시대를 맞이하여 폐기되어야 한다. 또한 젠더 이데올로기에 의한 언어적 유산도 페미니스트들의 언어 현실에 대한 인식여부를 떠나 우리 사회문화를 이루는 전체 구성원들이 노력해서 해결해 나가야 할 사회·언어적 과제로 남아 있다.

종래의 언어연구의 경향을 보면 생활 속의 살아 있는 언어 연구를 등한시하는 풍토가 있다. 이것은 언어학이 개념적 연구에서 사회 제도나 사회 문화와 관련된 실용적 연구로 나아가는 과정에서 언어학자들이 고민해 보아야 할 문제가 아닌가 한다.

1.2. 젠더 이데올로기와 페미니즘

1.2.1 페미니즘의 변화

여성의 권리와 역할에 대한 미국인들의 태도는 지난 반세기 동안 매우 개방적이 되었다(Brewster and Padavic 2000; Brooks 2000; Harries and Firestone 1988; Mason and Lu 1988; Rosenfield and Ward 1996; Thornton 1989; Thornton, Alwin and Camburn 1983). 심지어는 오늘날 여성이 남성과 모든 영역에서 동등해야 한다는 페미니스트들의 신념을 말할 때면 언론과 일부학자들은 페미니즘은 죽은 것은 아니지만 쇠퇴하고 있다고 한다. 성평등주의 시각을 가지면서도 오늘날 젊은 여성들은 자신을 페미니스트라고 지칭하는 것을 원하지 않는다(Bellafante, 1998; Faludi, 1991; Kaminer, 1993; Williams & Andrisin Wittig, 1997).

다음은 최근 연령별로 미국 여성의 페미니즘에 대한 인식을 조사한 것이다(Peltola & Milkie & Presser, 2004: 129).

〈표 1〉 U.S. Women Who Consider Themselves Feminists: All Women and Each Cohort

	All	*Bust*	*Boom*	*Pre-Boom*
National Election Study				
Percentage	26.5	25.1	29.5	25.2
n	1,201	319	359	523
General Social Survery				
Percentage	26.6	23.1	28.7	28.6
n	725	264	230	231

NOTE: National Election Study chi-square=2.45, df=2, $p > .29$; General Social Surver chi-square=2.63, df=2, $p > .26$.

위 <표 1>에서 Pre-Baby Boom cohort는 1946년 이전, Baby Boom cohort는 1946년에서 1959년 사이, Baby Bust세대는 1960년에서 1978년 사이에 출생한 여성을 말한다. 이는 미국 사회에서 여성의 사회·경제적 지위가 향상되어 성희롱이나 젠더 이데올로기 등 페미니스트 이슈의 제기 필요성이 점점 줄어들게 되었음을 의미한다. 이것은 또한 최근 성차별적인 언어 사용을 지양하는 언어 교정과정을 통해 성차별적인 의식과 문화가 점점 사라지고 있다는 것도 그 한 이유에 속할 수 있을 것이다. 미국 여성들의 이러한 변화는 앞으로 다루게 될 언어 교정주의자들의 무원칙한 정치적 교정에 대한 반작용이라고 볼 수 있다. 또한 남녀간의 사회적 평등이 사회적 어젠더인 실천적 과제로 공론화되면서 페미니즘에 대한 상대적 필요성이 줄어들게 된 것도 같은 맥락에서 생각해 볼 수 있다.

1.2.2. 왜 언어가 페미니스트 이슈가 되는가?

(1) Language is a major component of any human culture. It encodes a culture's preoccupations and its values; it is one of the main means whereby these are transmitted to children and other incomers to the community. Many strands in the feminist critique of language have

concerned themselves with what languages tell their users and their learners about gender and about women(Cameron, 1999: 9).

(1)에서 언어는 인간문화의 주요소로서 문화적 선입견과 가치를 나타낸다. 또한 언어는 어린이와 외부 이주자에게 전달하는 주된 수단의 하나이기도 하다. 언어 페미니스트들이 언어 사용자와 학습자가 젠더와 여성에 대해 어떤 메시지를 담을 것인가에 대해 관심을 가지고 있음을 알 수 있다. 그렇다면 언어와 젠더, 언어와 여성과는 어떠한 관련성을 가지고 있는지를 페미니스트 관점에서 살펴보기로 하자.

언어에 대한 페미니스트 견해는 실로 매우 다양하다. 언어는 페미니즘 내에 항상 존재해왔던 정치적 차이와 담화의 다양성을 나타낸다. 언어에 대한 페미니스트들의 비판은 여성의 언어 접근성, 즉 언어표현의 이데올로기적, 문화적 결정요인을 강조한다. 언어에 대한 페미니스들의 관심은 언어가 여성의 의식을 나타내기에 불충분하다는 것이 아니고 여성이 언어자원을 거부하고 침묵, 완곡어법, 우회적 표현을 부득이 사용한다는데 있다(Showalter, 1981: 193).

또한 페미니스트들은 언어가 성차별적이라고 생각한다. 언어는 남성적 관점을 나타내거나 남성적 관점의 세상을 지칭한다고 보고 언어가 남성과 여성, 남녀관계에 대한 고정된 관점에 부응한다고 믿는다. 특히 Spender(1985:14)같은 페미니스트는 창세기에서 신의 창조물인 아담처럼 남자들이 사물의 이름을 붙이는 것을 독점하고 있어 그 결과는 심각하다고 한다. 왜냐하면 사물의 이름이야말로 실재 이전에 존재하는 선험적 실재의 단순한 반영이 아니라 수많은 가능 세계의 실재까지도 고정해 버릴 수 있는 문화적 방식을 내포하기 때문이다.

이것은 단순히 페미니스트들이 꾸며낸 이야기는 아니다. 사물을 명명하는 것은 고대 플라톤까지 거슬러 올라간다. 우리가 실제 사물을 어떻게 인식하느냐를 반영하고 결정하는 것이 언어라고 보는 것은 Sapir 및 Whorf 가설과 일맥상통한다.

다음은 단순한 '명명(naming)'을 넘어 성차별 언어가 어휘(예를 들면, -ess와 같은 접미사)에서부터 인습적 언어 스타일, 언어사용역(register), 담화영역에 이르기까지 포함된다는 것을 다음 예문을 통해 알 수 있다.

(2) A man who suffered head injuries when attacked by two men who broke into his home in Beckenhan, Kent early yesterday, was pinned down on the bed by intruders who took it in turns to rape his wife. (Cameron, 1999: 11)

(3) A terrified 19-stone husband was forced to lie next to his wife as two men raped her yesterday.(Cameron, 1999: 11)

이 두 예문을 통해 Cameron이 말하고자 하는 것은 'man'과 'wife'의 비대칭적 중요성에 언급하고 있다. 이 예문의 페미니스트적 이슈는 이 글이 여성의 경험이 아닌 남성의 경험을 중심으로 기술되고 있다는 점에 있다. 남성이 주제어(theme)이자 문장의 주어이며 언급되고 있는 최초의 사람이다. 남성은 동사 'suffered'의 주어이면서 'forced'의 주어이다. 'her home'이 아닌 'his home' 으로 기술한 것으로 보아 남성 중심적 관점에서 쓰인 글임을 알 수 있다. 여성을 언급할 때 둘 다 'his wife'로 표현하고 있고 긴 복합문의 거의 끝부분에 언급된다. 부인의 강간은 종속절에 언급되어 있다. (2)에서 중요성으로 보면 부인의 강간은 세 번째에 속한다. 부인의 강간은 남자의 머리 부상과 주거침입 다음으로 중요한 셈이다. (3)에서도 실제로 무서운 것은 사건의 전개순서를 기술한 것으로 보아 강간으로 인한 고통 그 자체가 아니라(여성적 관점) 강간을 지켜보아야 하는 무력함(powerlessness) 그 자체라고 기술하고 있음은 남성 중심적 시각의 반영이라는 것을 알 수 있다.

따라서 Cameron이 직접적 언급은 자제하였지만 이 보기를 통해 보여주고자 하는 것은 여성의 경험이 여성적 시각에서 언어로 기술될 필요가 있다는 점이다. 다른 페미니스트들의 언어 관점도 이와 유사하다고 본다.

1.3. 문장의 성구분(gendered sentence)은 가능한가?

1.3.1. 개념정의

여성의 경험을 여성적 시각에서 언어로 기술할 필요가 있다고 주장하는 페미니스트들은 문장에도 성구분이 있다고 보았다. 문장의 성구분은 남성이 쓰는 문장과 여성이 쓰는 문장에 차이가 있음을 의미하는데[3] 이러한 주장은 페미니스트인 Virgina Woolf[4]의 작품으로 그 토론이 본격화되었다. Woolf (1977)는 (4)에서 남성문(male sentence)은 언어규범을 덜 지키고 문장이 너무 길어 여성들이 사용하기에는 부적합하다고 하였다.

(4) 'It is a sentence made by men; it is too loose, too heavy, too pompous for a woman's use.'

여기서 Woolf는 동사나 형용사보다는 명사형을 사용하는 공식적인 형태의 문장이 남성문이라고 하였다.[5] 여성이 글을 쓸 때 지향해야 할 목표

---

3) 프랑스 페미니스트도 마찬가지 주장을 하였는데 이에 대해서는 Irigaray(1985), Cixous(1976) 참조.

4) 울프(Virginia Woolf)는 여성문을 긍정적으로 기술한 최초의 사람 중의 하나이며 여성문을 'female sentence or sentence of the feminine gender'이라고 불렀다.

5) Woolf의 문장 성표시에 대한 주장은 애매한 점이 있다. Woolf는 Charlotte Bronte의 글을 여성적인 것으로 비난한 적도 있으며 여성이 자신의 성을 생각하고 글을

는 전형적인 남성문을 쓰는 것인데 이때 여성은 운명과 전쟁 중에 있게 된다(Woolf, 1977: 99). 남성문이란 냉정하고 지혜로우며 객관적이고 비인칭적인 중립적 문장을 가리킨다.[6)]

이러한 주장을 하는 사람들의 대부분은 여성문에 대한 기술에 역점을 두는 경향이 있다. 그런데 이것은 남성 기준에서 이탈한 문장을 여성문이라고 생각하려는 관례에 불과하다.[7)] 이들의 주장은 구체적인 사례를 찾기 어려워 좀 추상적인 단계에 머무르는 경우가 흔하다. Woolf 자신도 프랑스 페미니스트의 주장대로 남성도 여성문을 쓰는 경우가 있으므로 문장의 성 구분은 다소 애매한 점이 있다고 하였다.

여성이 쓴 글의 일반적 패턴을 정의내리기가 불가능하므로 여성문의 엄격한 정의도 불가능하다는 것을 Cixous(1981a: 253)는 (5)에서 말해 주고 있다.

(5) It is impossible to define a feminine practice of writing, for this practice can never be theorised, enclosed, encoded- which doesn't mean that it doesn't exist. But it will always surpass the discourse that regulates the phallocentric system.

Cixous는 자웅동주(androgyny)를 주장하는 Woolf와 마찬가지로 가장 좋은 글쓰기는 성구분이 안되는(sexless) 글을 쓰는 것이 아니라 양성(bisexual) 지향적인 글을 쓰는 것이라고 하였다. 다만 남녀 모두 여성문

쓰는 것은 치명적이라고 한다(Woolf, 1977: 99).

6) 이것은 Spender(1980)의 주장대로 언어는 남자가 만든 것이라는 관점에서 출발하였으며 남성 우월주의에 바탕을 두고 있다.

7) Wittig(1983: 2)에 의하면 '젠더는 두 개 존재하지 않는다. 오직 여성이라는 젠더 하나일 뿐이다. 남성은 젠더가 아니다. 남성은 남성이라는 젠더로서가 아닌 남녀를 포괄하는 총칭적으로 사용되고 있다'고 Wittig는 보았다.

(feminine syntax)을 쓰되 여성이 좀더 많이 이것을 사용하는 경향이 있을 뿐이라고 하였다.

페미니스트인 Cixous는 언어에 대한 여성들의 부정적 입장을 오히려 긍정적으로 보면서 '비단언성', '비논리성'과 같은 여성적 특징이 오히려 미덕으로 간주되어야 한다고 하였다. 여성문의 특징인 주관적이고 비정형적인 특징은 남성도 때로는 원하는 바이지만 남성 스스로 그렇게 하지 못할 뿐이다. 이것은 여성의 언어가 약자의 언어이며 비정상적인 반면 남성언어는 정상적이라는 통념을 깬 혁명적인 사고라고 볼 수 있다.

(6) We are living through the very period when the conceptual foundation of a millennial culture is in the process of being undermined by millions of species of mole as yet not recognised (우리도 모르는 사이 수많은 사람들이 천년 문화의 개념적 기초를 훼손중인 바로 그 시기에 우리는 살고 있다).

(Cixous, 1981b: 93)

(6)에서 'mole'은 여성으로서 남성문[8])을 통해 고정관념과 가부장적 문장구조를 서서히 깨고 있는 사람을 가리킨다. 남성과 여성의 정치 · 경제는 서로 다른 요구조건과 제약으로 이루어져 있다. 즉 권력관계, 생산과 재생산 관계, 은유 · 사교적 표현, 전달 방법, 기명 문화 등이 다르다. 그러므로 정치 · 경제 구조에 변화가 있다면 우리가 생각하는 남성과 여성에 대한 개념 척도의 변화도 있어야 할 것이다.

8) 이런 경우의 글은 '기존 질서에 대한 전복적 성격의 글(subversive writing)'이다.

1.3.2. 문장의 성별 분석 사례

Woolf의 문장의 성구분에 대한 여러 비판들 중에서 Leonardi의 견해를 살펴보기로 하자. Leonardi(1986: 151)는 Woolf와 달리 문장성분으로 여성문을 분석하였다. 문장구조나 통사구조, 주어, 의미 완결성, 논리성, 참조성 등이 문장 성구분에 있어 주요한 요소가 되었다.

Leonardi는 어느 것이 중요하고 덜 중요한지가 명확하게 드러나고 주절과 종속절이 구분되는 위계성 문장은 남성문이라고 보았다. 또한 Woolf의 글을 통계적으로 분석한 결과 Woolf는 종속절을 자주 사용하지 않는 대신 등위절(주로 and)을 주로 사용하였다는 것을 알았다. 남성문은 구조적 위계가 있는 문장으로 조직화된 세상에 대한 은유이며 의미의 완결을 추구한다. 남성문은 남성경험을 기술하는 문장이다.

반면 여성문은 주로 여성경험을 기술하는 문장이다. Woolf를 대표로 하는 여성문은 의미의 완결이 부족하며 권위와 논리성이 결여되어 있다. 여성문은 명상적 구조와 기획이 없는 가운데 감정을 쏟아내고 영혼을 토로하는 문장이다. 여성문은 통제성이 중요한 요소가 되는 남성문과 구분된다.

그러나 이러한 남성문과 여성문에 대한 규범적 구분은 단순히 글쓴이가 남녀라는 생물적 구분에 의한 것이 아니라 문장의 특징에 의해 결정된다. 여성도 남성문을 쓸 수 있고 남성도 여성문을 쓸 수 있는 것은 여성문과 남성문의 이러한 주요 특징과 규정을 알고 사용하기 때문이다. 다음 (7)-(8)은 Cameron(1999: 73)이 남성문과 여성문을 구분한 것이다.

(7) a. I came I saw I conquered.[9] (남성문)

---

9) 로마의 영웅 줄리어스 시저(Julius Caesar)의 말로서 라틴어 Veni, Vidi, Vici를 영어로 옮긴 것이다.

b. Shelia felt as if her whole being was conquered by this man whom she hardly knows. (여성문)

(8) a. I'm hungry and I want something to eat. (남성문)

b. I wonder if there's something to eat. (여성문)

따라서 남성문과 여성문의 차이를 주요소별로 구분해 보면 다음 네 가지(주제어, 문장구조, 은유, 의미)로 기술할 수 있다.

① 주제어 차이:

(7)의 문장 성구분은 주제어 차이에 따른 것으로 주제어가 남성이면 남성문, 주제어가 여성이면 여성문이다. 그밖에도 간결성, 공격성도 남성문의 한 요소가 될 수 있다.

② 문장 구조 차이

(7)에서 알 수 있듯이 여성문은 문법적으로 훨씬 더 복잡한 반면 남성문은 대구적 경향이 있다.

③ 은유 차이

페미니스트들은 남성과 여성이 글을 씀에 있어 은유의 차이도 중요한 차이로 보았다. 여성문은 여성적 특징을 묘사하기 위해 '새'를 은유한 글이 많다. 이러한 은유의 예는 Christina Rosetti의 시 (9)에 잘 나타나 있다 (Eagleton, 1996: 209).

(9) My heart is like a singing bird
Whose nest is in a watered shoot.
Me, poor dove that must not coo

-eagle that must not soar (여성문)

(9)에서 새는 새장에 갇힌 상태를 보면 언제나 약자이고 희생물이며 감각적이어서 여성적 은유에 적합하다. 그러므로 (9)은 여성문의 전형적 유형이다.

④ 의미 차이

남성문의 의미는 단순하며 언어는 투명하고 사상이 잘 나타난다. 이성적이고 단언적이며 분명하다. 그 반면 여성문은 불투명하고 이해하기 어렵다.

(10) a. This incident, which might be said to have added to his undoing, did not arise out of Mr. Stone's passion for gardens. Gardening as he practised it was no more than a means, well suited to his age, which was 62, of exhausting the spare time and energy with which his undemanding duties in one of the departments of the Excal company, his status as a bachelor and his still excellent physique amply provided him.

b. O

Tell me about[10)]

Anna Livia! I want to hear all

About Anna Livia. Well, you know Anna Livia? Yes, of course, we all know Anna Livia. Tell me all. Tell me now. You'll die when you hear. Well, you know when the old cheb went futt and did what you know. Yes I know go on. Wash quit and do't be dabbling. Tuck up your sleeves and loosen your

10) (10b)는 (10a)와 달리 문장의 좌우 배열 정돈을 잘 지키지 않고 있는데 이것도 여성문의 특징이라고 본다.

talktapes. And don't butt me - hike! - when you bend. Or whatever it was they threed to make out when he thried in the Fiendish park. (Cameron, 1999:75)

(10a)는 남성문이고 (10b)는 여성문이다. 여성문은 종속절이 없으며 일부 문장은 미완성이다. 특별히 이성적이거나 권위주의적인 것도 아니다. 여성의 경험을 이야기하고 있으며 읽기에도 매우 힘들고 실험적 글쓰기인 경우가 많다.

여성문이 남성문과 다른 여러 가지 특징을 가지고 있다는 프랑스 페미니스트의 주장과 달리 Wittig는 다음과 같이 이러한 논리를 부인하고 있다. 여성문은 실제로 존재하지 않는 여성신화와 같다. 여성문은 가상적 형태이지 구체적 실체가 아니다. 따라서 페미니스트들의 상상속에 기초한 여성문을 여성과 연관시킬 수 없다고 다음과 같이 단언하였다 .

(11) That there is no feminine writing must be said at the outset, and one makes a mistake in using and giving currency to this expression. What is this 'feminine' writing? It stands for Woman, thus merging a practice with a myth of Woman. 'Woman' cannot be associated with writing because 'Woman' is an imaginary formation and not concrete reality (Wittig, 1983: 2)

여성문은 여성의 지배라는 잔인한[11] 정치적 상황에 대한 은유를 자연스럽게 받아 들이게 한다. 여성의 글도 남성의 글처럼 생산적인 과정이며 여성성이라는 은유가 어떻게 사용되고 있는지 알아야 한다. 여성성이나 남성성은 생물적 성과 관련이 없고 '힘'의 문제와 관련이 있다. 여성문을

11) 적어도 남성 지배를 정당화하는 사람들에게는 여성의 지배는 잔인하게 생각될 수밖에 없다.

다루는데 있어 우리는 사실상 문장을 다루는 것이 아니라 여성성을 규명하고 있다. 이것은 현실성 없는 이상적 야심일 뿐이다. 우리는 남성문을 이와 같은 방식으로 정의하지 않는다. Cameron(1985: 33)은 고정관념은 아무리 틀린 것이라 할지라도 중요한 사회적 불평등을 강화하는 한 끈질기게 지속되는 경향이 있다고 하였다.

따라서 여성문을 논리성, 통합성, 자기주장이 결여된 문장이라고 정의한다면 실제 사회에서 여성에 대한 매우 주관적 입장을 나타내는 시도일 뿐이지 모든 여성들이 쓴 문장의 공통적 속성은 아닐 것이다. 이러한 점에서 볼 때 여성문과 남성문이란 문장 성구분은 페미니스트들의 언어적 관점에 대한 일반인의 불신을 자초하는 데 일조하였을 뿐 논리에 바탕을 둔 언어 이론의 구축에는 도움이 되지 못하였다.

2. 언어 교정주의[12)]

2.1. 이론적 배경

언어 교정주의 일명 '정치적 교정(Political Correctness: PC)'이란 말이 화두로 떠오르게 된 것은 1971년 Harvard Crimson의 편지란(letters page)의 투고에서 비롯되었다. 대명사인 'he'와 명사인 'man', 'mankind' 등이 남녀 모두를 지칭하는 총칭으로 사용되는데 대한 논쟁이 그 출발점이 되었다. 이러한 논쟁이 시작된 배경은 신학자들이 성차별주의적인 언어를 배제하자는 데 대한 비난을 언어학자들이 자신들에 대한 비난으로 받아

12) 페미니스트들과 이들의 이념에 동조하는 학계를 비롯한 일반인의 언어개혁운동을 필자는 언어교정주의라고 부른다.

들이면서부터였다. 하버드대학의 언어학자들은 남성명사가 영어에서 무표적인 성(unmarked gender)이라는 사실은 단순히 문법적인 자질의 문제일 뿐이며 성차별 문제와는 관련이 없다고 주장하였다.

이러한 주장의 근본적 이유는 일반 남성대명사를 없애는 것과 규범적인 언어 관행에 손을 대는 것은 언어학자의 일이 아니라고 생각하였기 때문이다. 언어학이란 규정(prescription)에 관한 것이 아니라 기술(description)에 관한 것이다. 언어학은 언어가 어떻게 사용되어져야하는가에 대한 규칙을 세우거나 일반인들이 언어를 사용하는 것에 대한 가치를 판단하는 것이 아니라, 언어 사용 그 자체를 연구한다는 관점에 그 바탕을 두고 있다고 사료된다.

그러나 특정 발음이나 문법을 규정함으로써 언어의 표준화를 가져온 경우는 있어 왔다. 이러한 것은 언어정치의 전형으로서 규범적인 법칙제정이나 조치를 통해 사람들이 언어를 사용하도록 하는 일종의 사회적 활동이다. 페미니스트들의 언어개혁을 정치적 교정의 관점에서 검토해 볼 수 있는 것도 그러한 배경에서이다.

언어교정주의는 1950년대의 메카시즘과 1930년대의 사상통제에 비교될 수 있을 정도로 과격하였다. Cameron(1995)에 의하면 정치적 교정은 1960년대와 1970년대의 좌파 그룹에 의해 사용되었다고 한다. 정치적 교정은 스탈린주의, 문화혁명, 대역병과 같은 놀라울 정도로 다양한 문화현상과 유사하다. 정치적 교정[13)]은 대학이나 환경단체, 사회봉사단, 문화단체가 중심이 되는 강력한 정치운동으로 사회적 약자의 권익을 옹호하는 일이 중심이 되었다. "해체주의", "포스트구조주의", "페미니즘", "마르크스주의", "환경주의" 등에 기초하고 있다. 그 목표로서는 첫째, 소외세력

13) 한때는 반 정치적 교정 담론이 미국 언론을 장식하기도 하였는데 그 중 Roger Kimball(1990)의 "급진주의자 장악: 어떻게 정치가 고등교육을 부패시켰는가(Tenured Radicals: How Politics has corrupted Higher Education)"가 있다.

을 전통적 핵심문화와 대체한다.[14] 둘째, 여성이나 소수민족, 장애인과 같은 특정 계층에 특권을 주도록 한다. 셋째, 교육 등 모든 면에서 이들 계층의 언급 시 사용되는 언어를 모두 통제하고 감독한다.

이러한 영향으로 일부 대학에서는 소수민족의 입학을 장려하기 위해 소수계 우대정책(affirmative action)을 시행하였으며 많은 인문과학 관련 교수들이 인종 및 성평등을 장려하는 강좌를 개설하기도 하였다. 차별인식에 입각한 언어개혁을 통해 사회변화를 촉진시키고자하는 운동에 학생들이 앞장섰다. 일반 남성명사를 놓고 벌어졌던 하버드논의도 사실상 학생들이 주도한 것이다.

그러나 이에 대한 반작용도 만만치 않았다. 정치적 교정(anti-PC)에 대한 반대 운동('Don't be so politically correct')이 일어나[15] 지나친 정치적 교정을 거부하기도 하였다. 정치적 교정에 대한 언어면의 성과를 말하자면 정부의 각종 전통적 직업명 변경에 도화선이 되었다. 그러나 이들 언어 교정주의자의 노력이 말장난이나 말 바꾸기에 지나지 않았다고 보는 일부 비판적 시각도 있었다. 언어개혁에 참여하기 위하여 자체 신조어를 만들어내는 등 일반인들의 언어적 창의성에 대한 새로운 가능성을 열어 주었다.

2.2. 언어 정치적 교정 사례

2.2.1. 기존단어 폐기 후 신조어 유포를 통한 언어교정

정치적 교정의 원칙을 크게 5 가지로 요약해서 그 사례를 들어 보려고 한다.

---

14) 지금까지 문학의 주류였던 Shakespeare 대신 비주류인 Alice Walker를 가리킨다.
15) 대표적으로 런던의 Evening News를 들 수 있다.

① 'man'을 총칭적으로 사용하지 않음.

② 대명사 'he'를 총칭적으로 사용하지 않음.

③ 성차별적 직업명을 교체함.16)

(12) airline steward, stewardess → flight attendant
camera man → camera operator
seamstress → sewer
salesman → salesperson
signalman → signaller
watchman → guard
repairman → repairer
junior executive → executive trainee
office girl/boy → office helper
house wife → house manager
fireman → fire fighter

성차별적 직업명의 교체는 한국어에도 그 사례를 찾아볼 수 있다.

(13) 농부(農夫) → 농민(農民)
어부(漁夫) → 어민(漁民)
광부(鑛夫) → *광민
청소부(淸掃夫) → 환경미화원

(13)은 성차별은 아니나 천시된 직업명을 바꾼 것인데 모두 남성이 대표성이다. 이 경우 여성은 여성농민이나 여성어민으로 호칭을 하게 된다.

---

16) 미국노동부 직업명 개정 (1975)을 말하며 연령과 성에 따른 차별을 없애는 것이 목적이다.

(14) 간호부(看護婦) → 간호사
안내양 → 승무원
호스티스/접대부 → 도우미

(14)은 업무 파트너로부터 상대적으로 천시되었던 여성 직업명을 바꾼 것이다. 남성이 주류인 의사나 운전사의 지시를 받고 움직이는 여성 직업명을 바꿔 수평적이며 상호 대등한 관계로 바꾸려는 취지에서 개정되었다. 그러나 호스티스/접대부의 경우 남성의 기분을 즐겁게 해주는 가부장적 색채의 직업명을 좀더 성중립적 용어로 바꾸어 놓은 것이라고 본다.

④ 일반화의 문제

특정성을 명시하지는 않지만 글쓴이가 특정성을 염두에 두고 있으며 특정성에 속한 그룹이 모든 이를 지칭하는 일반적 지시로 바뀐 경우인데 그 예는 다음에서 볼 수 있다.

(15) a. H.G. Wells has the ability to exert <u>his</u> magnetism on the small boy in all of us.
b. Sharing our railway compartment were two Norwegians and their wives.

(15)에서 두 문장 모두 남성이 주제어로 나오거나 앞에 나오므로 남성 중심적인 글쓰기이다.

⑤ 불평등 대우

불평등 대우의 대표적 사례는 다음과 같이 정리해 볼 수 있다.

(16) • 여성은 외모로 남성은 업적으로 평가한다.

- 여성은 남성과의 관계로 기술하지만 남성은 여성과의 관계로 기술하지 않는다.
- 여성은 성인이 되어도 'girl'로 지칭하지만 남성은 'man'이지 'boy'로 지칭하지는 않는다.
- 남녀가 공동으로 언급될 때 'he or she', 'husband and wife', 'man and woman'과 같이 남성이 먼저 나오고 여성이 뒤에 나온다.17)

(16)에서 살펴본 바와 같이 남녀가 좀 더 공평하고 평등하게 대표될 수 있는 언어가 필요하다.

따라서 이러한 것을 시정하기 위한 다양한 노력들을 예로 들어 보면 다음과 같다. 1980년대 우파 언론에 런던의회 보고서 중 다음과 같은 용어 사용을 금지하는 좌파를 우롱하는 기사가 실렸다(Goddard & Patterson, 2000: 70-71).

(17) • 'manhole' 이란 단어 사용 금지 - 성 차별어
- 'black coffee', 'blackboard', 'black bin liners' 사용 금지 - 인종 차별어
- 'baa baa black sheep' 자장가 금지 - 인종 차별어

이러한 주장은 우파 언론인들이 언어개혁에 동조하는 많은 사람들의 선의의 노력을 좌파들의 터무니없는 말장난이라고 비하한 결과 다음과 같이 그 취지를 상당히 왜곡시키는 결과를 초래하였다.

(18) man → person
*Manchester → Personchester

17) 'ladies and gentlemen'은 예외이다.

*manfully → personfully

(19) disabled → physically challenged

short → vertically challenged

이들은 (18)에서처럼 성차별을 의식하여 'man'을 'person'으로 바꾼다면 'Manchester'와 'manfully(남자답게)'도 모두 그렇게 바뀌어야 하는데 이 두 단어는 사용되지 않으므로 좌파들의 언어 개혁에 문제를 제기하였다.[18] (19)은 'disabled(장애인)'과 'short(키가 작다)'를 각각 'physically challenged'와 'vertically challenged'로 바꾸어 본 것이다. 이들 단어는 모두 현재 일반인들이 잘 사용하지 않고 있어 언어개혁이란 정치적 교정을 통하여 뿌리 깊은 언어문화를 급진적으로 바꿀 수 없음을 알 수 있다.

(20) a. the Chinese restaurant where the customer points to his poodle in order to get the dog a drink, but the dog is taken away and cooked for the customer's dinner.

b. the young woman who goes to see a male stripper and gets genital crabs in her eye when a pair of his underpants lands on her head. (Goddard & Patterson, 2000: 71)

(20a)에서는 고객이 남성이며 주제어이다. (20b)는 여성이 주제어이며 여성이 담화의 중심이 되어 있다. 또한 보통 stripper는 여성이 무표적인데 여기서는 male stripper로서 남성이 유표적 표현의 대상이 되어 있어 여성 중심적인 글쓰기가 된다. 정치적 교정면에서 보면 (20b)가 그러한 의도로 쓴 글이라고 볼 수 있다.

---

18) 'man'을 'person'으로 바꾸는 것은 'man'이 남녀를 통칭하는 경우가 있기 때문이다. 'manfully'는 통칭을 의미하는 것이 아니라 '남자답게'를 의미하고 있기 때문에 (18)의 예문을 제시한 우파의 주장은 설득력이 없다.

정치적 교정은 언어가 결코 성 중립적이지 않다는 가정에 근거한다. 언어개혁이 정치적 교정을 통해 이루어진다고 본다면 정치적 교정은 결코 그 자체가 목적이 아니며 남녀에 대한 사회적 힘의 관계를 변화시키는 큰 시도의 일부라고 볼 수 있다.

2.2.2. 의미 변화를 통한 언어 교정

다음은 기존 단어 자체를 폐기하고 신조어를 만드는 대신 기존 단어의 의미를 바꿈으로써 성차별을 극복하고자 한 사례를 살펴보기로 한다. 페미니스트인 신학자 Mary Daly와 Jane Caputi가 쓴 대안 사전인 *The Websters' First New Intergalactic Wickedary of the English Language* (1987)에 나온 'spinster'의미는 아래와 같이 변경되어 있다. 여기서 'spinster'의 기존 의미는 (21b)이고 새로 변경된 의미는 (21a)이다.

(21) spinster:

a. a woman whose occupation is to Spin, to participate in the whirling movement of creation; one who has chosen her Self, who defines her Self by choice neither in relation to children nor to men; one who is Self-identified; a whirling dervish, Spiraling in New time/Space(직녀. 남자나 아이와 관계없이 스스로 독신을 선택한 여성).

b. a woman who has never been married; used especially when talking about an old or middle-aged woman(미혼여성, 특히 노인 여성이나 중년 여성).

이 대안 사전에 나온 의미는 급진적이고 좀 장난스러운 점이 없지 않으나 나름대로 의의는 가지고 있다. 사전 편찬자들은 '성'을 정의하는데 있어 권위주의적인 태도를 지니고 있으므로 여성은 언어적으로 잠재적 피해자이다. 이 대안사전은 전통적으로 여성을 지칭하는 데 있어 부정적이었던 단어[19]를 수정하려고 노력하였다.

(22) olds[20]: the same old stories; patriarchal 'news' as reported/distorted by the assorted officious olds agencies and disseminated in the daily oldpapers (케케묵은 이야기. 잡다한 비공식 구 기관에 의해 왜곡/보도되거나 구 일간지에 유포된 가부장적 소식.)

(22)에서는 가부장적 소식을 'olds'로 나타내어 'olds'가 성평등에 입각한 'news'와 대비되는 개념으로 사용되고 있다. 이러한 (21)-(22)과 같은 정치적 교정은 이들 단어가 일반인들의 일상 언어 사용에서 유리된 채 우파 비평가들의 조롱거리가 되기도 하였다.

2.2.3. 여성경험을 나타내는 신조어 창조

다음은 남성들이 지금까지 생각하고 있지 않아서 어휘로 존재하지 않았던 단어를 페미니스트들이 새로 만들어낸 경우를 살펴보기로 하자. 인류학자이자 소설가인 Suzette Elgin은 *Native Tongue(*1985, 1987)이라는 소설에서 'Laadan' 어라는 새로운 언어를 창조하였다.

(23) acanthophile[21]: A woman who repeatedly chooses to form

19) crone, battle-axe, nag, hag, gossip, witch 등
20) 여기서 가부장적인 소식은 뉴스(news)가 아니라고 본다. 따라서 신문(newspaper)이 가부장적 문화의 개혁에 앞장서야 함을 시사하는 의미에서 생각해낸 것이라고 사료된다.

relationships with persons who abuse or neglect her, despite apparent unhappiness each time (분명히 불쾌감을 느낌에도 불구하고 자신을 무시하거나 학대하는 사람과 관계를 계속해서 형성하기로 한 여성)

(23)의 acanthophile은 여성의 입장에서 보면 남성이 무시하고 학대하여도 남성들과 관계를 지속하지 않을 수 없어서 살게 되는 여성을 피해자가 아닌 주체적인 존재로 정의하였다. 이것은 남성들이 경험하지 않는 여성들만의 경험을 나타낸 것이므로 지금까지 일반사전에 없었던 단어지만 여성들의 공감을 얻기에 충분하다고 Elgin은 생각하였다. 그러나 언어 사용은 여성들끼리 공유하는 것이 아니라 남성들의 인식 속에서 함께 공유되어야 한다. 이 단어의 경우 남성들의 인식부족과 아울러 그 자체가 여성 스스로도 배우기 너무 어려운 단어이어서 널리 통용되지 못하였다. 현재 대안사전에만 이 단어가 실려 있다.

(24) to granny: to apply the wisdom and the experience of the elderly woman to any situation (어디에나 노인 여성의 지혜와 경험을 적용하는 것)

(25) scratscrak: A night spent tending children, the sick, the helpless, while male members of the household sleep peacefully through it all.(집안의 남자들이 고요히 잠든 동안에도 병자, 무의탁자, 아이들을 돌본다고 지샌 밤)

(24)와 (25)는 각각 여성만이 경험할 수 있는 세계를 나타내기 위하여 만든 신조어이지만 이것이 일반인들에게 널리 사용되지 못한 아쉬움이 있다. 신조어는 (23)과 같이 외래어에서 그 어원을 빌려오거나 개별문자

---

21) 이것은 그리스어 *acanthos* 'thorn'에서 따왔다.

를 조합하여 만들었는데 때로는 (25)와 발음상으로 조합이 어려운 단어도 있었다. 따라서 이러한 방식의 정치적 교정은 일반인들에게 그 언어사용이 확산되지 않는 채 일부 운동가나 이론가들의 정치적 행위에 그친 경우가 많았다.

우리나라의 경우는 아직 여성이 여성만의 언어로 여성의 경험을 이야기하기 위해 신조어를 만드는 페미니스트들의 언어실험은 이루어지지 않고 있다. 우리사회에서 아직도 유포되고 있는 '여걸', '부덕', '요조숙녀' 등의 말은 남성적 관점에서 만들어진 언어라고 볼 수 있다. 전통적으로 한국어에서는 남자 바람둥이를 '한량'이란 좋은 말로 표현한 반면 여자는 '화냥X /잡부' 등 나쁜 말로 표현한 것도 가부장적 사회문화의 언어사용의 한 단면이다. 언어 일반적으로 남성 행동은 상황에 관계없이 이루어지나 여성행동은 상황 인식에 의한 경우가 많다.

정치적 교정은 보편 중립적 언어사용에 대한 도전으로 여기기 때문에 여성 스스로도 그러한 언어를 사용하는 데 대해 불안감을 느끼는 경우가 많아 정치적 교정어의 보급 확산이 어려웠다(Cameron, 1995: 120). 이러한 점에도 불구하고 언어 개혁의 일종인 정치적 교정은 언어 전반에 걸친 문화 장벽을 제거하는데 큰 디딤돌이 되었다. 과거 페미니스트들의 노력에 힘입어 상당히 성평등이 진전되었고 페미니스트들의 언어 교정에 대한 반작용도 있어서 페미니즘에 대한 일반 여성의 입장도 그 동안 많은 변화를 가져오게 되었다. 앞장에서 살펴본 바와 같이 현재 미국여성의 대부분은 페미니즘적 시각을 가지지 않고 살고 있다. 이것은 언어생활과 사회생활 전반에서 상당히 남녀 불평등 요소가 개선되었다는 징후라고 볼 수 있다.

본 책은 지금까지 언어개혁운동의 현주소가 어떠한 과정을 거쳐 왔는지를 살펴보는데 역점을 두었다. 이에 주어진 자료를 바탕으로 분석하고 이러한 분석에 대한 필자의 견해를 반영하려고 하였다. 그 결과 이론적 흐름을 정리하되 정리자체가 목적이 아니라 사안별로 젠더이데올로기의 새로운 정립과 언어교정주의의 비판적 소개 등을 통해 언어와 젠더 이론에 대한 창의적 틀을 만들려고 노력하였다. 젠더 이데올로기는 언어와 페미니즘을 연구하는 분야에서도 별로 다루어지지 않았던 새로운 개념이어서 이에 대한 문헌 자료를 찾기가 쉽지 않다. 젠더 이데올로기에 대한 이론적 토대를 만들면서 이데올로기를 전공하는 연구자로부터 질타를 받을 여지도 있다. 다만 모든 학문은 누군가의 비판으로부터 자유로울 수 없고 그러한 비판이 학문적 발전을 가져온다는 신념에서 이 글은 출발하였다. 부족한 연구 부분에 대해 좋은 조언이 있기를 바란다.

2절 페미니즘과 성정체성 담화 - 페미니스트 후기구조주의 담화분석[22)]

기존의 거시사회 구조영역에서 젠더 관점은 지배적 관점, 차이적 관점, 문화적 관점이 그 주류를 이루어왔다. 그러나 성적 차이에 기초한 젠더와 언어에 대한 이분법적 사고는 경험주의적 시각에서 많은 문제점을 노출하였다(Bing & Bergvall, 1998; Hare-Mustin & Maracek, 1994; Hollway, 1994). 1990년 이후 포스트모던 사고의 영향은 종래의 개별 화자에 대한 비교적 고정된 속성으로 젠더를 보는 근본주의나 구조주의[23)] 틀에서 벗어나 복합적 사회구조속의 상호작용에 의한 가변적 속성으로 보는 후기구조주의(poststructuralism) 관점으로 바뀌게 되었다.[24)]

후기구조주의의 영향을 받은 페미니스트 언어학자들은 단어 의미가 고정된 것이 아니고 가변적이라고 생각한다. 즉, 언어의미는 사회적으로 구조화되며 문맥에 따라 변화하고 끊임없이 의미가 절충되는 상호작용에 의해 형성된다고 보았다. 후기구조주의는 사회생활의 담화적 성격을 강조한다. 젠더가 사회적 범주로서 개념화되며 젠더를 개인적 속성이 아닌 사회구조로서 이해하되 젠더는 언어와 담화에 의해 형성된다고 본다.

본 책은 페미니즘 시각에서 은유, 범주, 서술 등의 기제를 사용한 여러

22) [언어과학]. 15권 1호. 2008. 2. 28. pp.1-20. 한국언어과학회.

23) 객관적 실체인 사회구조가 행위자의 행위에 직・간접으로 영향을 미치고 있어 행위자의 주관적 생각이나 의사가 행위자의 외적 속성인 사회구조에 의해 구속받는다고 전제하고 있다. Butler(1990)는 젠더는 범주라기보다는 관행이라고 한다(Gender is a practice rather than a category).

24) 성결정론을 믿는 구조주의 관점에서의 성 정체성은 원하는 대로 만들 수 있는 것도 아니고 완전무결한 것도 아니다.

가지 다양한 유형의 대화분석을 통해 젠더가 사회적 구조화로 고정된 것이 아니라 대화환경이나 커뮤니티 환경에 따라 가변성 있게 형성되는 페미니스트 후기구조주의 담화분석의 이론적 타당성을 제시하고자 한다.

1. 페미니즘[25]과 언어

여성 언어가 생물적 차이를 대변한다는 관점에서 여성의 사회적 역할을 상징한다는 관점으로 바뀌게 된 것이 본격적인 페미니스트 언어학 연구의 출발점이 되었다(Cameron, 1990). 젠더와 언어에 대한 연구는 Jespersen (1922)에서 언급된 적이 있지만[26] 1970년대 이후 이에 대한 여러 가지 다양한 방법론과 가설, 접근방식이 제시되면서 활발한 연구가 이루어졌다.

페미니스트 언어학은 언어가 사회적 관행과 함께 사회 속에서 젠더 구분과 불평등이 야기되는 방식을 규명하여 저항하는데 관심을 가진다 (Talbot, 1998). 오랫동안 페미니스트 언어 연구는 젠더 차이에 관한 연구에 집중되었으며 주 연구 분야는 억양, 발음, 어휘, 문법, 담화 전략, 의사소통 패턴이었다. 1960년대, 70년대, 80년대 연구의 초점은 가부장적 사회에서 여성 배제가 지속되어 온 역사인식에 따라 남성 언어보다는 여성 언어에 국한되었다.

과거의 접근방식과 달리 오늘날 페미니스트 언어학의 초점은 여성언어에 국한되지 않는다. 페미니스트 접근방식은 젠더를 단지 차이의 관점에서만 보지 않고 비판적 시각으로 본다. 즉 남성성과 여성성간의 관계에 역점을 둔다.

---

25) 여성 억압의 원인과 상태를 기술하고 여성해방을 궁극적 목표로 한다.
26) Jespersen은 여성 언어의 특징을 강조부사('awfully pretty' 등)와 미완성 문장 (incomplete sentence) 사용, 어휘용량 부족 등으로 기술하였다.

페미니즘 역사를 연대기별로 특징짓는 것은 논란이 있을 수 있지만 Mills(2002)에 따르면 페미니즘사는 크게 3기로 나뉜다. 페미니스트 언어학은 페미니즘내에서 발전되었다기보다 언어학에서 발전되었다. 전근대주의자 또는 제 1 페미니즘 물결은 19세기와 20세기의 참정권운동과 연관된다. 1960년대 제 2 페미니즘 물결은 성차별과 여성해방, 남녀평등권 진전을 위한 정치적 저항과 연관된다. 이러한 추세속에서 이 기간의 젠더와 언어 연구는 성차별어, 대화상의 남녀 차이와 지배구도에 대한 연구가 강조되었다.

제 3 페미니즘 물결은 포스트구조주의 이론 패러다임을 바탕으로 한다. 포스트구조주의 이론은 다양성, 다원주의, 화행성(performativity)에 관심을 가지며 특정 문맥에서 젠더 정체성의 공동구조화(co-construction) 등 페미니스트 언어학과 여러 면에서 일치한다(Baxter, 2003: 5).

페미니스트 언어학은 총체적인 사회변화의 중요한 부분이 언어 변화라는 가정 하에 성불평등, 성차별을 젠더 관련 언어현상이나 언어사용과 연관시키고 이것을 이론화하는 것을 목표로 한다. 페미니스트 언어학자들은 사람들이 사회적 소통 속에서 자신의 정체성을 만들어 내며 젠더 이데올로기나 지배관념을 따르거나 도전한다고 주장한다(Litosseliti, 2006: 23). 더 나아가서는 새로운 사회적 자원을 이용하여 언어 사용자들이 새로운 정체성을 만들고 젠더에 새로운 의미를 부여한다고 하였다(Bucholtz, 1999: 20).

페미니스트 언어학의 현재 연구 동향은 젠더와 언어 연구를 언어, 담화, 젠더, 정체성 구축시 담화의 역할 등 복합적인 경향으로 이동하고 있으며 다음과 같은 가정에 기초하고 있다.

(1)
- 담화의 사회적 실체, 관행, 관계, 정체성을 반영하고 형성한다.[27]
- 젠더 정체성의 사회적, 언어적 구축은 선택, 타협, 적정화, 재

진술 등의 진행과정을 통해 완성된다. 사회적 맥락에 적절한 여성성이나 남성성을 의식한 담화상의 선택을 통해 정체성 구축이 이루어진다.

- 젠더는 사회적 범주나 속성이라기보다 개념화과정으로서 우리가 행하고 만들어내고 성취하고 이행하는 과정이다. 젠더 정체성은 언어 행동을 결정짓는 선험적 요소가 아니라 커뮤니케이션 결과이다. (Christie, 2000: 34).
- 젠더 정체성은 복합적이며 다양하고 가변적, 단편적이며 때로는 모순적이어서 선택이 곤란하다.

이렇게 젠더와 언어관계를 복잡하게 바라보기 때문에 '젠더 차이'라는 단순 개념은 제고되었다. 젠더 자율성의 개념은 여전히 중요하지만 선험적 이분적 차이(a priori binary differences)에 대한 가설보다는 최근의 접근방식은 젠더가 만들어내는 차이(the differneces gender makes)에 포커스를 두기 때문에 우리가 젠더에 대해 어떻게 말하고 젠더에 대해 우리가 무엇을 하고 있는가에 관심이 있다. 담화에서 남녀를 서로 다르게 구성하고 있다는 것은 자신의 생물학적 성과 무관하게 남자나 여자의 입장을 언제든 취할 수 있음을 의미한다.

일반 언어학과 달리 페미니즘 언어학은 언어분석에서 남녀의 차이를 중시한다. 언어 분석시 서로 다른 기회가 남녀에게 모두 주어지는지, 불평등 시스템이 존재하는지, 어떠한 언어적, 사회적 관행이 남녀에게 적절하고 합법적인지를 살펴본다. 직장과 교육의 동등한 접근성과 같은 사회적 관행과 투쟁 관련 이슈 관행을 연구하려면 담화에서 젠더 관계 활성화나 유지가 파워나 지위와 어떻게 관련되는지를 보아야 한다(Crawford, 1995).

제 3의 페미니즘 물결은 파워를 복잡한 관계망으로 개념화하여 좁은

---

27) 여기서 형성한다는 것은 '만들고 유지하고 저항하며 수정한다'는 의미이다.

범위-공동체나 특정장소-의 상호소통 행위속에서 미시적 관점과 거시적 관점을 다룬다(Mills, 2002). Gal(1995)에 의하면 언어와 젠더 연구는 일상 관행에 대한 연구와 함께 사회제도와 사회맥락 속에서 통용되는 관행적 언어 사용 및 남녀 이데올로기 연구에 역점을 두어야만 연구가 한결 심화될 수 있다고 하였다. 남녀 이데올로기에 의해 만들어지는 파워 관계망은 제도 과정[28]이란 거시적 차원에서 이루어진다.

거시적 차원과 미시적 차원의 담화분석은 사회적 관행과 불가분 관계에 있는 맥락 의미와 텍스트 이해를 바탕으로 한다. 이와 같은 이해를 통해 어떻게 젠더가 정체성(인종, 민족, 연령, 종교, 계층, 지위, 성적 경향)과 관련되는지 볼 수 있다(Litosseliti, 2006: 65). Cameron(1997)은 여성이 어떠한 민족, 계층, 인종에 속하느냐에 따라 여성의 젠더 관계도 달라진다고 하였다.[29] 특수 환경속의 젠더 연구는 특정 커뮤니티 관행(communities of practice)에 대한 것으로 현대 젠더와 언어연구에서 강조되고 있다(Lave & Wenger, 1991).

커뮤니티 관행은 가정, 학교, 직장, 정당, 클럽 등 자신이 관계되거나 참여하는 집단에서 이루어지며 일을 하거나 말을 하는 것을 통해 신념이나 가치 및 파워관계가 나타나게 된다(Eckert & McConnell-Ginet, 1992: 464).

공동참여, 타협, 협력의지 구축 등은 이러한 커뮤니티의 주요 요소이다(Wenger, 1998: 76). 남녀는 자신이 속한 커뮤니티에서 관행을 행하면서 자라게 되는데 이러한 관행은 일상이 되거나 습관이 되어 민족・국가・

28) 조직 속이나 학교 등을 말하며 특정 문맥에서 개인(학생, 매니저, 교사)이 젠더 이데올로기를 수용하기도 하고 거부하기도 한다.

29) 레스비안은 이성애를 정상적 정체성으로 생각하는 사회 풍토에서 이성애(heterosexist) 여성보다 더 차별받는다(Lazar, 2005; Butler, 1990a). 백인여성은 흑인여성이 누리지 못하는 특권을 누린다(McIntosh, 1989).

종교 정체성을 형성한다(Bourdieu, 1984; Joseph, 2004).

젠더 정체성은 남녀가 다양한 집단행동에 참여하고 있을 때 형성되어 구조화 또는 재구조화된다.[30] 때로는 반대 · 논박 속에서 정체성이 만들어지기도 한다. 정체성은 동화(affiliation)와 차별화(differentiation)라는 적극적 과정속에 형성된다. 사람은 사회적 문맥에 적합한 각기 다른 담화적 선택을 통해 남성성이나 여성성과 같은 다양한 젠더 주체(gendered selves)를 나타낸다. 젠더 정체성은 역동적이고 현장성이 있는 타협, 재진술 등의 과정 속에서 적절히 표출된다.

젠더 담화와 젠더 정체성 연구에서 다양한 젠더 범주를 이해하기 위해서는 화자의 젠더 행동과 커뮤니티 관행 즉, 커뮤니티 젠더와의 합치문제가 먼저 이해되어야 한다. 커뮤니티 관행을 통해 정체성과 사회참여의 가변적, 복합적 정체성을 살펴볼 수 있으며 이는 젠더 연구의 지평을 넓혀준다.[31]

언어와 젠더연구는 점점 광범위해지고 학제간 성격을 띠는 쪽으로 다양하게 전문화되고 있으며 접근방식과 방법론 결합 등을 통해 계속 발전되고 있다. 다음 장은 젠더와 담화 연구의 실제를 페미니스트 언어학적 관점에서 검토해 볼 것이다.

2. 구조주의 담화분석과 젠더화행

젠더 고정관념에 언어가 어떻게 영향을 미치는지 보기 위해 언어에서

30) 남성 주도 기관이나 담화 환경에서 권력을 가진 여성의 남성화도 한 사례가 된다 (Lazar, 2005). 이것은 성별 정체성의 유동성과 복합성을 보여준다.

31) 이것을 Eckert(2000; 39)는 좁은 시각의 연구에서의 탈피('away from the temptation to "pigeon-hole" participation in interaction')라고 보고 있다.

담화로 연구 범위가 확대되었다. 이에 따라 개별단어가 성차별적인 것인지를 검토하는 대신 텍스트가 어떻게 성차별적으로 구성되는지를 보는 쪽으로 연구 방향이 전환되었다. 구조주의자[32]들의 젠더에 관한 관점은 단지 여성에 대한 부정적 단어 사용으로 성차별적 언어가 형성되는 것이 아니고 여러 가지 다양한 문맥에서 여성들에 대해 부정적, 비하적인 언어를 사용하고 있는 언어 사용자의 고정 관념 때문에 젠더가 구조화된다고 보았다. 그러나 언어는 단순히 젠더에 관한 사회적 통념과 젠더 정체성을 반영하는 것이 아니므로 젠더는 언어를 통해 만들어지고 담화를 통해 사회적 범주로서의 의의를 지니게 된다. 따라서 구조주의 담화분석에서 젠더 연구의 주요 부분은 텍스트와 대화에 관한 연구라고(Weatherall, 2002: 97) 볼 수 있다.

그렇다면 어떻게 대화를 통해 현실 세계의 감각을 지닌 두 개의 젠더가 구축될 수 있을까? 어떻게 젠더 특질을 만들어 낼 수 있을까? 이러한 질문에 대해 Kessler & McKenna(1978: 113-114)는 다음과 같은 여덟 가지 가정으로 답하고 있다.

(2) 가정

- 남녀라는 두 개의 젠더만 존재한다.
- 젠더는 안정적이며 지속적이다. 출생시 젠더가 정해진다.
- 젠더의 본질적 특질은 생식기관이며 남녀는 각기 다른 생식기관을 가지고 있다.
- 두 젠더 범주에 속하지 않는 사람은 비정상적이다.
- 예외적인 경우를 제외하고 한 젠더에서 다른 젠더로 바꿀 수 없다.[33]

32) 대한 연구로는 만화(Thaler, 1987), 동화(Cooper, 1987), 생일카드(Brabandt & Mooney, 1989), 일본 여성잡지(Hayashi, 1997), 미국 팝송(Butruille & Taylor, 1987), 정치 연설(Jansen & Sabo, 1994) 등이 있다.

• 모든 사람이 두 젠더 범주에 속한다면 젠더가 없는 사람은 없다.
• 오직 두 개의 젠더 범주만이 자연적이다.
• 두 개의 젠더 범주 속에 속하는 것은 자연스러우며 피할 수 없다.

사회 상호작용과 행동에 기초한 인습과 규범을 연구하는 사회학의 한 분야인 Kessler & Mckenna(1978)의 문화인류 연구 · 방법론적 접근방식은 젠더가 인간의 모든 일상 대화에 스며 있다고 생각하는 Garfinkel (1967)의 관점과 유사하다.[34] 대화를 통해 젠더에 대한 일반적 인식을 공유하게 되며 이에 따라 일반적으로 대화 쌍방간 젠더 속성이 한번 정해지면 잘 변하지 않는 경향이 있다. 따라서 젠더는 상호작용의 결과물이라고 볼 수 있다.(Weatherall, 2002: 103)

젠더 행위는 남녀가 사회구성원으로서 행동을 의식하고 있을 때 이루어지며(Zimmerman & West, 1987: 126) 복잡한 사회통용 인식, 상호작용, 미시 · 정치적 행동을 포함하는 것으로 특히 남녀 천성의 발현을 추구하는 것을 포함한다.

구조주의자와 달리 근본주의자(essentialist)[35]들은 젠더가 일련의 상호작용 행위라는 생각을 하지 못한다. 반면, 구조주의 담화분석의 토대가 되고 있는 젠더에 대한 문화인류 연구 방법론적 접근방식은 젠더가 사람들이 상호 접촉을 하는 가운데 일어나는 행동이라는 점을 강조하고 젠더 행위는 사회의 정상적인 구성원으로서 받아들여지기 위해 필요하다고 여긴다.

---

33) 여기서 젠더는 자연적 사실이라기보다 사회적 완성물이다. 성전환(transgender)에 대한 연구는 이러한 자연적 성에 대한 일반적 개념을 재생산하지 않는 젠더 연구를 발전시키는 데 도움이 된다.
34) Goffman(1976)은 젠더를 행동의 표현(display)이라고 보았다.
35) 근본주의자들은 젠더역할과 정체성을 전통적 남녀 구분에 맞추고 남성 정체성을 사회 계층구조에서 여성보다 더 상위의 것으로 본다.

젠더와 언어에 대한 구조주의 사회학적 입장은 남녀 발화유형을 개별 남녀의 실제 언어 사용과는 다른 별도의 문제로 인식하고 있다. 젠더 인식과 젠더 행위 구분은 발화시 젠더 차이에 대한 모순적 비일관성을 설명하는데 도움이 된다. 그 이유는 자신과 반대 성의 전형적 특징을 가진 언어를 구사하는 사람도 있기 때문이다. 예를 들면, 남자도 여성 언어를 연상시키는 빈사 형용사(empty adjectives)를 자주 구사하기도 한다(Lakoff, 1973, 1975). 또한 과도한 형용사 사용이 반드시 여성성을 의미하는 것은 아니다.[36] 따라서 남녀가 말하는 방식에 대한 인식 차이는 실제 남녀가 언어를 사용하는 방법과 무관하다고 볼 수 있다.

'남자답게 행동한다', '여자답게 행동한다' 등의 젠더 행위는 젠더에 관한 인간과 문화 방법론적 접근방식에만 국한되지 않는다. 페미니스트 철학자이자 구조주의 담화분석 이론가인 Butler(1990a)는 발화를 서술문과 화행문으로 구분하였던 Austin(1962)의 화행이론을 젠더 담화구조(discursive constitution) 분석에 활용하고 젠더 화행을 처음으로 사용하였다. Austin의 화행문(performative sentence)은 말이 실제 주어진 상황에 적합한지 여부를 중시한다.[37]

젠더화행은 사회적으로 확립된 일련의 젠더 의미를 재경험하거나 재현한다(Butler, 1990b: 277). 젠더의 실체는 화행이다. 젠더 화행은 성정체성 기준을 따르기 때문에 성 정체성이 구현된다. 그러므로 젠더 실체는 남성성과 여성성에 어울리는 지속적인 사회적 화행의 산물이다(Butller, 1990b: 278-279). 젠더는 사회적 인습이나 터부 등에 의해 강요되는 화행 결과(performative accomplishment)이다(Butler, 1990b: 271).

젠더 화행론자인 Butler(1990a: 7)는 '성(sex)'을 문화적으로 구성된 젠

36) 남성 와인 전문가들이 쓰는 언어는 여성 언어 특징이 많이 들어 있다.
37) Austin은 이를 '적정성 조건(Happiness Condition)'이라고 말한다.

더라고 하면서 'sex'와 'gender'에 대한 구분을 하지 않았다. Butler는 'sex'를 생물적 성, 'gender'를 사회적 성으로 구분하는 기존의 페미니스트 학자들과는 다른 급진적 성향의 견해를 표방하고 있다(Speer 2005: 62). 'sex'가 생물적으로 결정된 것이 아니라 사회적으로 구조화된 것이라면 사회적 성을 나타내는 'gender'와 'sex'는 차이가 없다고 하는 Butler의 주장은 쉽게 받아들이기 어려운 면이 있다. Butler에 의하면 젠더는 언어 표현에 독자적으로 존재하지 않는다. Butler의 이러한 견해는 남녀의 이분적 구도 이론에 많은 논란을 불러일으키면서 'sex', 'gender', 'sexuality' 연구에 크게 영향을 미쳤다.

구조주의 담화분석을 주장한 Butler는 'gender'와 'heterosexuality'를 담화 관행(discursive practice)으로 여기며 젠더 주체가 담화 속에서, 담화에 의해 만들어진다고 보고 젠더가 만들어지는 종합적 메카니즘을 상세히 기술하였다. 젠더화 과정- 남자 또는 여자가 되는 것-은 결코 완성될 수 있는 것이 아니며 젠더 특징적 화행을 통해 젠더 자연성(naturalness of gender)이 끊임없이 완성된다고 하였다.

구조주의 담화분석에서 젠더는 일회성 행동이나 사건이 아닌 장기간에 걸쳐 일어나는 반복적 행동이다(Butler, 1990b: 271). Butler는 젠더 구성에 사전 담화의 중요성을 강조하고 담화의 반복적 성격(iterability)을 인정한다.[38] 즉, 인간은 자신이 한 번 사용했던 말이나 구절을 반복한다는 것이다. 진정한 젠더(authentic gender)는 없으며 젠더 화행 이면의 태생적 젠더 주체나 젠더 의미핵은 존재하지 않는다고 본다. 그러므로 젠더가 그 표현과 무관한 독자성을 가지고 존재하는 것도 아니다. 젠더 화행은 화자의 독단적 행동이나 의도적 행동으로 이루어지지 않으며 화자가 갑자기 자신이 원하는 젠더를 가장하거나 선택할 수 있는 것도 아니다

38) 의미는 우리가 젠더 행위를 할 때마다 새로 생겨나는 것은 아니라고 본다.

(Jagose, 1996: 87).

Butler에게 있어 화행이란 개념은 글자 그대로의 융통성 없는 의미나 지나친 상상을 불러일으키는 극적 의미는 아니다. 젠더는 사회규범이나 터부에 의해 강요되는 화행 결과일 뿐이며(Butler, 1990b: 271) 표상(sign)의 반복[39]을 통해 통제와 행동이 가능하다. 의미는 젠더를 말할 때마다 새롭게 만들어지는 것은 아니므로 반복개념은 사회구조와의 인과관계를 암시하고 있다.

Butler에 의하면 출생 전이나 출생 시 영아의 성이 아닌 '여아이기 때문에 이렇게 하여야 한다'는 인식의 시작이 젠더 화행의 시작이 된다고 하였다. 화행은 적절한 규칙과 규범을 만족시킬 때만 행위로서 기능할 수 있다.[40] 산파가 '딸입니다'이라고 할 때 이것은 상태를 기술하는 말이 아니고 화행행위로서 딸 아이로 키우고 딸아이로서 자란다는 과정을 암시하는 말이다(Livia & Hall, 1977). 이것은 딸이 무엇이며 어떻게 행동해야 하는지에 대한 규범적 생각이 내포되어 있어 듣는 이로 하여금 젠더 규범대로 행동할 것을 의미한다.

Butler의 젠더 화행론은 젠더에 대한 본질적 이해에 대한 도전으로 페미니스트 의제에 구조주의 이론을 접목시킨 것이다(Alsop et al., 2002). 정적인 것이 아니라 과정에 포커스를 둠으로써 젠더에 대한 급진적, 반자연적 틀을 제공하였다(Jagose, 1996: 125).

Butler는 젠더를 사람의 속성으로 이해하는 것이 아니고 '일련의 자유로운 속성(a set of free-floating attributes)'으로 이해한다. 젠더는 복잡한 유동적 사회구조물로서 다양한 형태로 존재하며 기존의 성 경계를 초월

---

39) 반복은 프랑스 철학자 Jacques Derrida(1976)가 처음 사용하였다.

40) 성 전환의 경우는 이와 다르다. 인간은 문화적 규범을 지지하거나 도전이 되는 독특한 젠더 행동을 할 수도 있다. 게이 여성이 전형적인 남자 스타일로 말을 하여 성 정체성을 나타내기도 한다.

한다.

Butler는 많은 구조주의자들이 생각하듯이 젠더를 본질이 아닌 화행으로 간주하고 범주라기보다는 관행으로 여긴다. 선험적으로 존재하는 역할이 아닌 적극적으로 구성된 화행이라 생각하고 있다(Bucholtz, 1999: 7).

Butler의 이러한 주장은 사회가 남성성-여성성이란 이분법에 따라 남녀가 항상 조직화되어야 한다는 비판을 받을 수 있다. 이분법에 따른 젠더 기준을 넘어서는 개방적 사고를 인정하지 않는다면 젠더와 언어의 경험적 분석은 많은 문제점을 내포하게 된다. 또한 Butler의 담화관은 문맥 의존성과 민감성을 간과하고 있다. 성과 젠더의 자연성에 도전하면서 사회가 불가피하게 남녀가 남성성과 여성성의 이원주의에 따라 구성되어야 한다는 상식에 혼란을 준다. 따라서 Butler의 구조주의 담화관은 기존의 젠더 기준을 초월하므로 언어와 젠더를 경험적으로 분석할 때 많은 문제점이 발생하며 의미의 공동생산이나 상호주관적 개념이 부족하므로 대안적 담화분석이 필요하다.

3. 대안적 담화분석

3.1. 페미니스트 후기구조주의 담화분석

Butler의 구조주의 담화분석 이론의 문제점을 개선하기 위해 실생활에서 보다 구체적인 방법인 녹음 등을 통한 1차 자료를 분석한 대안적 대화분석[41] 이론의 필요성이 제기되었다. 이러한 문제의 해결책으로 이 장에

41) Sacks(1995)의 참여자 범주분석(membership categrization analysis: MCA)에 영향을 받은 것으로 담화상의 범주로서 젠더 구조를 조사하기 위한 것이다. MCA는 젠더가 대화자 간 어떻게 사용되고 의도되고 있는가에 초점을 둔다.

서 제시될 페미니스트 후기구조주의의 대안적 담화 성 정체성분석(Feminist Poststructural Discourse Analysis: FPDA)은 문화인류 연구·방법론을 사회적 연구의제로 변형시킨 최초의 접근방식이다. 또한 담화가 구성되는 방식을 주로 연구하므로 구조주의 접근을 따르지만(Edwards and Potter, 2001: 15) 초기 구조주의와 달리 성 정체성 분석 면에서 차이가 난다.

그러나 구조주의 방법론의 일면으로서 첫째, 담화자료를 통해 단어와 범주, 은유와 수사 표현 등 담화가 구성되는 그 자체를 연구한다. 둘째, 질문이나 설명, 책임이나 비난 등 사회적 행동을 하는 과정에서 담화자료가 사용되거나 구축되는 방식을 연구하며 철저히 페미니즘적 시각을 분석의 출발점으로 삼는다.

여기서는 페미니스트 후기구조주의 언어이론을 뒷받침하기 위해 담화분석의 주요 메카니즘으로서 담화변수와 상호작용구조틀을 활용하려고 한다. 담화분석은 전통적으로 대부분 담화42)의 미시적 분석을 통해 개인생활이나 가정생활, 정치 · 사회생활 등 일상 환경속의 상호대화를 분석한다. 그러나 대안으로서 새로운 접근방식인 페미니스트 후기구조주의 담화분석은 종합적 성 정체성분석과 성역할 분석을 위해 제 3의 물결 페미니즘과 담화분석의 기초가 되는 후기구조주의 이론43)을 결합 시킨다. FPDA도 구조주의 담화분석과 마찬가지로 텍스트나 토크의 미시적 분석에 관심을 가진다.

FPDA는 진행 중에 있는 토크의 미시적 분석에 대해 철저한 접근을 한다. 특히 구조주의 담화분석이 간과하고 있는 상호간의 토크를 기술하

---

42) Cameron(2001)은 담화를 '사용 중인 언어(language in use)'로 정의하였음. 담화는 강한 추론, 기대, 설명 등으로 이루어진 지식의 한 형태로 사회적, 문화적 관행을 지배한다(Baxter, 2003: 46). 특정 문맥에서 의도적으로 사용되는 언어를 말하며 대화자들의 조정과 상호 구조화 작업을 통해 메시지가 전달된다.

43) 어떠한 형태의 지식도 담화나 텍스트 속에 용해되어 있기 때문에 구조나 인습 및 언어 개념으로부터 분리될 수 없다.

고 분석하며 해석하는 수단을 중요시한다. FPDA에서 화자는 사회・제도적 성격의 담화 문맥 속에서 때로는 강자로 때로는 약자로 자리매김되는 가변성을 가진다는 점을 인정한다.

다음은 하나의 문맥 속에서 때로는 상대적 강자로, 때로는 상대적 약자로 담화 속에서 다중적 역할을 한대상이 하고 있는 예이다. 유치원 여교사와 2명의 4세 남아의 교실 대화를 분석한 결과, 교사는 강한 권위를 가진 인물이지만 동시에 약한 여성으로서 학생들에게 인지되는 다중적 역할을 하고 있다.

(3) Sean: Miss Baxter, knickers, show your knickers.
Terry: Miss Baxter, show your bum off.(They giggle.)
Miss Baxter: I think you are both being very silly.

(3)을 후기 구조주의자 입장에서 본다면 두 어린이는 자본주의 교육제도하의 교사 권위에 억눌려 있는 약자로 인식되는 것도 아니고 가부장적 사회관계속에서 여교사를 폄하하는 행동을 하는 버릇없는 어린이가 아니다. 이들 어린이는 자본주의적 남성 중심의 가부장적 사회에서 사회적 강자이지만 교육 현장에서는 교사의 지도를 받는 학습자로서 사회적 약자라는 점이 대화 속에서 느껴진다.

이와 같은 다중적 역할의 분석 타당성은 다음의 제 3 페미니즘 물결(Baxter, 2003: 5) 원리인 파워의 가변성을 생각한다면 좀 더 쉽게 이해할 수 있을 것이다.

(4)
- 여성 정체성의 다양성과 다중성
- 젠더 화행성
- 문맥 특징적 젠더 이슈 강조 – 가부장제나 성차별은 구시대

적 개념
- 사회 상호작용 – 타협 과정이나 구조화과정 – 을 거치는 공동 구조화의 중요성(Chouliaraki & Fairclough, 1999)
- 파워의 가변성[44]
- 여성의 종속성에 대한 투쟁개념이 아닌 재해석이나 여성의 저항 개념을 강조

대화에서는 파워의 가변성과 아울러 파워의 조정이 끊임없이 이루어진다. 성격, 동기, 마음 상태에 따라 사람들은 다르다 못해 때로는 모순적 성격의 소유자로서 행동한다. 그 이유는 대화가 담화 속에서 항상 조정되고 있기 때문이다.

FPDA는 언어가 어떻게 화자의 정체성을 구성하고 어떻게 말이 특정 환경에서 발화되고 조정되며 시연되는지를 알게 하는 새로운 가능성을 제공한다. 또한 여아나 여성과 같은 침묵 그룹이 경험하는 불리성과 나약성을 인식하게 하고 사회관행의 변화 가능성에 대한 통찰력을 제시하는 데 도움을 준다.

3.1.1. 담화 변수

(5)

1 Tony: W't's 'e g'nna do go down en pick it up later? er
2 somethin like ( )[well that's aw]:ful
3 Marsha: [H i s friend]
4 Marsha: Yeh h[is friend Stee-]
5 Tony: [That really makes] me ma:d.

44) 파워 부재는 많은 여성에게는 한시적 현상이지만 소수의 여성에게는 장기간 해당된다.

6 (0.2)
7 Marsha: .hhh Oh it's disgusti[ng ez a matter a'f] a:ct.
8 Tony: [P o o r J o e y.]
9 Marsha: I-I, told my ki:ds, who do this: down et the Drug
10 Coalition ah want th'to:p back. h. hhhhhhhhh ((1.0))
11 SEND OUT the WO:RD. hhh hnh
12 (0.2)
13 Tony: Yeah.
14 Marsha: .hhh But:t u-hu:ghh his friend Steve en Brian er driving
up. Right after:: (0.2) school is out. En then hI'll
drive do:wn here with the:m.

Schegloff(1997: 173)는 별거 부부간의 긴장된 대화를 (5)에서 보여주고 있다. 마샤의 말을 토니가 가로막고 있고(5줄, 8줄) 마샤도 토니의 말을 가로막고 있다. 토니와 마샤 누구도 상대에게 지지 않는다. 토니는 마샤의 말을 가로막아 마샤가 하고 싶은 말을 다 마치지도 못하게 만들지만 마샤는 토니의 말끝머리에 말을 시작하여 토니가 말을 다 마치게끔 배려해준다. 이러한 토니의 말 가로막기는 남녀 특징적인 파워 발현과정이 잘 드러나는 것으로 구조주의 담화분석 이론이 잘 들어맞는 예문이다.

그러나 Schegloff는 다음 예문의 토막대화에서 남녀 정체성을 후기 구조주의 입장인 변수·효과 분석 접근방식(variables and effects approach)으로 설명하고 있다.[45] 이 분석은 대화중에 남녀 정체성이 시시각각 달라지는 것으로 초기 구조주의 담화분석 관점에서 볼 때 심각한 문제가 될 수 있다. 왜냐하면 (6)에서 볼 수 있듯이 자신의 정치적, 분석적 전제, 관련 문맥적 특성에 따라 데이터 분석이 좌우되고 있기 때문이다.

45) 참석자의 거시적 관점에 의한 차별적 속성을 담화의 비대칭적 결과와 관련짓는 Zimmerman & West (1975)의 젠더·지배·간섭이론을 비판하였다.

(6)

Tony: W't's 'e g'nna do go down en pick it up later? er
somethin like ( ) [well that's aw]:ful
Marsha: [H i s friend]
Marsha: Yeh h[is friend Stee-]
Tony: [That really makes] me ma:d.

(6)에서 마샤는 토니의 말이 끝나지 않았음을 알고 있음에도 불구하고 말함으로써 토니는 앞 말과 연결이 되지 않는 전혀 다른 말전환구조단위(turn construction unit: TCU)를 만들고 있다. 이것은 토니와 마샤의 발화가 중복·어긋나고 있기 때문이며 결코 토니가 의도적으로 마샤의 말을 가로막거나 마샤를 지배하려고 한 것은 아니다. 토니의 TCU는 마샤의 TCU와 거의 동시적으로 이루어지고 있다. 마샤는 토니의 말을 가로막고 있다는 것을 알아차리고 토니가 묻는 말에 대꾸하는 것을 순간적으로 그만두고 말가로막기가 되지 않도록 애쓰고 있다. 예를 들어, 'well that's awful'은 앞서 말한 질문과는 전혀 다른 감정적 대꾸이다.

(5)에서 8줄의 토니의 말은 마샤가 하는 말을 가로막는 것이 아니고 단순한 아들에 대한 연민의 표현으로 볼 수 있다. 이는 두 사람의 일치된 이슈를 포착하려고 애를 쓰고 있는 것으로 남성의 여성에 대한 지배나 파워 행사로 설명될 수 없으며 대화를 이끌어가는 한 방식으로 이해해야 한다. 그러므로 남성이 항상 여성을 억압한다는 근본주의자의 주장과는 차이가 나기 때문에 이것은 대화시의 변수 분석을 통해야만 그 설명이 가능하다.

Schegloff(1992: 480)는 대화 차례규칙(turn-taking rules)이 사회 계층적 지위보다는 국지적인 담화 지위에 의해 스스로 작동된다고 밝히고 있다. 왜냐하면 언어는 사회적 행동의 한 형태이며 여러 가지 변수에 따라 달라지며 같은 상황에서도 서로 상반되게 말할 가능성도 있는 변수이기 때문이다. 그러므로 담화변수 분석을 해 보면 대화중인 사람이 어떤 의도로 말을 하는지를 이해할 수 있게 된다.

(7)

Matt: Why would you choose rugby (.) being a very
rough sport, (.) you're liable to get in- (.)
horrible injuries, (.) it's twenty-four
blokes this year in this country alone (.)
rugby players who've broken their necks
(0.4)
Keith: Yeah
Chris: Yeah- [well]=
Sue: [really?]
Chris: =a girl [I know that lives underneath me she]
Matt: [I mean would you (0.4) would you]
rather do that than per'aps play tennis or
something which is less likely to be?
(0.9)
Sue: But if I was- if I was male now would you be
saying the same things to me?
(0.3)
Matt: Well no because I think a bloke c'n: (0.8)
look after himself more

(Speer, 2002: 363)

(7)에서 4-5, 18-19줄에서 Matt의 이야기는 모순적이다. Matt는 얼마나 럭비가 위험한 경기인지를 강조하고 아무나(Sue도) 럭비를 할 수 있는 것이 아니다라는 것을 정당화시키기 위해 모순적인 말을 하고 있다. 이러

한 모순적 발화는 담화에서 규칙성의 부재를 의미하지 않는다. 왜냐하면 Wetherell & Potter(1988: 172)의 말처럼 규칙성이란 개별 화자차원에서 존재하기 보다는 변수의 규칙성에서 찾으려고 하기 때문이다. 이밖에도 상호작용이 대화분석에서 의미의 변별적 차이를 만들어 내는 한 요소로서 고려되어야 한다.

3.1.2. 상호작용 구조틀

후기 구조주의 담화분석은 담화행동을 질서있고 의미있게 하기 위해 대화를 조정하는 방법론을 기술하는데 주된 관심을 가진다. 담화분석 목적은 사회적 행동 구조인 의사소통의 규칙성을 조직화하고 강화하는 구조틀을 확립하는 것이다. 이에는 말 차례 시스템, 말 가로막기, 말 고치기, 말 시작하기, 말 끝맺기와 선호구조 등의 구조틀이 해당된다.

(8) A: Why don't you come and see me some [times.
    B: [I would like to.
(9) A: Why don't you come and see me sometimes.
    B: I'm sorry. I've been terribly tied up lately.

(8)-(9)를 페미니스트 후기구조주의 담화분석으로 같은 질문에 대한 대답을 분석해 보면 (8B)의 화자는 미래지향적 초대로 생각하여 말하지만 (9B)의 화자는 불만에 대한 사과를 함으로서 과거 지향적으로 받아들이고 있다. 같은 질문이라 하더라도 대답이 달라지는 것은 대화참여자간 상호 이해가 서로 다르게 구축되기 때문이다. 이것은 같은 질문에 같은 대답을 예상하는 기존의 구조주의 담화분석에 의한 화행이론으로는 설명이 어렵다. (6)에서도 토니와 마샤의 대화를 살펴보면 토니는 마샤가 동의

든 부동의든 표시해 줄 것을 바란다는 것을 알고, 토니가 'well that's awful'을 말하고, 마샤가 'Yeh'로 답하고 있다. 이러한 말들은 사전 계획한 말이 아니므로 대화과정 중 상대방의 말을 이해하려는 상호작용 규칙들이 작용한다는 것을 알 수 있다.[46)]

후기구조주의 담화분석의 특징은 사회제도와 사회구조라는 거시적 영역과 대화시의 국지적 · 사회적 행위 문맥을 인위적으로 분리시키지 않는다는 점이다. 그 대신 어떻게 사회적 행동이 사회구조에 관련되는지를 재개념화한다. 담화분석적 관점에서 볼 때 거시사회 구조는 사회제도와 마찬가지로 담화속에 내재되어 있다고 가정한다. 아울러 파워가 사회적 맥락속의 외부적 · 거시적 요소에 의해 먼저 결정된다고 보지 않고 파워의 비대칭성이 대화 상황 속에서 어떻게 이루어지고 있는지를 이해하는데 관심을 가진다.

(10)

1 Jill: I've signed up for one of those informal classes about
2 car maintenance and repair.
3 Pip: That's a good idea. A lot of women can really learn a
4 lot from these classes.
5 ((short pause))
6 Pip: Well, I guess there's a lot of guys who can learn
7 from 'em too.

(10)에서는 여성이 자동차에 대해서는 잘 모른다는 문화적 고정관념이 두 사람 대화에 포함되어 있다. 이러한 문화적 성 고정관념을 '묵시적 젠더지수'라고 본다면, Pip은 3-4줄에서 말한 특정성에 대한 전제적 언급을

46) 담화 참여자가 연속적인 말 속에서 이전의 말을 발화원(resource)으로 삼아 서로의 발화 행위를 이해하려고 한다.

할 때 화자의 묵시적 젠더지수를 청자가 눈치 채고 불쾌해 할까봐 6-7줄에서 바로잡는 센스를 보이고 있는데 이러한 것은 상호작용틀이 대화 쌍방간에 작용되고 있다고 볼 수 있다.

성정체성 분석은 파워 남용이나 지배 개념의 생산・재생산을 통한 담화기능상의 사회적 문제에 포커스를 둔다. 가능하면 지배 그룹의 최상의 이익과 부합되는 관점에서 성불평등에 대한 투쟁을 지지하는 페미니스트적 시각에서 조명한다. 기존의 사회적 관행이나 경험을 표현하는 구조주의 담화 분석은 젠더 역할의 다양성과 다중성에 대한 인식을 결여하고 있어 보편성을 찾기 어렵다. 왜냐하면 동성이 한 자리에 모인 대화중에도 파워 인식은 시시각각 화제나 대상에 따라 달라지기 때문이다. 여성이 언제나 약자, 남성이 언제나 강자라는 구조주의의 이분법적 사고는 사회・문화적 특성이 아닌 정치적 특성을 지닌다. 이에 비해 페미니스트 후기구조주의의 한 분석 유형인 담화변수와 상호작용틀 이론은 화행이론 등 성 정체성에 대한 구조주의 담화분석의 한계에 대한 해결 가능성을 보여주었다.

지금까지 우리는 구조주의 담화분석 메카니즘과 이에 따른 문제점을 살펴본 뒤 그 대안으로서 페미니즘에 입각한 페미니스트 후기구조주의 담화 분석이론의 필요성을 언급하였다. 즉, 남성이 여성보다 항상 파워 우위가 아니고 남성도 때로는 담화 상황에 따라 약자가 될 수도 있고 여성도 강자가 될 수 있다. FPDA는 파워의 모호성과 비일관성을 전제하고 있어 젠더 근본주의자들의 고정관념을 깨고 같은 대화 문맥의 의미 다양성을 이해하는데 도움을 주었다.

구조주의 담화구조의, 정체성 분석에 따르면 남성은 파워그룹, 여성은 희생양이라는 이분법적 사고를 양성시키는 경향이 있으므로 여성이 희생양이거나 피해자라는 이분적 사고를 내재화한다. 이에 반해 페미니스트 후기 구조주의 담화 분석은 여아나 여성은 언제나 비파워 그룹에 속하는 존재가 아니라 담화 환경에 따라 인습적 관행적 나약함을 극복하고 저항하며 도전함으로써 상대적 강자가 될 수 있다는 페미니즘적 사고를 지향한다.

페미니스트 후기 구조주의 담화분석의 주요 메카니즘으로서 여기서는 담화변수와 상호작용구조틀을 제시하였으며 여성 권한 신장이라는 측면에서 여성과 여아를 약자에서 강자로 재구조화하였다. 또한 여성과 여아에 대한 파워 신장을 확산하려는 페미니즘적 시각에서 문장의미가 담화변수에 따라 다르게 인지되고 있다. 페미니스트 후기구조주의 담화분석의 특징은 파워가 사회적 맥락속의 외부적·거시적 요소에 의해 먼저 결정 된다고 보지 않고 파워의 비대칭성을 인정하고 이것이 담화 상황 속에서 어떻게 작용하고 형성되는 지를 이해하는 데 관심을 가진다.

여기서는 남녀 간 다양한 상황에서의 대화를 추출하여 데이터를 만든 후 각 담화 사례의 기능적 분석을 통해 페미니스트 후기구조주의 이론을 재정립하려고 노력하였다. 페미니즘에 입각한 후기구조주의 담화분석 방법론은 담화 분석의 새로운 유형을 제공하고 대화 중 다양한 성정체성 규명의 계기를 제공함으로써 향후 페미니즘 발전사 및 페미니즘 언어학사에 기여할 수 있을 것으로 본다.

3절 페미니즘과 화법 - 남녀의 언어 사용의 이해와 영어의 올바른 사용

Ferdinand de Saussure의 구조주의 언어학이후 포스트모더니즘의 근본 통찰은 언어가 특정 사회현실을 반영하는 것이 아니라 사회적 현실을 언어가 구조화시킨다는 것이다. 언어에 대한 이러한 생각의 변화는 페미니스트들로 하여금 기존의 틀을 깨기 위해 언어개혁에 역점을 두게 하였다 즉 언어에 내재한 여성 억압적 요소를 제거하고 여성의 주체성이 언어의 변화를 통해 나타나도록 하였다.

Lakoff(1975)는 여성을 개인적인 견해를 지닌 독립적인 개체로서가 아닌 성적인 한 객체로서 다루기 때문에 사람들과 토론할 때 여성들은 자신의 정체성을 숨기려 한다고 하였다. 유순함과 체념을 여성의 미덕으로 여기는 사회에서 같은 잘못이라도 여성은 용서받을 수 없으나 남성은 용서되는 경향속에서 여성이 겨우 투덜 될 수 있는 반면 남성은 격분해서 고함을 지를 수 있다는 남녀 행동의 차이점을 통해서 남성에 대한 여성의 사회적 불평등은 남녀의 언어 사용을 통해 더욱 분명해진다.

Woolf(1929)는 가부장제와 남성 우월주의 체제가 빚어낸 모순과 억압을 희화화하였다. 당시 여성은 문학적 재능을 표출하는 것이 사회적으로 비난을 받았기 때문에 좌절의 생을 살거나 작가의 소질이 있어도 감히 작가가 되지 못했다. 또한 경험의 폭이 좁아 문학성이 높으며 인생의 진실을 관조하는 작품을 쓰지 못 하였다. 특히 Woolf는 여성이라는 의식과 관점을 초월하고 예술적인 형상화를 통해 원망과 유감을 모두 융해하고 없애는 양성적 지성(androgynous mind)을 작가의 이상으로 삼았다.(서지문, 2000).

Ellmann(1968)은 주로 문학적인 비평을 통해서 인간 의식에 깊이 내재한 성별적으로 정형화된 사고방식에 대해서 논의하고 인간뿐만 아니라 삼라만상을 남성적인 것과 여성적인 것으로 차별화하여 사고하고 인식함이 얼마나 부당한 것인가를 밝혀 인간사고 체제의 개혁이 필요함을 역설하였다. 이들 주장들은 사회제도를 비판적인 안목으로 조감할 수 있는 독립적인 입지를 마련해 주었고 문학을 사회, 정치 및 심리적인 표출로 확장, 해석하게 하는 데 기여하였다.

이와같이 문학과 언어를 통한 남녀의식의 차이점은 영어 문화권에 심대한 영향을 미쳤다. 이 장에서는 이러한 남녀의 언어 사용의 차이의 근원을 살펴보고 우리가 배우고자 하는 영어를 올바르게 사용하려는 데 있다.

1. 성과 담화분석

1.1. 여성통사론

남녀의 성을 연구하는 데 있어서 담화의 분석은 가장 효과적인 접근방식이 될 수 있다.

남녀의 대화에서 생기는 문화적, 성적 차이는 전달양식의 체계적인 차이에서 비롯된다. 이러한 분석을 Gumperz(1982)는 상호작용적 사회언어학이라하여 일반적으로 Labov(1972) 등의 음성변이형을 조사하는 일반적인 사회언어학과 구분하였다.[47)]

47) 언어와 성의 연구는 좁은 분야일 것 같지만 실제로 학제적 성격이 강하다. 이 분야의 연구는 사회학, 교육학, 인류학, 심리학, 의사소통학, 문학, 여성학 및 언어학 등의 다양한 학문에 그 기초를 두고 있다. 연구는 가장 적은 부분을 차지하고 있다. 현대 언어학의 주류가 추상적인 체계에 관심을 가지는 쪽으로 언어 분석을

Lakoff(1979: 143)는 담화 시 질문은 여성들의 불확실성과 주저함을 나타내는 가장 좋은 예라고 하였다. 여성들은 남성보다 더 많이 의문문을 사용하기 쉬우며 부가의문문과 서술적 의문문을 더 많이 사용한다. 370개의 질문 중 12시간 반 대화를 통해 여성들은 263개의 질문을 하는데 이것은 남성의 2 배반이다. 그리고 여성의 질문 중 삼분의 일인 87개는 부가절로서 남성보다 3배 더 많았다(87: 29). 또 정보나 설명요구는 남성의 2배로서 152: 74이다.

그리고 'sorta' 'like' 'you know' 등의 구문을 자주 사용하는 데 있어서 Lakoff에 의하면 여성은 남성보다 5배 이상 'you know'를 사용한다고 한다. 이것은 여성화자의 일반적 불확실성을 반영하고 있다. 여성 87명중 30명은 6번의 짧은 대답에서 'you know'가 나타나는데 주의를 환기할 목적으로 상대방이 자신의 대화를 잘 듣고 있는지 자신의 말이 잘 이해되는지, 주의를 집중하고 있는지 등의 여부를 체크하기 위해서 쓰이고 있다. 우리가 'you know'의 사용을 살펴 볼 때 대화가 길어지는 상황이거나 화자가 대화를 성공적으로 이끌지 못하는 경우에 집중적으로 사용되고 있음을 알 수 있다.

(1) F Many of the men I'v met have been incredibly uhh provincial (2) in a sense (1) Umm and it also you know you've got a-, mind you, I know that Richard has had a very good education (2) but he's a very taciturn man and very bitter about the way he's been treated. He's ve-, you know old family in regards

M umphhh

하는 경향이 있어서 실제 생활에 사용되는 언어는 도외시되기도 한다. 언어학의 범주 내에서 젠더와 언어 연구는 담화분석에 역점을 둔다. 언어와 사회현상의 공통분모를 다루고 문화적 맥락을 중시한다는 점에서 인류학적인 접근방식을 추구한다.

F Well you know some people got caught up in it I mean

M oh of course (1.1)

F You know I mean (0.6) yes I'm sure I mean he's very conservative, right?

I mean I'm (1) he hates everything (0.7) and I am I am sure he didn't before but (1) whenever you talk to his father about it (0.6) he (1.5) he is very confused. I mean apparently he, he was (0.7) very active (0.6) hated

Germany (2) and yet turned around afterwards (1) you know which is sort of

M Oh the trouble is that he turned against everything, even the war.

(Fishman (Cameron, 1998: 257-258))

(1)에서 'you know'를 사용한 10회 중 8회가 여성들의 대화중 잠시 멈춘 사이 전후에서 일어난다. 잠시 멈춘 시점은 화자의 교체가 일어난 곳, 남성들이 응답하려고 한 시점이다.

'you know'는 명백한 응답을 유도하기 위해 쓰였다. 극히 짧은 대답을 할 때 사용된 'you know'는 이미 제기된 문제를 해결하기 위한 시도로 사용되고 있다. 'you know'를 사용하고 잠시 멈춘 다음 화자는 주제를 바꾼다. 이것은 여성들이 확답을 얻으려고 노력하는 것을 나타내며 자신들의 불확실한 대화를 성공적인 대화로 바꾸려고 노력하는 언행으로 비쳐진다.

담화에서 여성 스스로가 불확실성과 주저함을 느낀다고 보지 않는다. 게다가 초기 사회화 과정에서 여성이 반드시 하고 있는 것도 아니다. 여성이 남성보다 더 많은 담화장애를 가지는 이유는 남성이 담화가 지속되는 데 필요한 반응을 하지 않거나 여성의 질문에 대해 최소한의 응답만 하기 때문이다.

반면, 여성이 똑같은 반응을 남성에게 보일 때 남성은 담화장애를 느끼지 않는다. 다만 남성 화자일 경우 위계상 상사가 되면 여성담화 스타일과 유사한 것을 느낄 수 있다. 그러므로 기저상의 문제는 성이 아닌 위계적 관계이다. 따라서 남녀사이에 사회구조화된 권력관계가 재창출되어 그것이 일상적인 상호 언어행위 속에서 지속되고 있다. 그러므로 여성의 담화장애는 부족한 사회훈련이 아니라 여성의 사회적 지위의 열등성을 반영하고 있다.

남녀 언어사용의 차이는 먼저 색상에서도 나타난다. 여성은 흔히 *mauve, lavender, beige, ecru, aquamarine* 등을 사용하지만 남성은 이러한 색을 나타내는 용어를 거의 사용하지 않는다. 허사의 사용에서도 남녀의 차이는 나타나고 있다. *shit, damn* 등은 남성이, *oh dear, goodness, oh fudge* 등은 주로 여성이 사용한다.

예를 들어, 몹시 심각한 상황에서 경박함을 나타내는 여성어 불변화사를 사용하면 조롱을 나타내든지 아니면 적절하지 않은 문장으로 간주한다(Lakoff, 1975).

(2) a. *Oh fudge, my hair is on fire.
    b. *Dear me, did he kidnap the baby?

(3)

중립어	여성어[48]
great	adorable
terrific	charming
cool	sweet
neat	divine

(4) a. What a terrifie idea!
    b. What a divine idea!

---

48) 칭찬, 감탄 등 주로 감정을 나타내는 형용사로서 감정적 의미를 가진 것이 많다. Lakoff는 이것을 'empty adjective'라고 불렀다

(4b)는 (4a)에 비해 제한적인 의미를 지니며 아주 하찮은 생각을 나타낼 때 사용하는 반면 (4a)는 아주 멋진 아이디어를 가리킬 때 쓴다. 상품 광고 방송을 할 때는 여성이라도 (4a)를 말하는 것이 더 낫다.

(5) a. What a terrific steel mill!
b. *What a lovely steel mill! (남성 화자)
c. What a groovy steel mill!

(5a), (5c)에는 terrific과 히피어인 groouy는 성중립적 어휘를 사용하고 있다. 그러나 (5b)처럼 여성어인 lovely divine을 남성화자가 사용하게 되면 여성어의 부정적 함의를 나타낸다는 Lakoff의 주장처럼 영어에서 여성들만이 사용하는 구문규칙은 없는데도 불구하고 Lakoff(1975)는 부가의문문을 여성들이 잘 사용하는 여성문으로 보았다.

(6) Sure is here, isn't he?

(6)은 상대방으로부터 대화를 끌어내려고 노력하는 사교적인(small talk) 의미를 지닌 부가 의문문이다. 이와 같이 여성의 언어는 열등하고 결함이 많은 반면 남성어는 우수하며 여성어 변이형의 기준이 된다고 하는 Lakoff의 주장은 많은 문제점을 안고 있다. 부가의문문의 사용을 여성문장의 전형적인 특징이라고 주장한 Lakoff와 달리 Holmes(1984)는 부가의문문의 기능은 서로 다르고 남녀가 사용하는 비율도 다르다는 점을 밝혔다.

(7) Referential(사실확인)[49] Men use tag questions too, don't they?(↑)

49) 지시적(Referential) 부가의문문은 발화내용 정보에 대한 불확실성을 나타내며 자신이 한 말에 대해 정확여부를 확인하고 싶을 때 사용하며 Lakoff가 생각한 부가

Affective-facilitative(친밀한 감정표현) It's about your back, isn't it?(↓)
Affective-softening(완곡한 감정표현) That was silly, wasn't it?(↓)

(8) 화자의 성별에 따른 부가의문문의 기능 분포

	여성	남성
Referential Affective	18(35%)	24(61%)
Facilitative	30(59%)	10(25%)
Softening	3 (6%)	5(13%)
Total	51	39

(Holmes, 1984: 54)

Dunn(1988)도 기숙사 여학생 친구끼리의 대화를 Homes와 같이 분석하였다.

(9) Referential(사실 확인)
(About a friend with a new baby)
S: Have you seen him at all?
L: I haven't
K: I should imagine for a couple of weeks she'd be sort of out of it, *won't she*?

(10) Affective(친밀감 표시)
S: I must admit they're fairly new pictures.
K: They are, aren't they?
S: Mmm.
S: Giorgio perfume starts at $28!

의문문과 일치한다. 그 반면 감정적(Affective) 부가의문문은 확실함을 드러낼 때 사용된다. 촉매(facilitative)부가의문문은 결속 또는 친밀감을 표시하기 위해 사용되며 완화(softening)부가의문문은 명령이나 비난 등 위협적 성격을 완화시킬 때 사용한다.

L: You like that, don't you?
S: Mmm it's beautiful

Holmes의 조사에서 알 수 있듯이 여성이 많은 부가의문문을 어떤 경우에 사용한다는 Lakoff의 가정은 경험적 조사에 의해 어느 정도 뒷받침되지만 여성의 언어는 임시적이고 불안정하다는 것은 설득력이 없다.

Lakoff에 의하면 (11a)는 남성, (11b)는 여성이 질문한 것이다. 왜냐하면 여성은 일반생활에서 단정적인 사고를 표현하지 못하는 경향이 있기 때문이다.

(11) a. When will dinner be ready?
b. Oh... around six o'clock...?

Lakoff의 여성어를 O'Barr & Atkins(1980)는 약자의 언어(powerless language)라고 규명하였다. Q&A는 북부 케롤라이나 법정에서 관찰한 경험을 토대로 증인들이 사용한 언어가 Lakoff가 규정한 여성어와 가깝다는 사실을 발견하였는데 법정의 증인들은 여성들과 마찬가지로 남성이지만 사회적 지위가 낮은 관계로 약자의 언어를 사용하는 경향이 있다고 하였다.

(12) Q: And you saw, you observed what?
A: Well, after I heard - I can't really, I can't definitely state whether the brakes or the lights came first, but I rotated my head slightly to the right, and looked directly behind Mr. Y, and I saw reflections of lights, and uh, *very, very, very* instantaneously after that, I heard a *very, very* loud explosion - from my stand point of view it would have been an emplosion

because everything was forced outward, like this like a grenade thrown into a room. And, uh, it was, it was *terrifically loud*.
(O'barr, 1982: 99)

(12)에서 Lakoff가 주장한 몇 가지 특징 - 'very' 등 강조사의 반복 및 'terrifically loud' (Jespersen의 강조어에 해당) - 을 볼 수 있다.

그러므로 위의 보기들을 통해 우리가 추정할 수 있는 것은 Lakoff의 가정이 너무 단순하며 단도직입적이라는 점이다. Lakoff의 주장의 문제점을 요약하면 아래와 같다.

(13) 첫째, 여성어의 전형적인 특징의 규명에 의존하였다.
둘째, 여성어의 결함 모델을 강조하였다.
셋째, 남성은 진정한 중립적 언어를 사용하는 데 비해 여성은 결함어를 사용한다고 함으로써 성별 언어사용의 차이를 설명하였다.

1.2. 성과 문체

Woolf(1977)는 다음과 같이 여성작가의 글을 쓰는 어려움을 토로하고 있다. 언어는 남자가 만들었기 때문에 여성은 자신이 표현하고싶은 솔직한 감정을 사실 그대로 표현하기 어려운 기술적 문제가 있다. 이러한 이유로 여성은 자신의 생각을 자연스럽게 표현하지 못하고 왜곡된 문장을 쓰게 된다고 하였다.

(14) It is still true that before a woman can write exactly as she wishes to write, she has many difficulties to face. To begin with, there is the technical difficulty - so simple apparently; in reality, so baffling

- that the very form of the sentence does not fit her. It is a sentence made by men; it is too lose, too heavy too pompous for woman's use. Yet in a novel, it covers so wide a stretch of ground, an ordinary and usual type of sentence has to be found to carry the reader on easily and naturally from one end of the book to the other. And this a woman must make for herself, altering and adapting the current sentence until she writed one that takes the natural shape of her thought without crusing or distorting it.

Woolf는 Spender(1980)가 지적한 것처럼 상용되는 언어가 남성이 만든 것이므로 여성의 섬세한 감정을 잘 표현할 수 없다고 하면서 다음과 같이 여성문을 정의하였다.50)

(15) Female sentence is of a more elastic fibre than the old, capable of stretching to the extreme, of suspending the frailest particles, of enveloping the vaguest shapes (Wool f., 1965: 204-5)

이에 반해 Woolf가 정의한 여성문은 진의를 숨긴 모호한 형태로 애둘러 표현하고 문장구조가 짜임새 있거나 치밀하지 않은 점이 있다. 남성문장은 형용사나 동사보다는 명사형을 쓰며 not to /but to 등의 병렬구조를 사용하므로 격식문이 되기 쉬우며 행위자가 생략되기 쉬운 명사형의 사용때문에 비인칭서술이 빈번하다.

Jespersen(1922: 246)은 언어에 대한 여성들의 공헌은 언어의 순수성을 지켜나간 점이라고 하면서 다음과 같이 표현하고 있다.

---

50) 여성의 글은 남성의 글과 언어구조와 내용면에서 근본적으로 다를 수 있다. 그러나 Woolf 주장의 문제점은 남성문장의 정의를 일반적으로 더 수용하기 어렵다는 데 있다. Woolf와 Jeperson의 여성이 쓴 글에 대한 편향적 사고 이면에는 당시 사회적으로 공식 교육을 받은 여성의 수가 남성보다 적기 때문일 수도 있다.

(16) There can be no doubt that women exercise a great and universal influence on linguistic development through their instinctive shringking from coarse and vulgar expressions and their preference for refined, and (in certain spheres) veiled and indirect expressions.

Jespersen은 남성언어가 활력, 상상력, 창조성을 가지는 반면 여성어는 무기력하고 어휘마저 풍부하지 못하다고 하였다. Jespersen의 이러한 주장은 객관적 증거가 없는 민속언어학적인(folklinguistic) 측면이 강하다.[51]

Woolf의 이러한 주장은 페미니즘적인 시각에서 발생되었다. Woolf는 가부장제와 남성 우월주의 체제가 빚어낸 모순과 억압을 희화화하여 여성 작가로서의 고통과 좌절을 문학적으로 표현하였다. 재능이 있어도 그 문학적 재능을 표출하는 것이 사회적으로 용납되지 않고 비난을 받았기 때문에 좌절의 생을 살거나, 작가의 소질이 있어도 감히 작가가 되지 못했거나, 작가가 되더라도 자기 변호적이고 항의조의 작품을 쓰게 되고 경험의 폭이 너무 좁아서 인생을 충분히 작품 속에 담지 못했다고 술회하였다(페미니즘학회, 2000: 41).

우리가 Woolf의 주장을 따르면 여성문(female sentence)과 남성문을 다음과 같이 구분할 수 있을 것이다.[52]

(17) a. I came I saw I conquered. (남성문)
b. Shelia felt as if her whole being was conquered by this man whom she hardly knew. (여성문)

---

51) 객관적 여성에 대한 논란은 Spender에 와서야 비로소 구체적인 예를 들어 설명되기 시작하게 된다.

52) Tallentire(1986)은 Woolf의 글을 통계적으로 분석한 결과 Woolf는 종속절을 자주 사용하고 등위구문을 사용하였다고 하였다.

(18) a. I'm hungry and I want something to eat. (남성문)
b. I wonder if there's something to eat. (여성문)

일반적으로 남성문은 간결하면서 공격적인 성격을 지니나 여성문은 복잡하며 병렬적이거나 간접적 표현을 지향한다. 메타퍼의 사용도 성별 차이가 난다. 여성문의 경우 '새'가 많이 등장한다.

(19) My heart is like a singing bird/
Whose nest is in a watered shoot

(19)는 Eagleton(1986: 209)에 나오는 Christina Rossetti의 시를 인용한 표현이다. 좀더 적극적인 남성문의 사용 예는 다음 표현에서 찾아 볼 수 있다.

(20) a. This incident, which might be said to have added to his undoing, did not arise out of Mr. Stone's passion for gardens. Gardending as he practised it was no more than a means, well suited to his age, which was 62, of exhausting the spare time and energy with which his undemanding duties in one of the departments of the Excal company, his status as a bachelor and his still excellent physique amply provided him.

(20)의 예는 종속문으로 되어 있고 완성문이며 논리적이고 직설적이다.[53] 이것은 남성 인물에 관한 이야기로 V.S. Naipaul이란 남성이 썼다. 다음은 여성문을 그 예로 들어보자.

---

53) Leonardi(1986: 151)는 구조적인 측면에서 남성문을 계층적인 문장이라고 보고 이것은 질서화된 세계에 대한 은유이며 일반적인 계층적 관계에 대한 은유라고 보았다.

(21) O

tell me about

Anna Livia! I want to hear all

About Anna Livia, Well, you know Anna Livia? Yes, of course, we all know Anna Livia. Tell me all. Tell me now. You'll die when you hear. Well, you know when the old cheb went futt and did what you know. Yes, I know go on. Wash quit and don't be dabbling. Tuck up your sleeves and loosen your talktapes. And don't butt me - hike! - when you bend. Or whatever it was they threed to make out when he thried in the Fiendish park.

(21)에는 종속절이 없다. 완성문이 아닌 문장도 더러 있다. 권위적이거나 논리적이지 못하다. 여성의 경험을 나타냈다. 이것은 James Joyce 란 여성이 썼다.

성에 따른 남성문과 여성문의 구분은 실험적인 글로써 분명히 적절하지 못한 측면이 있다는 것은 다음 Monique Witig의 글에서도 잘 나타나고 있다.

(22) That there is no feminnie writing must be said at the outset, and one makes a mistake in using and giving currency to this expression. What is this 'feminine' in feminine writing? It stands for Woman, thus merging a practice with a myth, the myth of Woman. 'Woman' is an imaginary formation and not a concrete reality; it is that old branding by the enemy now fourished like a tattered flag refound and won in battle. (Wittig, 1983: 2)

여성문이 논리성, 일관성. 응집성. 단언성이 결여되어 있다는 것은 여성에 대한 사회적 불평등을 강요하는 잘못된 고정관념이라고 Cameron 은 말하고 있다(1985: 33). 여성문과 남성문의 구분은 남녀의 생물학적인 구분이 아닌 주장의 효과나 힘의 차이로 보아지며 남성의 여성에 대한 정치적 지배력을 정당화하는 비유적인 주장에 불과하다. 왜냐하면 남성도 여성문체의 전형을 인지한 다음에는 여성문을 쓸 수 있고 여성도 남성문을 쓸 수 있기 때문이다.

이러한 언어와 여성의 부정적 관계는 Spender(1985)에서도 나타나 있다. Spender는 언어규칙이 남성적 의미를 반영하고 여성은 노동계층처럼 권력도 없고 남성언어에 의해 정의되기 때문에 스스로 발전할 수 없다고 하였다. 이것은 사회적 여성주의에서 생긴 언어와 젠더 이데올로기의 논쟁에서 비롯된 것이라고 보여진다. Spender의 주장의 모순은 통사론, 의미론 모두 남성이 만든 것이라는 오류에서 비롯된다.

Spender는 (23)-(25)에서 여성을 무시하거나 경멸하는 의미를 내포하고 있다는 의미 규칙을 언급하였다.[54)]

(23) a. *People* will give up *their wives* but not power.
b. *Americans* of higher status have less chance of having a fat *wife*.
c. *Drivers* - belt the *wife* and kids. Keep them safe.
d. Young *people* should be out interfering with the local *maidens*.

(24) We have not spoken to the female who lives upstairs.

(25) We have not spoken to the {woman / girl} who lives upstairs.

54) Spender는 이것을 남성 의미 규칙(male semantic rule)이라고 하면서 단어의 의미나 정의시 남성의 지배효과를 설명하였다.

(24)는 경멸적 성격을 띄나 (25)는 그렇지 않다. 그러나 (26)-(27)에서 여성 비하는 없다. 따라서 Spender의 여성을 비하하는 의미규칙은 일반화 될 수 없다.

(26) My {*sister* / *daughter* / *aunt*} took her *grandmother* out for lunch.

(27) The *headmistress* introduced herself to the pupils' *mothers*.

Spender의 화용론적 접근은 또다른 혼란을 야기하고 있다. 어떤 특정발화가 사회적 또는 성적 관계를 나타낸다는 Spender의 전제는 분명하지 않다. 왜냐하면 'people, man, human'이 (28)처럼 남성만을 가리키기도 하지만 (29)에서는 사람을 지칭하는 것으로 여성만을 지시하기 때문이다.

(28) a. This thieving gang consist of three *people* from Latin America, and a *woman*.
b. Normal *people* do not go around raping and murdering *women*.
c. Well, it is only *human* nature.

(29) a. This thieving gang consists of three *people* from Latin America and a *man*.
b. The committee was appointed to review... the problems of special groups... the handicapped, ethnic group, aboriginals and *men*.
c. You can't argue with Jane's typically *human* {*logic.* / *notions.*}

2. 성차이에 대한 문화적 접근

남성은 지배세력으로서 언어와 사고, 현실을 만들어 왔으며 여성이 살아야 할 세계를 만든 주체라고 보는 Spender의 견해는 언어가 사고의 형성주체이며 정신활동에 대한 프로그래머라는 Whorf(1976)의 상대성 이론의 영향을 많이 받았던 것 같다.

여성은 주변환경과 그 자극을 전체로 보는 반면 남성은 자극과 환경을 분리하는 경향이 있다.[55] 만약 사물의 이름을 명명하는 과정에서 어느 한 쪽의 성이 그것을 독점하게 되면 편견이 강화된다. 이러한 성의 차이에 따른 언어사용의 차이를 지배논리나 우열의 논리로 본다면 상당히 문제점이 파생되는 것은 앞장에서 살펴보았다. 여기서는 남녀의 언어 사용차이를 문화적 차이로 보고 접근하도록 하겠다.

언어와 성에 대한 접근은 두 개의 범주로 나누어지는 데 하나는 문화적 접근과 힘 또 하나는 파워나 지배적 접근이다. 지배와 파워는 성의 차이와 무관하다. 왜냐하면 파워는 보통 남성이 우월하다는 것으로 귀결된다.

비록 남성과 여성이 서로를 동등히 대하려고 한다 하더라도 남녀간 문화적 의사불통은 발생한다(Maltz & Borker, 1982: 200). Tannen(1990b)은 교차문화적 접근으로 어느 한쪽 성을 비난하지 않고도 의사불통을 설명할 수 있다고 하였다.

우리는 남성과 여성이 독립된 문화 구조를 가진다고 전제함으로서 남녀간 문화적 의사불통을 잘 설명할 수 있다. 여성의 담화를 살펴보면 유년기에 습득된 담화 방식이 어른이 되어서도 그대로 지속되는 경향이 있다.[56] 여성끼리의 친한 담화는 상호작용적, 관계적, 참여적, 공동협력적인

---

55) 남성의 행위는 현장독립적 (field independence)이라고 하는 반면 여성의 행위는 현장의존적(field dependence) 성격을 지닌다(Wikin et al. 1962). 이러한 Wikin의 주장은 상당히 주관적이다. 본질적으로 사물을 분류하거나 보는 방법에 있어 독립적이냐 의존적이냐의 구분은 없다. Wikin의 주장은 정치적인 것으로 언어가 기형성된 사물의 명명 규칙을 고수한 것이라고 보아야 한다.

56) 여성의 농담(Jenkins, 1986), 화장실 잡담(Bruner & Kelso, 1980; Cole, 1991; Davies, 1986), 잡담(Jones, 1980), 여성 친구간 대화(Aries & Johnson, 1983) 등

특징을 지닌다(Treichler & Kramarae, 1983). 여성의 담화 특징으로는 많이 들어 주는 편이며 반응은 최대한 자제하고, 개인적이며 공동체적인 의미를 지닌 대명사 *we* 나 *you*를 빈번히 사용하고 상대방에게 관심과 흥미를 잘 나타내려고 한다는 점을 들 수 있다. 여성은 대화 시 협력과 협동 전략을 구사한다. 이것을 Tannen(1990c)은 rapport talk라고 하는데 남성들이 주로 참여하는 report talk와는 상반되는 개념이다. Tannen은 남성과 여성의 서로 다른 담화 스타일을 이분법을 사용하여 다음과 같이 구분하고 있다.

(30)	여성	남성
	sympathy	problem-solving
	rapport	report
	listening	lecturing
	private	public
	connection	status
	supportive	oppositional
	intimacy	independence

그러므로 남성과 여성은 친구간의 대화에서 약간 다른 문화 규칙을 가지고 있다(Maltz & Borker, 1982). 이러한 차이는 양성의 동성간의 대화 비교분석을 통하여 가능하다. Talbot(1998: 87-89)는 남자 아동과 여자 아동의 담화 차이를 통해 서로 다른 문화배경 때문에 담화상의 남녀간 오해가 발생한다고 하였다. 여아들은 또래끼리의 모임에서 리더를 정하지 않고 결정에 다같이 참여하고 제안도 참여자 전원이 찬성하여 이루어지며 명령을 할 때에도 *let's*, 공동체 지향의(the inclusive) *we, could* 같은 가정법을 사용하는 경향이 있다고 하였다.

참조

(31) Sharon: Pam you know what we could do
(.) we gotta *clean* em first[57)]
we gotta *clean* em
Pam: huh
Sharon: we gotta clean em first you know
Pam: I know [cuz they got germs]

(Goodwin, 1980: 160)

(32) Let's move *these* out *first*.
we gonna make a *whole* display of rings
uh we could um shel*ac* em

(Goodwin, 1980: 166)

여아들은 의견이 다를 때에도 차이를 좁히는데 별 어려움을 느끼지 않는다(Goodwin, 1980: 169). Goodwin은 소녀들이 명령을 명시적으로 하지 않는 것은 아니나 또래끼리의 담화에서는 명시적 명령을 사용하지 않는다고 하였다.

반면 또래 남아들의 담화는 수직적 계층적인 팀 혹은 집단적 성격이 강하다. 따라서 누가 리더가 되느냐를 두고 경합을 한다. 명시적 명령형을 취하는 경향이 있으며 공격적인 형태를 띈다.

(33) GIMME THE WIRE... *Look* man, I want the wire cutters right *now*.
PILLERS I WANT THE PILLERS!
Man I told you it kinda crowded around here now I can't *stand* it.

(Goodwin, 1980: 160)

(34) Huey: Gimme the *things*.

57) 소녀들은 단호한 명령형태인 *gotta*를 사용하기도 하는데 그렇게 할 때조차 공동행동이나 의무를 제안한다.

Chopper: You shut up you big lips.

그러므로 남아와 여아의 의 또래간 그룹별 언어전략을 요약하면 아래와 같이 나타낼 수 있다.

(35)

소녀	소년
Mostly in pairs (짝 위주)	Large groups (큰 집단)
'Best friends' (절친한 친구같이)	'Gangs' (놀이패)
Non-hierarchical (비계층적)	Hierarchical (계층적)

(35)은 사회조직면의 차이를 나타내고 있는 반면 (35)는 명령형의 차이를 보여준다.

(36)

소녀	소년
'Hey y'all let's use these first and then come back and get the rest cus, it's too *many* of em.'	'Gimmme the pliers.'
'We gonna paint em and stuff.'	'Get off my steps.'
'We could go aroud looking for bottles.'	'Man, don't come down *in* here where I *am*.'

Maltz & Borker(1982)는 아이들의 이러한 하위문화 차이가 어른간의 의사불통을 설명하는 증거가 될 수 있다고 하였다. 즉 남성과 여성은 서로 다른 하위문화 속에 사회화되어 있기 때문에 어른이 되어서 부부처럼 친한 사이의 대화행위에서도 서로 다른 기대를 하게 된다고 한다. 어린 시절의 성분리가 서로 다른 상호행동 향상을 초래하고 이웃 간 의사불통의 진원이 된다고 본다. 서로 다른 문화권에 살고 있는 사람들처럼 남성과 여성도

담화 시 하위문화가 서로 다르기 때문에 의사소통이 잘 되지 않는다.

예를 들면 *mm, yeh* 같은 최소 반응어도 남녀 간에 차이가 있다. 여성은 이것을 관심을 가진 사람의 소리로 의식하는 반면 남성은 그렇지 않다. 그 결과 여성쪽에서는 왜 남성이 상대방의 말에 관심을 가지고 잘 듣지 않을까 하는 생각을 하게 만들고, 반면 남성은 왜 여성은 항상 남에게 대화시 동의를 구하는지 의아심을 가지게 만든다.

2.1. 언어전략의 상대성

2.2.1. 힘과 결속

Brown & Gilman(1960)에 의해 소개된 힘(power)과 연대(solidarity)의 역동성은 사회언어학 이론의 기본이 되어 왔다.[58] Brown & Gilman의 구도에서 힘의 본질은 불균형이다. Tannen(1984, 1986)은 담화에서 힘과 결속의 관계는 모순된 관계로서 친밀감(closeness)과 거리감(distance)으로 표현될 수 있으며 일견 정반대같이 보이지만 서로 서로를 함의하고 있다고 하였다. 그런데 담화를 장악하기 위해서는 힘(power)이 필요하며 지지와 동의는 연대(solidarity)에 의해 발생되지만 힘과 연대의 모순적 관계를 통해 모호성과 다의성이 초래된다(Tannen, 1996: 23).

Brown & Gilman는 힘을 불균형관계와 연관시키고 상대방의 행위를 통제할 수 있을 때 상대방에 대하여 힘을 가지고 있고 적어도 두 사람 사이의 관계에서 양자 모두 똑같은 힘을 가질 수 없다는 점에서 상호적이

58) 불어의 2인칭 대명사 *tu, vous*를 힘과 결속이론으로 설명했는데 영어의 경우 유사한 예를 든다면 성과 이름을 호칭에서 사용할 때라고 볼 수 있다. 격의 없는 사이에서 편하게 결속을 나타내기 위해 이름을 부르며, 성을 사용할 때는 힘에 의한 지배관계가 분명할 때이다.

지 않다고 보았다. 반면, 같은 학교를 다니거나 같은 직업, 같은 부모를 가진 경우와 같은 관계를 균형관계 내지 연대관계라고 하였다. 연대관계는 힘과 대조적으로 동질성을 내포하고 있다.

힘과 연대를 일차원적 모형(37)과 다차원적 모형(38)으로 나타내면 다음과 같다.

(37) power ←——→ solidarity
asymmetry ←——→ symmetry
hierarchy ←——→ equality
distance ←——→ closeness

(38) hierarchy ←——→ equality
고용주/고용자관계 | 형제자매관계
distance ←——→ closeness

Tannen(1996: 19)은 언어 전략의 상대성을 주장하면서 특정 언어현상에 대한 기계적인 접근은 곤란하다고 하였다. 언어와 성에 관한 연구의 대부분은 언어수단에 의해 남성이 여성을 담화에서 지배한다는 것을 기술하고 있다. 남성이 여성을 지배한다는 것은 문제가 아니다. 문제가 되는 것은 지배의 근원과 작용, 담화상의 상호 의도와 효과이다. 지배의 근원이나 상호 의도와 효과를 말가로막기, 다변, 침묵, 화제제기 등의 언어 전략으로 설명할 수 없는 경우도 있다. 남성의 말가로막기는 지배를 창출하기 위해 쓰일 수 있음을 부정하는 것은 아니지만 언어 기제와 상호작용 효과는 1:1 관계가 아니다. 따라서 담화상 상호작용에서 지배를 좀더 깊이 좀더 세밀하게 살펴볼 필요가 있다.

여성의 무력함은 간접화법, 과묵, 침묵, 부가의문문 등의 언어전략으로 규명할 수 없다. 똑같은 언어수단을 사용하더라도 서로 다른, 심지어 정반대의, 목적과 효과가 문맥에 따라 발생할 수도 있다. 발화의 의도와 동기는 언어형태만 조사해서 결정할 수 없다. 그 이유는 첫째, 발화의 의도와 효과는 동일하지 않고, 둘째, 인간의 발화 행위는 대화 참여자의 상호작용에 의해 초래되는 합작품이기 때문이다.[59)]

Tannen(1981, 1984, 1986)은 어떤 문화권이나 지역에서는 남성이나 여성 모두 간접화법보다는 직접화법을 더 많이 쓰는 경향이 있다고 하였다. 말라가시어 마을에서는 Keenan(1974)에 의하면 남성이 여성보다 우월한 사회적 위치를 가지고 있으나 간접화법이 더 사회적으로 인정받을 수 있기 때문에 남성이 더 많이 간접화법을 사용한다고 하였다. 따라서 간접화법은 그 자체로 보아서는 종속성 전략이 아니므로 약자든 강자든 사용할 수 있다.

그러므로 미국 여성의 담화스타일은 간접화법의 경향이 있다는 주장은 문화보편적인 주장은 아니다.[60)] 일본의 경우 정중한 거절인 경우 'yes'로 나타내므로 'yes'의 경우 부정적인 것인지 긍정적인 것인지를 잘 파악해야 하며 이것은 일본 남성이나 여성 모두에게 작용하고 있다.

말 가로막기는 일반적으로 지배의 표시의 한 수단으로서 널리 인식되어 왔다. West & Zimmerman(1983)은 담화에서 말 가로막기를 통해 남성이 여성을 지배하고 있다고 하였으나 James & Clarke(1993)은 성과 말 가로막기에 관한 연구에서 남성에 의한 여성의 말 가로막기 패턴은 분명

---

59) McDermott & Tylbor, 1983; Schegloff 1982, 1988; Erickson, 1986; Duranti & Brenneis, 1986 참조

60) 여기서의 간접화법(indirectness)이라 함은 "문닫아 주세요"라는 표현 대신 "여기는 춥군요" 등의 의사표현을 말한다. Lakoff(1975)는 간접화법이 화합(rapport)의 기능도 가지고 있다고 보는 데 그 이유는 직접 명령을 하지 않음으로써 상대방에게 즐거움을 준다는 것이다.

한 패턴이 나타나지 않고 있다고 하였다.

남성이 여성에게 침묵을 강요함으로써 여성을 지배하려 한다고 Spender (1986)는 주장하였다. Coates(1986)는 아이들처럼 여성에게 침묵을 지시하는 격언이 많다는 것에 주목하였다. Sattel(1983)은 남성이 여성에게 침묵을 이용해서 힘을 과시한다고 주장하였다.[61] 그러나 침묵은 약자의 증거는 아니며 다변이 지배의 분명한 표시는 아니다.

(39) W: Why do you turn on me? What did I do?
H: (Silence)
W: What did I do?
(He looks at her as if her not knowing were another injury)
H: Look, let's just go to sleep now. Let's just forget it.
W: Forget what?
H: (silence)

. . .

W: It was something in the movie, wasn't it?
H: What, in the movie?
W: . . . It was the funeral scene. . . . The little boy looking at his dead mother.
Something got you there. That was when you got depressed.
H: (silence)
W: Well, wasn't it?
H: (silence)
W: Oh come on, Bennett, you're making me furious. Please tell me. Please.

61) 그녀는 Erica Jong의 소설 *Fear of Flying* 속의 한 장면을 예로 들었다. 첫째 줄은 부인 Isadora의 이야기이고 둘째 줄은 남편 Bennett의 이야기이다.

위의 대화에서 남편은 침묵을 효과적인 무기로 사용하고 있지만 만약 부인도 침묵을 지키면서 말없이 집을 나가 버린다면 남편의 침묵은 별 효과가 없다. 여기서 부인이 계속 이야기를 하고 있으나 남편이 침묵을 지키는 상호작용에 의해 침묵이 힘을 가지게 되는 것이지 부인이 집을 나가는 상황에서는 남편의 침묵이 힘을 가질 수 없다.

따라서 남성이 여성보다 말을 많이 함으로서 지배한다는 주장은 항상 옳은 것은 아니다.

다변과 침묵은 화자의 의도라기보다 스타일의 차이이다(Tannen 1984, 1985; Scollon & Scollon, 1981). 그러므로 침묵과 다변은 힘, 나약, 지배, 종속 등을 의미하지는 않는다. 이것은 역동적 관계에 의해 힘과 연대를 나타낼 수 있을 뿐이다. 화제를 제기하는 사람 대부분이 담화를 주도한다고 Shuy(1982)는 가정하고 있으나 Tannen(1996: 40)은 정반대의 연구결과를 발표하였다.

그러므로 지배와 힘에 근거를 둔 접근으로는 발화행위의 성별 차이를 설명할 수 없다. 교차문화적인 접근방식은 지배와 힘이 성의 차이와 무관하다고 보고 있다. 왜냐하면 지배이론으로는 남성이 우월하다는 것으로 귀결되는 데 지배하는 남성의 입장에서는 지배하려는 의도가 없어도 이것이 존재하기 때문이다. 또한 비록 남녀가 서로 서로 동등하게 대하려고 하여도 문화적 의사불통은 초래될 수 있다(Maltz & Borker, 1982: 200). 그러나 교차문화적인 접근방식은 Tannen(1990b)에 의하면 어느 한 쪽의 성에 대한 비난을 하지 않고도 의사불통에 대한 설명을 가능하게 하고 있다. 이러한 점에서 남성과 여성이 독립된 문화구조를 가지고 있다는 것으로 성의 차이를 설명하는 것은 남녀의 문화간 비교 차이점을 도출할 수 있다는 점에서 하나의 대안이 될 수 있다.

지금까지 남녀의 언어사용의 차이점을 살펴 보았다. 지배 접근방식이 아닌 문화적 접근방식은 실제적으로 여성과 남성이 사회적으로 동등하다고 믿는 우리의 필요와 바램에 부응하고 있다. 그러나 사회적으로 동등하다는 것은 사회적으로 동등한 것과 실제적으로 동등한 것으로 구분될 수 있는 데 전자는 반드시 후자를 수반하는 것은 아니다. 진실로 사회적 동등체라면 - 개인과 개인, 동성 혹은 이성 - 간 실제적으로 동등해야 한다. 그러나 오늘날 미국사회에서는 이성간의 동등한 관계는 불가능하다. 심지어 여성으로서 인종, 연령, 계층, 교육 등과 같은 서로 다른 정체성을 공유할 때조차도 여성은 남성과 사회적으로 결코 동일하지 않으며 평등하지도 않는다.

문화적인 접근에서 우리가 발견한 것은 개개인의 의도와는 관계없이 남성의 지배가 상존한다는 성인식은 고려하지 않는다는 것이다. 대화속에 존재하는 남성의 지배는 의도적인 것이 아니라 문화 차이와 오해의 결과이다. 의도가 없는 남성 지배는 실제적으로 일어나지 않는 것과 같다. 따라서 남성지배의 속성은 반드시 사실이 아니라는 것과 힘에 의한 접근방식에 의해 야기된 것이 아니며 더욱이 남성지배는 상호작용의 메카니즘에 의해 발생된다.

성을 어떻게 개념화할 것인가 하는 문제는 담화의 상호작용이라는 현실적 문제와 유리된 채 너무 단순하게 대부분의 언어 연구에서 지금까지 다루어져 왔다. 태어날 때부터 생물학적으로 정해진 성은 언어이전의 변항(Kramarae, 1986a)으로서의 성이 실제로 사회적 구조물(Kessler & Mckenna 1978; Kramarae 1986a; Rakow, 1987) 이라는 인식을 잘 하지 못하고 있다는 데서 비롯되고 있다. 우리는 남자나 여자로 태어났기 때문에 남성과 여성으로 사회화되는 것은 아니다. 성은 성범주 속에 규정된 적절한 행동이나 태도라는 관점에서 행해지는 관습적이고 반복적이며 체계적인 행동(West & Zimmerman, 1987: 126-7)으로서 성역할을 한다는 것은 각각의 성에 알맞은 행위를 통해 이루어진다.

성은 세계와 사회생활을 구성하는 사회적 구조물이다. 모든 인간은 남성이나 여성이라는 범주를 떠나 살아갈 수 없다. 성은 사회적 구조물(social construct)이기 때문에 종교, 연령, 계층, 지역, 민족 등과 독립적으로 존재할 수 없으며 이들 요소들은 서로 상호작용하고 있다. 중요한 것은 담화에서의 성의 차이를 분석하기 위해 지배이론 또는 문화이론을 논하는 것이 아니다. 그보다는 사회적 문맥에서 언어 사용을 통하여 우리가 어떻게 성에 적합한 행위를 하는가를 알게 하여주는 근본체제를 연구하는 것이다.

2장 현실과 언어

1절 언어속의 성차별[1]-성차별 지양을 위한 영어 대명사의 사용은 어떤 모습일까?

언어를 배우려는 학습자들에게 있어 각 언어의 어휘와 구조의 차이점을 이해하는 것은 그 언어의 올바른 사용을 위해서는 필수적인 과정이다. 어떤 경우에는 언어사용의 차이가 사전적인 용례를 넘어서 실제 통용되고 있는 현실성에 기초를 두어야 할 때가 많다. 왜냐하면 사전에 있는 거의 대부분의 어휘는 실제 사용어(회화)에 기초한다기보다 문어를 통한 수집된 어휘일 가능성이 높기 때문이다.

특히 언어사용의 성별차이는 남녀차별이란 사회적 이슈와 맞물리게 되면서 여성의 지위향상을 도모하려는 정치적인 동인에 힘입어 언어개혁을 사회개혁의 하나로서 자리잡게 만들었다. 그리하여 남녀의 언어 사용의

1) [영어교육연구] 1999년 10월 제11집. pp.69-93. 영어교육학회

차이는 문화적인 관점과 아울러 오랫동안 여성운동가와 문법학자들의 관심이 되어 왔다. 여성운동가의 입장에서는 남성중심적 사고가 언어에 투영되어 언어 사용에 있어 남성 명사가 남녀의 대표성을 나타냄으로서 여성에 대한 남성의 억압적 구조를 나타낸다고 보고 있다.

언어가 인간 사고의 반영이라면 언어 자체의 수정을 통해서 일반인들의 의식을 바꾸겠다는 강력한 동인이 존재할 수 있다. 그러나 순수한 언어학적 측면에서 바라볼 때 언어란 전통적인 고정관념의 소산이다. 그러므로 일부 단어의 수정을 통한 성 차별에 대한 의식 개혁 전략은 사회 전체의 여성에 대한 편협한 시각과는 무관할 만큼 관용적인 색채가 강하다고 본다. 따라서 여기서는 여성해방운동과는 다른 순수한 언어적 관점에서 영어 명사의 성차별 현상을 살펴보기로 하겠다.

여기서는 언어의 성차별을 극복하려는 하나의 관점에서 영어 작문 사례를 연구하여 보고자 한다. 이러한 접근법은 영어를 배우는 학습자로 하여금 올바른 영어 어휘를 선택하게 한다. 언어 사용 개혁을 통해 남녀에 대한 사회적 평등의식을 확산시키고 영어를 정확하게 사용하도록 지도하는 데 있다.

1. 성차별의 정의와 연구방법

언어에서의 성차별은 언어 자체에 내재한 것이 아니라 언어 사용자나 언어학자가 사용하고 있는 메타 시스템 속에 존재하고 있다. 언어에 따라서 성차별의 유형이나 정도는 다르며 어휘나 문법구조면에서 여성을 배제하고 격하하는 특징을 가진다. 이러한 언어 속에서의 여성 차별적 요소 제거를 통한 언어변화 내지 개혁을 통하여 언어사용자의 의식변화를 가져오는 것이 언어에서의 성차별어 사용 금지 운동의 목표가 되고 있다. 그러나 이러한 움직임에 대한 거부감도 상당히 작용하고 있다. 문법을 마음대로 바꾸어서는 안 된다거나 비성차별적(non-sexist) 언어는 심미적이지 못하다는 이유 등이 그것이다.

이러한 성차별어를 없애려는 언어 개혁을 거부하는 역동적인 움직임과는 관계없이 언어의 사용은 꾸준히 그러한 차별적 요소를 제거하려는 쪽으로 움직이고 있으며 언어 사용면에서 상당한 개선노력이 행하여지고 있다. Spender(1980)에 의하면 언어는 여성억압을 나타내는 증후가 아니라 여성억압을 만드는 것으로서 언어를 통해 여성이 격하되고 배제되어지고 종속되어진다고 보았다. 언어의 성차별은 여성억압의 원인인지 아니면 결과인지, 그리고 성차별의 경계를 어떻게 규정할 것인지의 여부는 언어를 지배하는 쪽이 누구인지 등의 언어 현실적 논의와 관계된다.

평론가들이 흔히 지적하듯이 영어의 모욕어는 여성의 신체적 부위를 나타내는 말이 많고 이것이 남성/여성 비대칭을 이루고 있음을 알 수 있다(Schulz, 1975).[2] 남녀 짝을 이루는 단어 중에서 의미적 차이를 살펴본다면 남성을 나타내는 단어는 힘·지위·자유·독립을 함의하는 데 비하여 여성을 상징하는 단어는 의존·열등·부정 등을 나타내고 있다. 예를 들면 *bachelor*가 독신남성으로서 독립적이며 성적으로 자유로운 등의 긍정적 측면을 띠고 있는 반면 *spinster*는 추하고 성적 매력이 없는 상반된 의미로서 독신의 좋은 측면과는 거리가 멀다는 점에서 *bachelor girl*이라는 새로운 단어가 필요할 수 있다. 의미불평등의 또 다른 예로서 *governor*(힘센 통치자)와 *governess*(어린이의 일을 돌봐 주는 가난한 여자), *master*(유

2) Muriel Schulz는 이같은 비대칭성이 의미의 타락이라 일컫는 언어 변화의 체계적 과정에 의해 생긴다고 하였다. '과일 곁들인 빵'에서 전이한 '매춘부'의 뜻으로 쓰이는 'tart'나 '난잡한 사람'에서 전이한 '매춘부'의 뜻으로 쓰이는 'harlot'는 원래 모욕적이 아닌 중립적인 말에서 유래하였다.

능한 힘센 남자), *mistress*(성적·경제적으로 의존하고 있는 여자) 등이 있다. 이러한 것도 언어 변화라는 사회적 변화를 페미니스트들의 정치적 노력이란 과정을 통해서 얻음으로서 남성중심 사회의 역사를 재구조화하는 데 그 초점이 주어져 있다.

페미니스트들은 역사의식이 대단히 높아서 *history*를 *herstory*로 고쳐서 말하거나 역사가 남자의 이야기라는 생각에서 여자의 이야기를 *herstory*라고 부른다. 실제로 영어의 *history*는 영어의 *his*와 어떠한 관련도 없다. 더욱 재미있는 것은 *women* 속의 *men* 요소를 배제하기 위해 *wimmin*이라고 철자화하자는 재치도 돋보이고 있다.

그러나 이러한 것은 객관적이며 포괄적인 것은 아니므로 이러한 신조어는 언어변화를 보급시키기는커녕 단어의 사용을 우리가 정의하기에도 어렵게 만들고 있다. 페미니스트들의 언어개혁은 규범적 제도의 보수적 성향 때문에 불리한 입장에 놓여 있지만 남성과 여성을 포괄하는 비성차별적 언어를 만들어낼 수 있다. 이러한 개혁은 모든 용어들이 성중립적이 되도록 다음과 같이 단어나 문장을 고치는 것을 포함하고 있다.

(1) mankind - humanity
craftsman - artisan
spaceman - astronaut
forefathers - ancestors
chairman - chairperson or chair

(2) a. No one would do that if he could help it.
b. No one would do that if they could help it.

(3) a. Pick up baby when he cries.
b. Pick up babies when they cry.
c. Always pick up a crying baby.

(2b) 나 (3b) 등은 언어 속의 성차별을 없애기 위해 대명사의 사용을 *he*에서 탈피하여 복수형의 사용으로 대체하거나 남성 총칭어의 사용을 배제하려는 노력을 보여 주고 있다. 이러한 언어사용의 개혁을 통해 여성이 이차적 주변적 존재라는 것을 불식시키고 *man*이 *mankind*를 나타냄으로서 남성이 인간이며 여성은 그 아종으로 존재하지 않는다는 잘못된 관념을 언어개혁자들은 시정하려고 하고 있다.

그러나 언어 변화는 사회관습의 광범위한 변화이기 때문에 언어 사용자들은 언어를 사용함에 있어서 완고한 태도를 취할 수 있으며 이러한 사람이 많아질수록 언어개혁은 성공할 수 없다. 이러한 언어 사용의 보수주의적 경향은 단순한 반페미니즘이라기보다 사회적·정치적 대변동에 대한 언어 사용자들의 두려움이 존재하고 있음을 반영하고 있다.

이러한 언어변화에 대한 저항감은 극단적인 페미니스트들의 존재를 또한 인식하게 한다. 페미니스트들은 적극적인 차별화를 위해 총칭지시 (generic reference)를 *he*로 하지 않고 *she*로 할 것을 주장하고 있다. 이들의 주장은 다른 사람들의 편견에 대항함으로써 일반인들의 성차별 의식을 높였다. 그러나 페미니스트들의 주장은 사용되고 있는 언어 현실 자체가 성차별인 이상 비차별적인 건설적 언어 사용을 장려함으로써 언어 사용자의 세계관을 바꿀 수 없다 할지라도 이것은 다른 사람들의 언어 사용에 조금이라도 영향을 미치기 위한 작은 정치적 노력의 소산이라고 볼 수 있다는 점에서 긍정적인 평가를 할 수 있다.

따라서 이 장에서는 페미니스트들의 언어개혁이란 정치적 성격이라기보다는 언어자체에 존재하고 있는 성차별적 요소의 개혁이라고 생각하고 이를 뒷받침하고 있는 언어의 사회적 편차현상을 규명함과 아울러 사회적 함의를 통한 성차별화 현상을 살펴보기로 한다.

2. 사회적 함의에 나타난 편차

언어상 남녀의 사회적 함의의 편차는 다음 사례에서 잘 찾아 볼 수 있다. 즉 (4)에는 남성 주어로서 긍정적 내용의 형용사, 여성 주어로서 부정적 내용의 형용사가 사용되고 있다(Frank & Treichler 1990:98).

(4) a. He is ambitious; she is pushy.
b. He is tough-minded; she is ruthless.
c. He is foresighted; she is calculating.
d. He is firm; she is stubborn.
e. He is persistent; she is nagging. (Heffernan & Lincoln 137-38)

이러한 표현들은 단어 선택에 반영된 편견을 강조하는 예이며 학생들로 하여금 주어를 공평하게 사용할 것을 촉구하는 것이지만 저자는 성차별적 의미론에서 작용되고 있는 이중기준을 언급하지는 않고 있다. 예를 들면 *he*는 자주 *ambitious, firm*의 이미지로, *she*는 *pushy, nagging*의 의미로 거의 언제나 쓰이는 점이 이에 해당한다.

언어와 문화 속에 내재되어 있는 남성언어의 긍정적 측면과 여성 언어의 부정적 측면은 *secretary, prostitute, poetess, majorette* 등에서처럼 유표화(marked) 현상에서 찾아 볼 수 있다. 이들 현상은 학생들로 하여금 구조·의미적 측면에서 남녀에 대한 이중적인 잘못된 기준을 만들게 하고 성차별에 도전할 수 없도록 만들고 있다. 그리하여 단어 선택이 언어와 문화 속에 내재된 남녀에 대한 편견과는 관련 없는 개인적 양심의 문제로 축소시키는 경향이 있다.

2.1. 개별 어휘별 사례

극소수의 편람 등에서 대명사 일치와 용어상의 비성차별 용법을 다루고 있다. 주로 독자들에게 성차별적 언급에 대한 주의와 이에 상응하는 비성차별 용어를 대비시켜 나타내고 있다. 대부분의 독자들은 남성과 여성을 함께 나타내는 데 있어 남성을 가리키는 직업용어나 *man, mankind* 처럼 총칭 지시를 나타내는 데 남성대명사를 사용하는 것을 불쾌하게 생각한다. 이러한 표현들은 오랜 습관이나 관행에 의한 것이고 대개 불쾌감을 주려는 의도는 아니지만 많은 독자들을 소외시키는 경향이 있다. 이러한 성차별 명사나 대명사는 자의식이나 어색함 없이 성차별어를 비성차별어로 다음과 같이 고치는 것이 좋다.

(5) 성차별: If mankind is to survive, we must develop new forms of energy.
비성차별: If humanity is to survive, we must develop new forms of energy.

(6) 성차별: Man is a strange animal.
비성차별: Humans are strange animals.

(7) 성차별: Most congressmen were off campaigning for reelection.
비성차별: Most members of Congress were off campaigning for reelection.

(8) 성차별: Outgoing chairman Janice Wellborn turned the gavel over to the newly elected chairman, Nate Hampton.
비성차별: Outgoing chairwoman Janice Wellborn turned the gavel over to the newly elected chairman, Nate Hampton.

(9) 성차별: If the reader wants to review the main ideas of a theme, he can look back over the topic sentences.
비성차별: If readers want to review the main ideas of a theme, they

can look back over the topic sentences.

여기서 총칭지시어인 *man*은 남녀를 모두 가리킬 뿐만 아니라 인간 전체를 나타내고 있음과 동시에 남성만을 나타낼 수도 있기 때문에 중의적이다. 이러한 성차별을 피하기 위하여 사람을 나타낼 때는 *person, people*이 적당하다.

(10) 성차별: We want to hire the best man we can get for the job.
비성차별: We want to hire the best person we can get for the job.

그러므로 *man*-복합어는 별로 어려움 없이 그 사용을 피해 갈 수 있다.

(11) chairman - chairperson, chair, moderator
congressman - representative, senator
fireman - fire fighter
councilman - council member
foreman - supervisor
mankind - humanity
manpower - work force
mailman - mail carrier
manmade - artificial, manufactured
policeman - police officer
salesman - salesperson

위의 (11)의 보기는 영어를 배우는 학습자들로 하여금 영어 어휘 선택의 중요함을 일깨워 주며 동의어로서 빈번히 거론되고 있는 각 단어들의 차이점을 인지하게 하여 준다는 점에서 대단히 효과적이다.

상업서한에서 인사말을 쓰는 데 있어 *Sir* 또는 *Mr.*를 사용하는 것은 사업계에 여성의 존재를 망각하는 것이다. 타이틀이 없는 여성일 경우 *Mrs.* 보다 *Miss*나 *Mrs.*를 포함한 *Ms.*가 더 낫고 성의 구분이 분명하지 않을 때는 *Dear Sir or Madam* 또는 *Dear X* (X=회사이름)으로 나타내는 것이 언어의 성차별적 요소를 지양하는 바람직한 표현이라고 볼 수 있다.[3)]

일반적으로 성차별적 용례가 지닌 사회언어학적 문제는 문법에서의 성 고정적 개념 등과 아울러 언어와 문화의 상호작용 등과 연관되어 있다. 그러므로 이러한 비성차별어의 사용을 촉진시키기 위해서 다음과 같은 지침이 필요하다(Gershuny 1990:103).

첫째, 성차별어와 상투어표현에 관한 비차별적인 대용어를 사용한다.

둘째, 비성차별어와 비상투어 문장으로 된 효과적인 작문원리를 예시한다.

셋째, 다양한 인종, 종교적 배경의 남녀에 대한 편견없는 문장을 인용한다.

넷째, 전통적인 성차별적 용례가 옳은 것이라는 기준 대신 기술언어학적인 관점에서 비성차별적 용례를 설명한다.

다섯째, 산문이나 리포트 등의 주제로서 성차별과 일반적인 상투어 등을 제시한다.

여섯째, 불쾌한 단어 대신 비성차별적 대체어를 포함하는 어휘영역을 확장한다.

이외에도 의미화된, 구조적으로 유표적인 성(gender) 용어로서 이중기

---

3) 이외에도 Dear Subscriber, Dear Colleague, Dear Entering Student, Dear Reader, Dear Friends 등을 사용하거나 성을 모르고 이름만 알 경우에는 Dear Professor Smith나 Dear Robin Smith 등이 무난하다.

준을 가지고 있는 것에 대한 사회적 함의를 인식하도록 할 필요가 있는데, 그 예를 들면 다음과 같다.

(12) (positive) (negative)

(positive)	(negative)
seamstress	tailor
spinster	bachelor
hostess	maitred
lady judge	judge
stewardess	steward
majorette	drum major
governess	governor

(12)는 남성에 대한 긍정적 측면과 여성에 대한 부정적 측면의 사회적 함의가 나타나 있어서 성 표시에 있어서 구조적, 의미적 이중기준을 잘 나타내고 있다.

다음은 실제 문장속에 나타난 성차별어의 사례를 살펴보기로 한다.

3. 영어 문장상의 사례

3.1. he/she 대격전

남녀를 공히 대표하는 총칭어 *he*의 사용에서 영어의 성표시가 아주 뚜렷하게 나타나고 있다. 특히, 영어 명사의 경우 남성 대명사의 사용이 의무적인 경우가 많아서 문법범주에 있어서 이러한 총칭어의 전통적 사용은 불공평, 중의성, 비일관성을 나타내기 쉽다. 외국어로서 영어를 학습하고자 할 때 대부분 전통문법에 기술된 총칭어 *he* 를 무비판적으로 수용하여 사용하게 되며 구어체에서는 *they*도 사용이 가능하다는 정도의 지식을 가지고 있다. 그러나 우리가 총칭어 지시상의 다양성을 문화적, 사회적 관점에서 살펴볼 필요가 있다. 언어의 성연구를 통해 문법적 지식이 영어 문장에서 어떻게 사용되고 있는지를 볼 수 있다.

전통 문법에서의 총칭어는 이론적, 언어적, 의미적 문제를 유발시키며 부정확한 기준을 가지고 있다(Frank & Treichler, 1990: 142). 국립보건연구원의 집행위원장이 참석하지 못한 여성 2명을 제외한 남성 학장들이 참석한 자리에서 다음과 같이 새 집행위원장 선출문제를 이야기한다면 난처한 경우가 발생하기도 한다. 만약 여기서 언어 관행에 따라 여성을 포함하는 총칭적인 측면에서 *he*의 사용을 생각할 수 있지만 이것은 중의적이 되며 이러한 경우 *he* 를 사용하게 되면 새 집행위원장은 남자가 되어야 한다는 것을 암시하게 될 가능성이 높아진다. 따라서 여성이나 남성을 지칭하지 않는 성중립적인 용어의 필요성을 느끼게 된다.[4)]

<대학작문과 의사소통>이란 잡지의 공개토론에서 Mary K. Deshazer가 남성 삼인칭 대명사의 총칭적 사용이 여성을 배제한다는 근거에서 작문책의 총칭적 *he* 사용에 대해 강력하게 문제제기를 하자 잡지당국자 A.M. Tibbetts과 Charlene Tibbetts는 *he*의 사용을 옹호하고 이것을 널리 공인된 표준용법으로 인정하였다. 그 이유는 유명한 작가들이 쓰고 있기 때문이라는 것이었다. 그리고 총칭어 *he*의 대체어를 추천하는 작문교과

---

4) 이 경우에 집행위원장은 아마 아주 중요한 역할을 할 수도 있다. 차기의 집행위원장이 누구냐를 성별로 간접적으로 나타낼 여지도 배제할 수 없다. 그는 다음 표현은 이러한 선입관을 배제하려고 최대한 노력하고 있음을 보여준다.
The executive director plays a crucial role at the NIH and it's very important that he-he-she-he/she-he or she-be a top scientist and also be able to work with all the institute directors (Frank & Treichler, 143).

서를 비난하면서 다음과 같이 *Newsweek*에 나타난 남성 과학자의 글을 인용하였다 (Tibbetts & Tibbetts, 1987:487).

(13) The authors have to wrestle so hard with the language to produce a mainly 'he'-free text that you are constantly aware of the strain. Instead of attending always to their excellent ideas, you are diverted occasionally by the battle going on.

(13)에서 우리는 *he* 없는 문장을 쓰려고 노력하고 있는 그 자체는 훌륭하지만 이것을 극복하기란 쉽지 않다.

그리고 영어교사와 NCTE는 꾸준히 유명한 작가들이 *he*를 총칭적으로 쓴다고 해서 이것이 바른 용법이라는 생각에는 반대를 하고 있다고 주장하였다. 이에 대해 Deshazer도 비성차별언어에 대한 지침서를 발간하고 NCTE와 출판업자 및 다른 기관에서 유명한 작가들로 하여금 용법을 수정하여 성차별어와 성적 상투어를 지양하여야 할 것을 촉구하였다.

이러한 언어의 단순한 관용적 사용에 대한 격렬한 논쟁은 미국 문헌학회 소식지에 유사한 공개토론을 유발시켰는데 편집위원회에서는 성차별언어에 대한 비난 편지를 일시적으로 중지할 것을 요청하였다. 그럼에도 불구하고 K.E. Thomas는 런던 *TIME*사에 수십 통의 편지를 보내 성차별언어 문제를 조사하였고 Betty Lou Dubois는 구어와 문어에서 *he/she* 격전의 결과를 알아내기 위해 영어 사용사례를 몇 년간 조사하였다 (*Linguistic Sexism* 35). 조사를 통해 밝혀진 바에 의하면 성중립언어(gender-neutral)로의 교체 및 일반인들의 성중립어 사용에 대한 비일관성, 과잉수정 등은 언어 변화의 자연적 부산물인 언어 혼란 상태를 야기했다고 결론을 내렸다.

그런데 *he*의 기원은 인간을 나타내는 단수 대명사이다. 복수 인간을 나타내는 경우에는 *they*를 쓴다.[5)] 어떤 언어에서는 모든 대명사를 성별로 표시하는 것이 의무적이지만 현대 영어에는 인간을 언급할 때 삼인칭 단수 대명사가 남녀를 모두 지칭할 수 있다. 이러한 성적 동일은 자연적인 것이며 남녀에 공통적이라는 오래된 문화적 전통은 성초월을 유발하게 된다. 성초월주의는 대명사의 혼동을 가져왔다. *he-she-it* 이라는 혼합된 형태가 성초월을 나타냈다(Frank & Treichler, 1990:145).

남녀 양성을 포함하는 단수 불특정성을 나타내기 위해 전통적으로 *he* 또는 *she* 와 비문법적이긴 하나 *they*를 사용하였다. 영국 의회에서는 남녀를 나타내는 경우에는 남성 대명사를 사용해야 한다고 함으로써 문제를 해결하려고 하였다. 그러나 *he*가 성특징적 측면을 실제 가지고 있기 때문에 선행사의 성을 모를 때에는 *they*를 전통적으로 사용하는 경향이 있어서 의회의 이러한 편리한 해결방식은 사실상 통용되지 못하였다.

다음은 Miller & Swift(1980)의 예문에 나타난 *they*의 사용을 알아보자.

(14) God send everyone their heart's desire. (William Shakespeare)
Each of them should ... make themselves ready. (William Caxton)

비록 (14)에서처럼 정확한 언어 사용에 대해 교육받은 사람들은 오늘날 *they*의 사용을 받아들이지 않음에도 불구하고 많은 사람들이 역사성과 광범위한 사용 및 실용적 이유를 들어 *they*의 타당성을 인정하고 있다.

*he*가 오늘날 남성대명사의 총칭어 위치를 여전히 굳히고 있지만 총칭어라기보다 오히려 *man*과 *he*는 남성만을 지칭하는 의미로서 성특성화되어 있다고 볼 수 있다. 그러나 *he*는 남성만을 의미하거나 남녀 모두를 가리키는 중의적인 의미로서 쓰이는 경우가 훨씬 더 많다. 그런데 *he*가

5) 영어 대명사는 모두 성, 수를 표시하게 되어 있다(Bloomfield, 1933: 249-63; Lyons, 1977: 657-77; Jacobs & Rosenbaum, 1971: 121-26).

*he or she*를 나타낼 수 없는 타당한 이유는 다음에서 찾아 볼 수 있다. 많은 화자와 청자는 *he*가 총칭어로서 기능을 하지 못하고 있다고 느끼고 있으며 남성 대명사를 가리키고 있다고 생각하는 것이 그 단적인 예이다.

(15) The assistant professor should learn about the tenure process before he goes through it.

(15)에서 조교수는 남녀 양성을 포함할 가능성이 있음에도 불구하고 남자 교수를 가리킨다고 하였다.[6] 물론 *he*가 단순히 남성을 가리킨다고 볼 수 없다. 사회적 현실을 고려해 볼 때 총칭적 *he*의 사용은 사회적 불공평을 나타내는 형태라고 하여 사전편찬자인 Alma Graham은 다음과 같이 그 견해를 나타내고 있다. 만약 그룹 안에 절반은 가 그룹, 절반은 나 그룹으로 나누어, 가 그룹이 나 그룹을 대신하여 편의상 다 그룹을 나타낼 수 있다고 한다면, 그것이 어떻게 받아들여질 지 생각해 보아야 한다는 점에서 *he*의 총칭적 사용은 논리적으로 타당하지 못하다고 그는 보았다.

문학에서 독자, 번역가, 또는 영어의 원어민 화자를 지칭하기 위해 *he*를 관습적으로 사용한 예는 다음에서 찾아 볼 수 있다.

(16) Dryden's reader is more than just a composite of Dryden's tastes and prejudices, he also represents a class of intellects and has an intangible aesthetic life. (*PMLA* 1979)

(17) The interpreter is led, then, to draw inferences concerning those semes that have been signled out. He is led, another words, to take the various semes as the starting points for new semantic representations. (*New Literary History* 1984)

---

6) Frank & Treichler(1990; 146). 이러한 주장이 타당한지는 원어민 화자가 아닌 한 지극히 판단하기 어려운 점도 있다.

(18) In the unlikely event that a speaker of English wished to looked up the definition of "horse" in a good dictionary, what is it that he should expect to find? (*Lingua* 1980)

(16)-(18)에서 총칭어 *he*가 사용된 경우는 문맥에서 '독자' 등과 같이 실제 사람으로서 구체성을 띠지 않고 있기 때문이라고 볼 수 있다. 구체화되지 않은 대상은 어느 한 쪽의 성을 따를 수는 없다. 따라서 *he or she*라고 할 수도 없고 더군다나 *they*로 나타내는 것도 문제점이 될 수 있다.[7)] 특히 (16)에서 Dryden의 독자가 사실 총칭적이냐 아니냐 하는 중의성도 대두될 수 있다. (17)도 *unlikely*라는 단어의 사용에서 구체화된 영어민 화자의 이미지가 없을 뿐만 아니라 (18)도 마찬가지로 *he*가 추상적 실체를 나타낼 뿐이다.[8)]

그러나 실제 인간을 남성 또는 여성이냐를 구체적으로 나타내지 않고 추상적으로 나타내는 것이 더 적절한 때가 있다.

(19) One may conclude that the speaking figure becomes a simple referential element and is disconnected from the discourse, which is supposed to come from the lips and mind. He or she is seen no longer as a person but as a locus....

(19') One may conclude that individual speaking figures become simple referential elements, disconnected from the discourse supposed to come from their lips and minds. The speaking figure is not a person anymore but must be seen as a locus....

(19)-(19')에서 *he or she* 대신 *the speaking figure*라는 표현으로 대체하

---

7) 'he or she'는 개별 사람을 지칭한다기보다 어법으로 본다.

8) 이외에도 'he'의 사용은 남성이 지식인이라는 사실과 동시에 보편적인 사고상 표준으로 동일시될 수 있다는 부수적 효과를 가져온다.

여 남녀 성이 의도적으로 표시되지 않음으로서 문장의 의미가 더 분명하게 되었다.

특히 독자 혹은 작가를 지칭할 때 총칭어 *he*를 사용하는 것이 점점 더 부적합하다는 사례가 다음에서 나타나고 있다.

(20) A novelist's voice usually resembles his virtue, for what he does best he also tends to do to excess.

(*New York Times Book Review* 1981)

(20)에서 볼 때 점점 많은 여성이 작가, 독자, 번역가, 통역인으로서 활동하고 있는데 *he*가 총칭어가 되는 것은 부적합하다.[9)]

(21) Each author also presented an evening of readings from his own works.

여기서 선행사 *each other*는 남녀 성을 나타내기 위해 남성 단수 명사를 사용하고 있다. 그러나 *each other*는 총칭적이나 *he*가 특정 개인을 지칭할 때 항상 남성을 나타낸다면 *he*의 총칭적 사용은 무의미하다. 따라서 그러한 문장은 부적합성을 더 강조하는 것이 된다.

다음은 특정 여성 테니스 선수를 가리키는 데 총칭적 표현인 *a top class player*가 성 특정 대명사를 사용한 경우이다.

(22) They finally agreed that a top-class player can tell from an opponent's first few steps after she hits the ball what she will be doing, and they came to believe that there is also a kind of

9) 이 경우 남성인 Hardy나 Dickens는 괜찮지만 여성인 Tony Morrison은 부적합하다.여기서는 Tony Morrison을 언급하고 있다.

instinctive sense, which operates even when a player's mind is fixed on the ball.

(23) They finally agreed that top-class players can tell what opponents will be doing from their first few steps after they hit the ball: they also came to believe that a kind of instinctive sense informs players of an opponent's whereabouts and operates even when their mind is fixed on the ball.

(23)에서 단순히 복수형으로 대체하는 것은 다른 문제점을 발생시키고 있다. 잠재 선행사인 *they(top-class players, opponents)*가 혼란을 주고 있다. 그리고 *their first step*은 *her first step*으로 대체되지만 *their mind is fixed on the ball*은 약간 어색하다. 언어가 비유적이라고 한다면 모두가 통일된 한마음을 가질 수 있다고 할 때 *their*가 단수 *mind*와 같이 사용될 수 있다. 그러나 다음 보기는 단수 명사가 수용되지 않는다.

(24) ?? a. Their nose was burned in the noonday sun.
?? b. Their mind was all awhirl.

위의 (24)에서 볼 수 있듯이 복수로 변환하기 위해서는 *they, their, them*의 선행사가 중의성이 없어야 한다.

그런데 언어가 사회 문화적 속성을 반영한다고 볼 때 과거 남성 중심의 직업을 나타내는 칭호가 오늘날 사회 변화로 여성의 직업이 되었을 때 사회 변화에 따른 언어사용 변화는 필연적 결과이다. *candidate, administrator, student, professor* 등은 과거에는 관습적으로 남성 대명사를 사용하였다. 그 예는 다음에서 찾아 볼 수 있다.

(25) In a student's major field, where there is greatest need for

specialization, he might be expected to take such noncourse courses.... (*Profession* 78)

(26) The English teacher is asked to publish critical studies of Chidiock Tichbone that earn the approval of his peers.... (*Profession* 78)

특히 직업을 기술하는 데 있어 꾸준한 압력과 사회·제도의 변화로 대명사 용법은 흔들리게 되었고 인쇄물조차 그 사용에 대한 일관성이 없어서 총칭적 *he*와 성중립적 *he*를 구분하지 않고 사용하였다.

3.2. 성 중립적 he

똑같은 페이지의 (27)-(28)에는 총칭어 *he*가 성 중립어 *he*와 공존하고 있다.

(27) Many of us still see him or her as the traditional student of the sixties....

(28) I tried to describe the background which a freshman student was likely to bring to his English class. (*profession* 78)

총칭적 용법과 성 중립적 용법이 혼용되어 경우에 따라서는 뜻이 분명하지 않는 경우도 있다.

(29) Every case of inquiry in the human and cultural disciplines, of which semiotics is part, involves the practical accomplishments of an observer artfully engaging in the embodied objective practices of his or her discipline.

The semiotician produces the history and the meaning he wishes to found his historical semiotics on. (*Semiotica* 1985)

(29)에서 *observer*는 성중립어 *his or her*로, *semiotician*은 총칭어 *he*로 사용되어 독자에게 혼란을 주고 있다. 즉 *observer*가 남성/여성을 나타내는 반면 *semiotician*은 남성을 나타내는 것이 아닌가 하는 생각을 하게 한다.

다음은 중의성이 발생하는 경우이다.

(30) The depressed person often becomes aware of strong feelings of self-dislike; he feels worthless and guilty about his shortcomings.... Food no longer tastes good, sex is not arousing, and people, even his wife and children, become wholly uninteresting.

(*Psychology textbook* 1975)

(30)에서 *depressed person*은 남성이다. 결혼하여 아내와 아이들이 있는 남성에만 국한될 것인지, 여성 또는 총각도 *depressed person*에 포함시킬 것인지 중의성이 발생된다. 따라서 위에서 열거한 불공평, 불일치, 중의성 때문에 남성 단수 대명사 *he*의 총칭적 사용은 부적절하다고 보고 다음과 같은 대안을 제시하려고 한다.

3.3. 복수형 they

단수 명사나 대명사를 복수형으로 바꾸는 것이 일상영어 작문에서 총칭적 대명사를 피하는 가장 손쉬운 방법이다.

(31) The assistant professor should understand the tenure process before he goes through it.[10)]

(31') Assistant professors should understand the tenure process before they go through it.

(31')의 문장은 (31) 문장의 법률적 성격을 그대로 가지고 있지만 개인의 권리와 책임을 강조하기 위해서는 복수형이 문제가 될 수 있으므로 다음과 같이 변형할 수 있다.

(31'') A faculty member will be given access only to specified portions of his file.

(32)-(34)는 여러 가지 변형의 예이다.

(32) Faculty members will be given access only to specified portions of their own files.

(33) Assistant professors should understand the tenure process they will each go through.

(34) Assistant professors should determine the unique requirements of their individual departments as they prepare for tenure.

그러나 마지막 문장의 경우 복수형으로 고치는 데 있어서 하나의 문장 안에 하나 이상의 복수 명사가 존재하여 중의적인 해석이 가능하므로 문제가 될 수 있다.

(35) Assistant professors should get to know the senior faculty members

---

10) 'The assistant professor'는 조교수 전체를 하나의 부류로서 나타내고 있고 일반규칙을 표현하고 있으므로 법률적 성격이 짙다(Dahl, 1975: 99 ; Allan, 1986: 134-42).

of their departments as they prepare for tenure.

이러한 중의성은 어순재배열을 통해 해결할 수 있다.

(35') As they prepare for tenure, assistant professors should get to know the senior faculty members of their departments.

(35")는 주어 대명사가 포함된 절이 생략된 경우이다.[11)]

(35") Assistant professors preparing for tenure should get to know the senior faculty members of their departments.

그러나 학계에서는 여전히 단수 선행사의 복수 대명사 사용이 호응을 얻지 못하였다. 단수대명사 *they*의 사용은 독자들을 불쾌하게 할 뿐 아니라 (36)처럼 대명사의 선행사 중의성을 유발시키기도 한다.

(36) The assistant professor who repeatedly loses tenure battles may conclude they are worthless.

---

11) 관계절의 남성 대명사는 조금 다른 용법으로 사용되기도 한다.

(1) A faculty member who spends all his time with his colleagues may find he can only talk shop.

(1)을 먼저 복수형으로 고쳐서 중의성이 발생하면 중의적인 'they'를 생략해서 다른 표현으로 바꾸어 (3)과 같이 나타내 볼 수 있다.

(2) Faculty members who spend all their time with their colleagues may find they can only talk shop.

(3) Faculty members who spend all their time with their colleagues may only be able to talk shop.

*they*는 *assistant professor*를 가리키는지 *tenure battles*를 가리키는지 모호하다.

단수 *they*의 논쟁은 규범문법학자들에 의해 2세기 동안 논쟁이 되어 왔으며 지금도 구어와 문어간의 첨예한 구분의 하나가 되고 있다. 일상회화 등의 비공식 언어에서 *they*는 *nobody*나 *everyone*과 같이 불특정 단수 대명사를 나타낼 때 쓰인다.[12)]

(37) a. Nobody dared voice their real thoughts.
b. Everyone should introduce themselves to their colleagues.

그러나 총칭을 나타내는 규범적 *he* 대신 단수 *they*를 사용하자는 일종의 정치적인 운동도 있었으나 공식 언어에서 그러한 용례의 확장은 근본적으로 한계가 있기 때문에 단수 *they*의 확산은 다른 대체어의 필요성을 문어체에서 제기하게 되었다.

3.4. he or she/ she or he

단수 *they*의 이러한 사용 한계는 they 대신 성중립어 *he or she* 또는 *she or he*의 사용을 유도하게 되었다.

(38) The assistant professor should understand the tenure process before he or she goes through it.

---

12) 가끔 문어체에서도 나타나기도 한다.

(1) Everyone else is, in an introductory text of this sort, to be absolved to their own temporary good fortune. (Textbook, 1978)

그러나 다음과 같은 경우에 *his or her*는 잘못 이해될 수 있는 여지가 있다.

(39) The Indo-European lexicologist or historical anthropologist with a kinship specialty will fail to confront Szemerény's opus only at some jeopardy to his or her scholarly accountability.

(*Language* 1980)

만약 (39)에서 *Szemerény's*가 남성이라면 여기서 *his*는 *Szemerény's*를, *her*는 *anthropologist*를 가리킨다. 따라서 이러한 중의성을 피하기 위해서는 다음과 같이 문장을 수정하는 것이 좋다.

(39') Szemerény's opus is crucial to our understanding of Indo-European kinship; any lexicologist or historical anthropologist who ignores it jeopardizes his or her scholarly accountability.

그런데 이 성중립어는 문맥 내에서 되풀이 사용되는 것을 피해야 한다. 만약 (39)의 중의성을 차단하기 위해 (39")와 같이 수정한다면 결코 더 좋은 문장이 될 수 없다.

(39") If the Indo-European lexicologist or historical anthropologist with a kinship specialty wishes to keep himself or herself up to date, he or she will fail to confront Szemerény's opus only at some jeopardy to his or her scholarly accountability.[13)]

---

13) 물론 아래와 같이 반복을 생략하면 가능하다.

(1) Satisfaction with relationships is dependent upon the manager's style of communication, personal attributes, and managerial

한편, 언어 사회 관습에 대한 도전으로 페미니스트들은 여성이 배제된 분야에서 여성의 존재를 강조하기 위하여 남성 단수 대명사 'he'의 총칭적 사용보다는 'he or she'의 사용을 선호하였다. 더 나아가 'he or she' 대신 (40)에서처럼 'she or he'의 사용을 통해 여성존재를 부각시키려고 하였다.

(40) The truly great mathematician does not despair when she or he is not understood.

그러나 양성을 모두 명기하기 위해서 괄호나 /를 사용한 *s/he, he/she, him/her, his/her, (s)he, he(she)* 등은 문어체에서는 가능하나 구어체에서는 쓰이지 않는다. 왜냐하면 소유격이나 목적격이 없기 때문에 her/his 같은 표현은 부적절하다.

(41) The assistant professor should understand the tenure process before s/he goes through it. *S/he* should obtain a summary of written criteria and procedures from her/his department head. S/he may also find it useful to talk with a well-informed and trusted senior faculty member in *her/his* own department and with other assistant professors in her/his own department and elsewhere in the university. The point is that s/he should take active steps to educate her/himself well before the official tenure process begins.

(41)의 대명사의 예들은 's/he' 대신 'he or she' 또는 'she or he'의 사용으로 바꾸는 것이 좀더 보편성을 띄게 되므로 (41)에서 s/he 대명사는 사용하지 않는 것이 좋다.

3.5. 1인칭과 2인칭 및 one의 사용

남성 단수 대명사의 총칭적 사용을 피하기 위하여 다음과 같이 1인칭 *we* 나 *I*를 사용하여 표현할 수 있다.

(42) An associate professor should help his junior colleagues understand the tenure process.

(42') An associate professor should help our junior colleagues understand the tenure process.

(42") As an associate professor, I try to help my junior colleagues understand the tenure process.

또한 총칭어 2인칭으로서의 교체도 가능하다.

(43) As an assistant professor, you should understand the tenure process before you go through it.

(43)과 같은 2인칭 총칭어는 그렇게 흔하지 않은 형태이기는 하나 지침서 등에서는 쓰이고 있다. 그런데 재귀대명사로 고치면 좀 더 나은 표현이 될 수 있다.

(44) As an assistant professor, you should find out for yourself the requirements for tenure.

특히 2인칭 총칭어는 학교 문법이나 규범문법에서는 권장하지 않으나 수필가나 여성 학자들이 독자들에게 구어체로 표현할 때 사용되기도 한다.[14)]

때로는 영국영어에 빈번하지만 성중립어 *one*이 사용될 수 있다.

(45) As an assistant professor, one should learn about the tenure process before one goes through it.

(45') One should learn about the tenure process before going through it.

3.6. 문화성 she의 총칭적 사용

전통적으로 *she*는 여성 선행사를 가리킬 때 사용되어 왔으나 문화성 (cultural gender)으로서 *she*는 총칭어로 사용될 수도 있다.

(46) The teacher who trains her students to read well will be rewarded in heaven.

(47) An autobiography coming into a library would be classified as nonfiction if the librarian believed the author, and as fiction if she thought he was lying. (*University Press book* 1957)

(46)-(47)에서 보듯이 사회 문화적인 관점에서 교사나 도서관 사서는 여성이 많기 때문에 이러한 문화성 *she*의 총칭적 사용이 가능하다. 그러나 *she*의 총칭적 사용은 보기에 따라 남성을 배제하는 성역차별로 비칠 수도 있다.

그러나 이러한 *she*의 총칭적 사용은 필자의 의도에 의해서 관습적 *he*의 사용에 대한 도전이며 다분히 정치적일 경우가 많다.

---

14) You can determine the different influence of the two authors by comparing the number of printings of Ware's book (1) with the number of printings of Firestone's (9) ..... (*Communication,* 1985)

(48) The assistant professor should understand the tenure process before she goes through it.

문화성 *she*의 이러한 총칭적 사용은 근거가 희박하다. 왜냐하면 명사의 수를 결정짓는 데 있어 수량적 비교는 통계가 어렵고 또한 통계적 수치의 우위가 성의 고착화된 표현을 보장하지 않기 때문이다. 그러나 이러한 총칭어 *he*나 총칭어 *she*의 사용은 모두 문제가 될 수 있다. 그리하여 *he*나 *she*가 모두 총칭적으로 사용될 수 있지도 않을까 하는 생각에 이르게 한다.

(49) Grice's way of putting it goes something like this: in saying A, a speaker means to express the thought B if the speaker intends to produce in her hearer a recognition of thought B by virtue of his recognizing that she is trying to produce that recognition in him by saying A.

(49)에서 *she*는 *speaker*를, *he*는 *hearer*를 각각 나타내고 있다. 이러한 언어 사용의 배경은 남성 중심의 언어 사용에 대한 남녀 양성의 포함 필요성을 강조하려는 의도에서 비롯되었다.

좀 더 극단적인 주장으로는 총칭어로서 *he*가 *she*를 포함한다면 총칭어 *she*도 *he*를 포함할 수 있어야 한다는 것을 들 수 있다. 남성 대명사 *he*의 사용이 보편적이라면 남성은 문장에서 언급하지 않아도 필연적으로 존재하게 된다는 역논리에서 출발하였지만 *she*의 총칭적 사용은 앞에서도 보았듯이 수사적, 설득적 요소가 강한 정치적인 색채를 풍기고 있다. 예를 들면, 철학은 보통 여학생 전공자가 적다는 이유에서 한 여성철학도가 자신의 존재를 알리기 위한 전략의 하나로서 *the philosopher .... she*처럼 총칭어 *she*를 쓸 수도 있다.

차별을 지양하기 위해 총칭어 *she*를 사용하는 재미있는 한 예로서 총칭어 *he*를 *she*와 번갈아 가며 사용하는 경우도 있다.

(50) When you are selecting an outside curriculum consultant to evaluate your medical school's curriculum, you need to ask some fairly obvious questions: Is he an expert? Is she an M.D.?

(50)은 남성 여성 모두 상담자가 될 수 있다는 전제하에서 총칭어 *he*는 *expert*를, 총칭어 *she*는 'M.D.'를 각각 표시하고 있지만 이러한 용례는 잘못 이해하면 여성은 의사, 남성은 전문가라는 성고착 이미지를 심어줄 우려가 있다(*Feminism* 169).

따라서 위에서 살펴본 여러 가지 변형은 저마다 문제점을 각각 가지고 있다. 다음은 이러한 문제투성이인 총칭어 *he*를 아예 생략하는 경우를 들기로 하자.

3.7. 인칭 대명사 생략

(51) The assistant professor will be ahead of the game if he learn about the tenure process before he goes through it.

(51') The assistant professor who learn about the tenure process in advance will be ahead of the game.

(51") Whoever seeks tenure should learn about the process before going through it.

(51)은 (51')나 (51")로 변형함으로써 성차별적인 총칭어 대명사를 생략해 버릴 수 있다. 심지어는 종속절까지 없애서 (52)-(52')처럼 (51)을 변형

시킬 수 있으나 뜻이 불충분하고 다소 기계적으로 처리하고 있다는 인상을 준다.

(52) An assistant professor should learn about the tenure process before going through it.
(52') The assistant professor should learn about the tenure process well in advance.

성차별어인 총칭지시 'he'를 영어작문에서 글쓰기 시 없앨 때 무엇보다 중요한 것은 원래의 의미를 왜곡하지 않도록 수정해야 하는 것이다. 다음의 1차 수정된 문장은 그러한 문제점을 지니고 있다. 본래 문장의미를 살리기 위해서는 2차 수정이 필요하다.

(53) The professor who gets published frequently will have a better chance when he goes before the tenure board.
(53') 1차 수정: The professor who gets published frequently will have a better chance when faculty tenure is granted.
(53") 2차 수정: The professor who frequently gets published will have a better chance before the tenure board.

다음은 성차별을 지양하기 위한 문장 교정의 또 다른 한 예이다.

(54) Nobody who remembers his kierkegaard will have the slightest difficulty comprehending these goings-on. (*Atlantic Monthly*)
(54') 복수형의 교체: Readers who remember Kierkegaard's work will have the slightest difficulty comprehending these goings-on.
(54") 대명사 생략: Nobody who remembers kierkegaard's work will have the slightest difficulty comprehending these goings-on.

(54''') 인칭교체: Those of us who remember our Kierkegaard will not have the slightest difficulty comprehending these goings-on.

(54)가 원 숙어의 의미를 유지하려면 지금까지 해온 것처럼 복수형으로 교체하거나 대명사를 생략하고 인칭을 교체하는 방식을 적용한다. 이렇게 (54)를 수정한 문장 (54')-(54''')는 여러 가지 문제점이 있다. 그러므로 (54)를 (55)와 같이 좀 더 창조적인 접근방식으로 재수정하는 것이 필요하다.

(55) No Kierkegaard devotee will have the slightest difficulty comprehending these goings-on.

3.8. 수동태의 사용

성차별적 총칭어 *he*를 교정하기 위한 흔한 방법은 수동태로 변환하는 것이다.

(56) The assistant professor should understand the tenure process before he goes through it.

(56') The tenure process should be understood well before the assistant professor goes through it.

(56'') Well before the tenure process begins, it should be understood by the assistant professor.

그러나 (56')-(56'')과 같은 수동형 문장보다 능동형 문장을 쓰면 문장을 훨씬 힘 있고 직접적인 의미를 지니게 만들 수 있다. 그러므로 가능하다면 다음 (57)-(58)과 같이 능동형 문장을 사용하여 수정하는 것이 더 바람직하다.

(57) Assistant professors should understand the tenure process long before they go through it.

(58) Well before the tenure process begins, the assistant professor should know what it involves.

또한 영어 문장의 복잡성을 더해 주고 있는 불필요한 성차별적 총칭어 'he'의 재귀대명사인 'himself'를 생략하는 것도 성차별을 지양하는 글쓰기 기법에 속한다.

(59) An assistant professor should educate himself about the tenure process before going through it.

(59') An assistant professor should study the tenure process before going through it.

지금까지 우리는 성차별어를 어떻게 하면 사용하지 않고 영어 문장을 쓸 수 있는가를 보았다. 총칭어 "he"를 대체하기 위한 다양한 노력을 보면서 영어를 배우고 가르치면서 유사 표현의 차이점을 이해하지 못하고 동의문 작성 시 이러한 대명사 사용에 대한 문제의식을 가지지 못하였다고 생각한다. 동의문을 사용할 때 성차별어와 비성차별어 사용의 사회 문화적인 배경을 이해한다면 영어를 바르게 사용하는 데 많은 도움을 줄 것이다.

마지막으로 지금까지 언급한 내용을 크게 두 가지로 나누어 정리해 본다면, 첫째, 용어 사용면에서는 가능한 한 성차별어인 *man*이 들어 있는 말을 사용하지 않는 것이 좋다. 예를 들면 *mankind*는 *humankind, humanbeings, women and men, people, humanity* 등과 같은 표현으로 바꾸어 사용하도록 한다.

둘째, 가능한 한 여성명사를 지칭하는 접미사의 사용을 자제한다. 예를 들면, *stewardess*가 *flight attendant*로 바뀐 것이 그 한 예이다. 성차별어를 없애기 위한 이러한 노력의 결과로 직업을 나타내는 많은 말들이 변화된 것은 상당히 고무적인 일이다. 회의문서에서 *chairman*이나 *chairperson*이란 용어는 사라지고 *chair*가 그 자리를 대신하고 있다.

셋째, 총칭적인 남성단수 대명사 *he*를 사용하지 않는 대신 복수형 *they, we, I, one, you*의 사용을 유도하거나 그렇지 않을 경우 인칭대명사를 생략하는 과감한 변화 등이 소개되었다. 그리고 성중립어 *he or she, she or he* 및 *s/he* 등의 사용 문제점에 대해서도 깊이 있게 논의하였다.

결론적으로 말해서 가장 중요한 것은 영어 문장을 고쳐 쓰더라도 원래 문장 의미를 왜곡하지 않는 범위 내에서 성차별적 표현을 고치는 모든 방법들이 용인될 수 있다는 점이다. 아무리 좋은 변화라 하더라도 본래의 뜻과 거리가 있다면 그것은 또 하나의 중요한 실수로서 결코 용납될 수 없다. 왜냐하면 문장 변환의 가장 중요한 측면은 의미의 보존에 있기 때문이다.

2절 미디어 담론의 성정체성[15)]-미디어 속에서 비춰지는 성정체성이란?

언어는 사람들의 행동이나 생각 등 문화모델을 표현하는 수단이다. 젠더 계층구조가 확연한 사회에서 남녀 차별적, 불평등한 어휘 사용은 여성과 여성 역할의 사회적 경시라는 부정적 이미지를 주게 된다. 이러한 어휘 사용면의 남녀 간 성정체성 분석은 우리가 언어를 사용하는 매 순간 가치, 신념, 태도, 사회적 역할 측면에서 개별 어휘차원을 넘어 담론 차원으로 그 영역이 이동하고 있다.

담론차원의 분석에서 중요한 것은 젠더와 언어 및 사회 구조이다. 젠더는 담론 속에서 만들어지고 다양한, 역동적 문맥 상황에서 구조화된다. 이러한 담론적 특징이 광고에서도 나타난다. 광고속의 담론은 다음 사항에 역점을 둔다. 첫째, 광고의 대상 독자는 누구인가. 둘째, 각 광고에서 남녀의 위상은 어떤 방식으로 표현되고 있는가. 셋째, 남성성과 여성성이 어떻게 구조화되고 있는가. 넷째, 왜 차이가 나는가. 다섯째, 어떠한 종류의 역학관계가 나타나는가. 여섯째, 이에 대한 독자의 반응은 어떠한가. 일곱째, 문화간 광고 차이가 어떻게 나는가.

본 책에서는 앞서 제기한 문제들을 중심으로 미디어 담화론 성정체성 문제를 살펴보려고 한다. 이에 앞서 담론의 정의를 먼저 정리해 보기로 하겠다.

---

15) [외국어연구]. 2008년. 2. 28. 22권 pp.1-34. 외대외국어연구소.

1. 담론 구조의 정의와 특성

담화는 학문적 이론상 여러 가지 다양한 광범위한 방식으로 사용되어 때로는 정의가 잘 안되거나 모호하고 혼란을 주기도 한다(Mill, 1997; Wodak, 1997). 담화는 서로 다르지만 연관된 문장이나 발화의 연장이라고 보기도 한다. 언어학적 측면에서는 일관된 규칙과 패턴을 지닌 텍스트로서, 사회학적 측면에서는 사회적 기능을 가진 대화상호행위(conversational interaction)로서 사회적 사고와 행동이 문화적으로 발현된 것이 담화이지만 다양한 관점을 조합한 것도 많다.

1.1. 담화의 정의

□ 실제 사회적 상황에서 개인이나 집단적 상호 행위를 통해 문맥 속 의미를 전달하는 언어(Cameron, 1998)

□ 구어와 문어로 이루어져 있고 언어사용시 상황문맥과 독자/저자와 텍스트 등의 상호 전달 언어행위

□ 문맥속의 텍스트- 언어사용과 사회적 상호행위의 특수 형태

□ 현실적 관점의 사회적 구조화- 사회적, 이념적 관행을 다룬 지식 구조

담화는 다중적이다. 여성 담화라 할지라도 단일성과 동질성만 있는 것은 아니다. 남성, 직장, 고용 등에 대해서도 이야기한다. 담화는 그 자체만으로 인지성이 있고 의미가 있다. 예를 들면, "딸이야/아들이야!"라고 했을 때 남아는 씩씩하고 여아는 예쁘다는 의미 외에도 딸과 아들의 장난감과 옷의 선택이 다르다는 것까지도 내포하고 있다. 담론[16]은 사고와 행위

를 조직화하여 나타내는 것이며 본질적으로 이데올로기적 성향을 지니므로 관점과 가치가 표출된다.

담화는 유연하며 일관성이 없을 수도 있다. 담화는 서로 지지하거나 모순되기도 한다. 모순된 담론의 예를 들면 여성담론 가운데 어머니가 자식에 대해 자랑과 긍지를 가지는 담론이 있는 반면 자식에 대해 부정적 견해를 가지는 담론도 있다.

담화는 대화자간의 파워와 파워부재를 체계적으로 구성하지만 때로는 같은 대화자라 할지라도 대화에 따라 파워군, 비파워군의 위상을 지니게 된다(Baxter, 2003: 9). 담론은 다른 담론과의 관련 속에서 존재한다. 여성담론에도 가부장제, 공공생활의 남성 우위, 가정폭력 등의 담론이 존재한다. 남성 담론에도 아이들 성적부진, 아동보호권, 페미니즘에 대한 것도 들어 있다. 담론 상호 관계는 상반되기도 하고 인과관계가 되기도 하며 때로는 서로 지지하는 성격도 지닌다.[17] 또한 특정 담론은 서로 다른 사람이나 문맥이나 텍스트에서 여러 가지 방식으로 사용되어 상이한 효과를 내며 재생산된다.[18]

담론은 자체 네트워크나 위계를 가지고 있다. 이것은 구조주의자들이 말하는 것처럼 복잡한 담론 이동이나 사회적 관행의 이동에 의해 비롯된다. 부성에 관한 담화에서 아버지는 파트타임 아버지, 아이 보는 아버지

16) 영어 'discourse'는 한글로 번역하면 '담화'와 '담론'이 된다. 한글사전에 의하면 담론은 '어떤 주제에 관한 체계적인 말이나 글'을 말하고, 담화는 ① '격식 없이 서로 나누는 이야기', ② '공적인 위치에 있는 사람이 어떤 일에 관해 견해나 태도 따위를 알리는 말'(예: 김구는 49년을 맞아 단결로 새해를 맞자는 요지의 담화를 발표했다.)을 가리킴(출처: 연세 한국어사전). 여기서는 담화는 oral form(구어형태), 담론은 written form으로 잠정 정리하여 구분하기로 한다.

17) 이것을 Kristeva(1986)과 Fairclough(1992)는 상호담화성(interdiscursivity)이라고 하며 담화 내 담화나 담화 결합을 의미한다고 한다.

18) 이러한 현상을 다양한 입장(multi-voicedness) 또는 대위법(polyphony)이라고 한다.

(father as baby entertainer), 별 도움 안 되는 어머니 조력자, 가장으로서의 아버지 등 다양하다.

1.2. 담론의 종류

담론에는 기술적 담론과 해석적 담론이 있다. 기술적 담론에는 신문담론이 해당된다.

1.2.1. 기술적 담론

(1) *The Guardian*, 2004년 12월 1일자

"No offence, but why are all white men so aggressive?"

Turn round the questions asked of black people and you may get the point By Gary Younge

...It's time to flip the script, to lay bare just a hint of the assuming subconscious that infects the most common questions I have either been asked or heard. To ask the kind of questions of white, British people (some are just for Christians) that they often pose to 'other's but are never asked themselves. ...

Do you think of yourself as white or British or both? Does it worry you that you got your job just because of your race? Where are you from? No, but really? Since this is where you live, Don't you think you should try and integrate with other races more? Is your first loyalty to your God, or to your country? Is it true what they say about white guys? ...

담론의 종류는 장르, 주제, 사회적 맥락에 따라 나뉜다. (1)은 신문담론

으로서 인종차별에 대한 기자의 역할과 같은 특수한 입장이 내포되어 있다. 그러나 우리가 다루는 대부분의 담론은 해석적 담론이다. 담론의 정의에 나와 있는 대부분의 사항이 이 해석적 담론에 해당한다.

1.2.2. 해석적 담론

□ 인종에 관한 담론
인종편견, 인종차이, 인종 설전, 반인종주의 담론, 정치적 교정, 긍정적 차별과 긍정적 행동을 주제로 함

□ 종교, 국적, 민족에 관한 담론
종교적 차이, 문화통합, 문화차별, 이민 등

□ 성 담론
성 차이, 성차별, 성평등, 성과 성욕 등

신문과 같은 기술적 담론의 경우 텍스트에 대한 독자의 이해가 쉽다. 이렇게 쉽게 인지되는 것은 신문 기사가 독자를 대함에 있어 주제에 대한 일반적 전제, 선입견, 고정관념이 강조되기 때문이다. 이와 달리 해석적 담론은 고정 관념을 생산·재생산하기도 하지만 때로는 이러한 고정관념에 도전하기도 하기 때문에 그 과정이 중시된다. 따라서 담론은 문맥 의존이 심하고 복잡하다. 해석에 바탕을 두고 있지만 해석의 범위를 초월하기도 한다.

담화는 체계적으로 조직화된 일련의 진술로서 제도에 대한 의미와 가치를 부여하는 표현이다. 특정 분야에 대해 진술을 하며 특정 주제나 대상, 과정에 대한 태도를 구조화하고 이것을 조직화한다(Kress, 1985: 6-7).

(2) 요리강좌광고[19)]

Gentleman's Relish

Cooking confidence for men

Gentleman's Relish is a cookery course for men who enjoy good food, who want to learn more about the kitchen end of the country pursuits or simply a fantastic gift for that special man in your life.

It's a modern take on traditional British cookery, like a cross between Mrs. Beeton, Gary Rhodes and Hugh Fearnley-Whittingstall.

The course focuses on game, meat and freshwater fish, as well as fundamental techniques like making the best steak sandwich or the perfect omelette. It's very much a 'hands-on' course - we'll have a butchery demonstration; home smoking; sausage-making; plucking, drawing and preparing game birds; old school puddings, and the Ultimate Roast!

Ashburton Cookery School

(2)의 요리학교 광고를 보면 광범위한 사회적 관행과 담론관행이 밀접히 관련 있다는 것을 알 수 있다. 이 광고의 텍스트는 남성 파트너나 그 배우자에게도 어필하도록 만들어져 있다. 특히 'special man in your life'이란 표현은 요리를 배우는 남성의 애인이나 배우자로 하여금 특별한 남편에 어울리는 멋진 여성이라는 것을 암시해 주고 있다. 또한 'more about the kitchen end of the country pursuits'은 요리가 전통적인 남성의 영역이 아닌 만큼 일반인들이 생각하는 부엌에서 요리하는 개념을 넘어 새 사냥의 영역까지 다룬다는 의미가 있다. 따라서 남성 요리사들의 취향을 배려하고 있고 영국의 저명한 요리사는 남성이라는 자긍심마저 심어주고 있다. 일상적 요리는 여성의 영역이지만 상위계층의 요리사는 남성이 압도

19) (http://www.ashburtoncookeryschool.co.uk/gentrel2.html(August, 2005)

적으로 많다. 이것을 통해 우리는 전통적으로 비남성적 영역에서의 남성적 요소('steak sandwich', 'plucking game bird')를 텍스트에서 나타내려고 노력하고 있음을 볼 수 있다.

남성은 요리를 잘 못하고 부엌에 잘 들어오지 않는다는 담론은 'learn more about the kitchen end of the country pursuits' 표현속에서 'learn'이나 'more'이 암시하고 있고 'Cooking confidence for men'이란 표현에서 남자도 요리를 배울 필요가 있다는 점을 잘 나타내고 있다. 현대요리에서 전통요리로 점진적으로 진행되는 담론도 눈에 띈다. 활동적 남성으로서의 면모는 'hands-on', 'butchery demonstration', 낚시나 사냥과 관련하여 'plucking', 'drawing', 'preparing'이란 단어 속에 드러난다. 'that special man in your life'에서 'you'라는 대명사의 사용으로 보아 여성이 잠재적 독자라는 것도 알 수 있다.

'담론은 단순한 단어 분석이 아닌 사회적 맥락 속에서 분석해야 한다'(Litosseliti, 2006: 57)는 주장에 의하면 담론 속에서 사회적 지배와 불평등이 나타난다. 위의 'more'(learn more about the kitchen end)에서 가사일은 여성이 하는 것이 당연하다는 것을 시사하고 있다. 이러한 담론은 남성의 흥미는 자극하지만 여성의 흥미에는 역행하는 것이라고 볼 수 있다. 아버지의 후견권[20](father's custody rights)도 성역할의 선택권을 한정시킴으로서 담론을 통하여 사람, 그룹 간 파워영향과 불평등이 야기되는 것을 인지할 수 있다.

이러한 광고 언어의 담론분석은 다음의 미디어 담론서 좀 더 자세히 다루기로 하겠다.

---

20) 친권과 방문권 포함. 아버지의 방문권은 어머니가 아이를 양육하고 있는 상태를 내포한다.

2. 광고 속에 나타난 차별적 성 정체성

미디어[21] 담론은 잡지와 광고의 담론구조를 중심으로 살펴보기로 한다. 최근 미디어 언어 경향은 미디어에서 '회화체화(conversationalisation)' 현상이 두드러진다는 말로 압축될 수 있다(Fairclough, 1995:10). 특히 미국과 영국 미디어 언어는 선정적 언어가 가미된 광고어 사용과 더불어 공식 언어와 비공식 언어의 혼용이 특징이다. 리듬, 인토네이션, 숙어, 회화에서 사용되는 어휘 등으로 형성되는 미디어 언어의 회화체화는 잡지[22] 기사나 과학 특집 등의 TV 프로그램에서는 별로 보이지 않고 있다.

신문에서는 주의력을 포착하기 위해서 수사적 표현이나 멜로드라마 어휘, 선정적 헤드라인과 은유, 직접 의문문, 개인적 서사화법, 드라마 이야기 등이 나타난다. 선정적, 개인적 성향의 제반 미디어 기법을 사용하는 궁극적 목표는 시청자나 독자의 주의를 끌기 위한 것이다(Tester, 1994; Thompson, 1998; Litosseliti, 2002).

미디어 언어는 페미니스트 언어학적 관점에서 분석할 만한 가치가 있다.

(3)

□ 미디어 담화는 사물을 특수하게 나타내는 힘인 상징적 파워가 있다.

□ 미디어는 표상적 장일 뿐 아니라 담론구조의 장이기도 하여 지식, 신념, 가치, 사회적 관계, 사회 정체성의 경쟁적 측면도 다

21) 최근 미디어 시장의 변화를 '첨예한 경쟁, 세계화, 타블로이드화, 집중화'라고 요약할 수 있다(Thompson, 1998).

22) 잡지의 세계에는 남성과 여성이 영원히 정반대로 존재하며. 항상 서로를 갈구하거나 서로 투쟁한다는 구도를 설정하고 있다.

루고 있다.

□ 미디어 담론은 이념적으로 작용한다. 의미발현이 파워관계 체계를 나타낸다. 무엇을 포함하고 무엇을 제외하며 앞배경과 뒷배경으로 할 것인지에 대한 결정까지 포함된다.

□ 미디어 담론은 이상적 독자와 시청자를 위한 주관적 입장을 가정한다. 미디어가 제공하는 입장이나 견해에 대한 조율·조정 작용도 한다.

미디어 담론은 젠더 이데올로기와 남성성, 여성성의 조율·조정을 텍스트에서 다룬다. 페미니스트 언어학자들의 주요 관심 대상은 (4)에서 잘 나타난다.

(4)

□ 남성과 여성은 미디어 텍스트에서 어떠한 이미지로 나타나는가? (수동적인가 아니면 능동적인가? 특수한 역할이나 영역이 있는가?)

□ 어떠한 남성성과 여성성이 텍스트에서 어떠한 관계로 남자와 여자로 구조화되는가?

□ 이상적 독자는 누구이며 어떠한 주제나 입장이 텍스트에서 제기될 수 있는가?

□ 어떠한 파워 관계가 나타나는가? 특히 불평등 파워관계가 내포되거나 배제되는가?

2.1. 잡지 담화와 성

대부분의 세계적 패션 스타일 잡지(*Marie Claire, Cosmopolitan, Vogue*)와 일반잡지(*Woman and Home, Executive Woman, Good Housekeeping*[23])는 여성을 주요 대상으로 한다.

(5) *Good Housekeeping* editorial, 1999년 2월호
By Pat Roberts Cairns

Most of us try not to think too much about fitness and diet right now, as we haven't shifted those few extra pounds from Christmas. But Rosemary Conley will get you into that leotard before you can say chocolate! Her philosophy is that we can all look better and feel fitter(... and look what it did for her!). But it has to be done at your own pace, which is why we've devised a healthy diet and exercise routine that anyone can follow. If you think that you've tried them all, try ours. The Hay Diet, the F-plan-you name it, we've done it too- so we're well placed to create a weight-loss and well-being plan that will work for

(5)의 예문은 우리(in-group)라는 대명사 공동체 표시어('most of us', 'we can all look better', 'we've done it too')를 사용하고 독자와 연대감을 나타내기 위해 독자를 'you'나 'your'이라고 직접 언급하고 있다. 독자와의 접촉은 'anyone', 명령형('try ours'), 이상적 독자 화법유형을 흉내낸 구어체('look what it did for her!')로 표현하고 있다. 이러한 유형의 연대감 형성을 위해 독자와 잡지기자와의 쌍방형 의사소통행위를 Fairclough 1989: 62)는 '화학적 결합(synthetic personalization)'이라고 하였으며 Talbot(1995)는 '화학적 자매결연(synthetic sisterhood)'이라고 하였다.

이와 같이 잡지의 텍스트는 개별 독자와 비밀을 터놓는 인격적 관계를 형성하기 때문에 여성공동체(feminine community)로서 일체감을 가지게 만든다(Eggins & Iedema, 1997: 169). 이 여성공동체는 이상적 사회 환경 상태로서 여기서는 인종이나 종족으로 인한 경제적, 사회적 차별이 없다.

---

23) 한희정, 2002. 한국 여성잡지의 모성분석: <여성중앙>, <여성동아>, <우먼센스>, <주부생활>을 중심으로. <언론과학연구> 제2권 1호, 2002. 4. pp.231-273.

여성이 필수적으로 해야 할 일은 아름다움을 가꾸는 일이라고 전제하고 있기 때문에 여성잡지의 이상적 독자는 개별 소비자로서의 여성이다(Winship, 1987). 여성들에게 문제와 해결방안을 실질적으로 제시해야 한다는 것을 잡지 담화는 강조하고 있다. 다음 예문을 보자.

(6) Vogue(U.K) Do you dare bin black? Here's how...
J 17 Don't conform to uniform. Take a lesson from our style crew.
Bella How to get a beautiful bedroom (and solve your storage problems)
Hair We show you how to get your guy looking like a Latin Lover.
Bliss 40 ways to get his attention.
Zest If your body offends you, mild plastic surgery might make you feel happier.

일반적 소비이론을 욕구와 연결시킨다(McCracken, 1993)는 명제하에 여성 소비를 잡지 존립의 중심에 두고 있다. 이것은 잡지사의 수입이 광고에 의존하고 있다는 점에서 비롯된다. 그러나 여성 소비자들은 패션, 스타일, 건강문제에 국한해서 관심을 두는 것은 아니다. 호주의 두 여성 잡지를 분석한 Eggins and Iedema(1997)는 전통적으로 직장도 여성들의 또 하나의 관심분야라고 하였다. 직장에서의 헤어스타일, 복장, 사무 가구 등이 직장 내 남녀 간 담화에서 두드러지고 있다. 이러한 것은 다음의 여성잡지에서 잘 나타나고 있다. style지는 직장여성의 입지 강화와 관련한 섹시한 복장에 대해 언급하고 있다.

(7) *Style*
The Sunday Times, 2004년 9월 19일
WHAT THEY (패션디자이너) SAY:

We empower women in the workplace and beyond by injecting sexy, sensuous curves into our tailoring. And when you take off the jacket, we have sexy tops-ideal for socialising after office hours.

여성의 생활방식을 다루는 잡지는 전통적 여성성의 개념을 유지하면서 여성을 제약하고 가부장제를 간접적으로 지지하는 역할을 하고 있다는 비난을 받고 있다(Gilbert & Taylor, 1991; McCracken, 1993; Macdonald, 1995). 대부분의 잡지는 남성중심의 성에 대한 언급이 많다. 여성은 남성의 성적 욕구의 대상이자(male sexual drive) 성적 수용의 대상으로서 남성의 자존심을 세워주어야 한다는 조언(tip)이 많다.[24)]

(8) Too many commands can be off-putting. ... You won't get everything you'd like the first time, so it's best not to try. Giving him positive encouragement works best;

(*She* 1999년 2월 19일자. 17-19세 독자란)

(Women owned, women operated, women empowered)

다음은 하이파이 전축 광고에 나오는 문장이다.

---

24) 드물긴 하지만 이와 반대로 여성의 입장에서 성을 말하고 있는 독자의 이야기를 실은 잡지도 있다. (*Cosmopolitan,* 1999년 1월호. 조언 컬럼 참고). 이 잡지는 44개국 언어로 발간되고 있다.

(i)... When I embark on a relationship, I make it clear I want it to be 'open'. ... (Marion, 28)

(9) Introducing a system designed from the outset for the discerning man ... Each component is a true hi-fi separate on its own and you can mix and match them to achieve your own ideal system using CD, tape or Mini Disc. Whichever you choose, with its champagne metal finish, it looks simply gorgeous.
It is the definitive toy for the boys. Unless you prefer one dressed in black. (*Loaded* http: www.loaded.co.uk[25])

예문 (9)의 이탤릭체로 된 마지막 광고 문안은 여성을 성적 대상으로 비유하고 있다. 전축을 홍보하기 위해 전축을 남성의 장난감으로 비유하고 여성 역시 이에 비유하고 있다. 이 광고는 한 반라의 남성이 3명의 검정 드레스를 입은 여성에 둘러싸여 있는 광고이다.

2.2. 광고와 젠더 구조화

광고의 젠더 구조화는 다음 TV 광고 (10)-(13)을 통해 살펴보기로 하자. 여기에서 소개된 '고전적 광고에서 나타난 여성의 지위'를 보면 지난 시대의 남녀에 대한 사회·문화적 통념의 차이를 알 수 있다 (Litosseliti, 2006: 107-108).

여성이 병 옆에 선 광고에서 다음 말이 나타난다.

(10) A: 'You mean a woman can open it ... ?'
B: 'Easily without a knife blade, a bottle opener, or even a

25) 영국에서 발간되는 남성 잡지. 구독률은 가디언 지의 50%, 선지의 50%이다. Loaded is the best UK men's magazine, now online with more exclusive, sexy girl galleries, hot new games and gambling. The magazine's readership was once memorably described as "50% Sun readers and 50% Guardian readers". ...

husband!'

(10)에서 여성을 기구나 남자 도움 없이는 병 하나도 못 따는 나약한 존재로 묘사하고 있다. 반면, 이 병은 여자도 따기가 매우 쉽다는 것을 강조한 광고이다.

(11) Gillette 면도기 광고
Keep an eye on your wife-possibly she isn't as happy as she seem ....

대부분의 아내는 남편이 면도 안 했다고 짜증내거나 말하기는 꺼려하지만 남편에게 충실하고 남편을 긍지로 여기고 살고 있다는 것을 이 광고에서 내포하고 있다.

(12) 시리얼 광고
A romantic moment
Alone at last the newly-weds pledge their love anew.

신부: 'Hubby, darling. From now on, you get a cereal that has food value.'
신랑: 'Angel wifie, if it doesn't have flavor I'll go straight home to mother,'

(12)는 여성(아내와 엄마)이 여전히 음식 만들기를 책임지고 있음을 신랑의 말에서 느낄 수 있다.

(13) 식품 분쇄기 광고

The Chef does everything but cook
- that's what wives are for!

광고는 당대의 사회·문화적 경향을 반영하고 있다. (10)-(13)의 광고 예문들은 오늘날 시대 추세에 비추어 보면 과장된 우스갯거리로 여기겠지만 당시의 시대감각이나 성역할 측면에서는 잘 맞는 과거 대부분의 광고에서는 성에 대한 고정 관념이 나타났으며 성역할이 확연히 구분되었다고 말할 수 있다.

지면적으로 제한을 받고 있는 광고란 장르에서 이러한 성역할적 특징을 담은 광고는 설득력이 있고 정보제공에도 제격이었다. 광고는 '주목, 흥미, 욕망, 행동 (AIDA: Attention, Interest, Desire, Action)'이란 전략 아래 시청자로 하여금 주의를 끌어 관심을 가지게 하고 갖고 싶도록 마음을 움직여 구매행동을 하게 만드는 데 그 목표가 있다(Janoschka, 2004).

다음 (14)는 자동차 광고시 성별 차이에 따라 포함되어야 할 사항이 남녀간 다르다는 것을 보여줌으로써 과거 여성 잡지속의 젠더 구조화를 보여준다.

(14) a. 자동차 구매시 여성 희망사항
편안하고 공간이 넓음. 밝은 색상, 트렁크가 넓음. 좌석이동이 용이함, 어린이 안전성, 도어 센스, 기어변속용이 (미관 우선)
b. 자동차 구매시 남성요구사항
연비가 좋고 가속이 잘되며 브레이크가 안전하고 시야가 넓다. 핸들링이 잘되고 물분사가 잘되는 것 (성능 우선)

남성은 운전자로서 중요한 차의 성능에 관심을 가지고 여성은 승차자로서의 안락함, 안전성 등에 관심을 가지고 있어 젠더 구조화가 잘 나타나고 있다. 오늘날 여성은 상품 소비 주체로서 80% 소비를 하고 있는 구매자로서의 위치를 지니고 있다. 여성 고객의 경우 (14a)와 같이 자동차 판매 전략도 운전자로서가 아닌 승차자로서 여성의 구미에 맞추어 주어야 자동차 판매가 용이하다. 따라서 자동차 판매원은 남녀 고객에 따라 다른 판매전략을 가지고 있어야 자동차를 많이 팔 수 있다는 것을 알 수 있다. (15)는 여성들이 실제 운전 주행시 남성보다 많은 문제에 직면하고 있다는 사실을 인지한 젠더 구조화 광고 중의 하나이다.

(15) 'Ladies! Here's the key to your driving problems.'
(놀란 여성 운전자 이미지와 곁들임)

그러나 오늘날 자동차 광고는 자동차 성능의 우수성 홍보를 통해 여성 운전자라도 쉽게 운전할 수 있다는 안전형 광고 전략를 택하고 '여성성 담화'를 강조한다. 더 나아가 여성성과 여성의 신체를 구매하는 것과 연관시킨 '여성성 담화'를 소비자에게 강조하는 쪽으로 자동차 판매전략이 바뀌었다. 르노 자동차 광고를 보면 매력적인 여성이 머리를 염색하고 자동차에 앉아 있는 가운데 'Stay Beautiful'이란 메시지를 독자에게 보여준다.

(16) Drive the safest car in its class
As you know, beauty should be more than skin deep. That is why our new Renault Megane not only looks stunning, it also features our most effective, personalised safety system ever ... So if you want to stay beautiful, use your head and call ... for details of your nearest dealer.

이것은 자동차 광고 시 자동차의 외관 및 안전성을 결합시킨 아이디어로서 여성에게 어필하리라 예상되는 주제를 사용하여 홍보하고 있는 좋은 보기이다. 많은 자동차 광고가 여성 소비자 특수층- 젊고 매력적인 전문직 여성으로 단정한 옷차림을 한 독립심 강한 미혼녀-을 대상으로 기획되고 있다.[26)]

(17) 그 차 잘 빠졌다!

(17)은 남성 소비자가 자동차 판매장에 전시된 차를 보고 한 말로서 자동차를 여성의 신체에 비유해서 한 말이다. 이 표현 역시 남성 구매자들의 자동차에 대한 여성성을 잠재적으로 암시하는 말이다. 남성이 여성을 소유하듯이 자동차를 소유할 수 있다는 것을 의미하기도 한다.

남성지와 여성지에서 여성은 단지 남자의 마음을 사로잡으려는 성적 존재로 구조화시킴으로써 남성의 성적 추구를 당연시하는 담론을 지지하고 있다. 성공한 여성들의 잡지 *Cosmopolitan*에 나타난 립스틱 광고는 이렇게 씌어 있다.

(18) 'Be afraid boys, be very afraid'
'IT's NOT MAKE-UP ... IT's AMMUNITION'.

여기서는 매우 큰 사이즈의 립스틱을 미사일에 비유하고 있다.

페미니스트들은 오랫동안 여성을 성적대상으로 묘사하는 광고에 반대해왔다. 이것은 페미니즘이나 정치적 교정이 영향을 미치지 못하는 사항이다. 여성의 성적 매력이나 신체적 속성을 연상시키는 이미지는 수많은 상품을 파는데 활용되었으며 심지어 여성의 신체와 아무런 관련이 없거

---

26) Hermes(1995)에 의하면 *Cosmopolitan* 잡지의 주 구독자는 수입이 좋고 비싼 옷을 입으며 비싼 화장품을 사는 직장 여성이라고 하였다. *Machin and Thornborrow* (2003)은 여성이 자신의 옷과 사교 장소를 통해 권력을 쟁취한다고 하고 있다.

나 불필요한 것도 포함되었다.

(19) BT(British Telecom 영국 이동통신) 삐삐 광고
ALRIGHT STEVE/ ... WE'VE JUST GONE 1-0 UP. HAVE YOU SCORED YET? CHEERS, BRIAN, (Litosseliti, 2006: 109)

(19)에 스코어는 풋볼과 여성과의 데이트 성공률을 말한다. 이 광고 장면은 레스토랑에서 와인 잔을 든 채 앉아 있는 아름다운 여성이 클로즈업되어 시작된다.

잡지뿐 아니라 금융서비스 광고에도 이러한 부류의 광고를 볼 수 있다. 남성의 시선이 머무는 섹시한 수줍은 여성의 모습이 광고의 주 대상이다 (Goffman, 1976).

(20) a. 'Mine's incredibly low'
b. 'Turn your back on paying tax when you trade shares with Cantor Index'.
'Trade the financial markets tax-free'
(Cheltenham and Gloucester 모기지 회사 광고)

이 회사는 여성 옷이 내려간 만큼 거래세가 낮다는 것을 내포하기 위해 여성의 옷을 최대한 내리고 뒷등을 노출하려고 애썼다. 노출한 뒷등에는 (20a)의 광고가 쓰여 있다.

그 반면 남성은 활동적이며 비관능적인 모습, 적의적 태도로 웃지 않고 가끔 팔짱을 끼거나 다리를 벌리고 있는 자세로 광고에 등장하여 (Benwell, 2002) 여성의 섹시한 모습을 강조하는 것과 대비된다.

(21) 'I can't cook. Who cares?'

Wonderbra 제품 광고에는 비키니 차림의 금발 여성이 자신만만한 모습으로 등장하고 (21)의 자막이 뜬다. 여성이 두 가지 다 잘하면 금상첨화이지만 요리를 못해도 성적으로 매력 있으면 됐다는 것이다. (21)은 여전히 여성을 남성의 성적 대상으로 국한시키는 성차별적 광고이다.

(22) 'You say No; We hear Yes'

페미니스트들은 여성의 신체가 유희대상이며 남성에게 위해를 가하지 않는다는 고정관념이 남성의 여성에 대한 폭력적 환경을 조성하였다고 생각한다. (22)는 나체 여성의 초콜렛 광고로서 성폭력과 연계된 이미지이다. (23)은 크림광고이지만 역시 여성에 대한 신체적 학대가 내포되어 있다.

(23) 'Even whipped or beaten, X[27] stays creamy'

성적 대상으로서의 여성의 이미지가 광고에서 구조화되어 있다. 그러나 이제 이러한 젠더 구조화 개념에 변화가 오고 있다. 영국 광고표준국(Advertising Standards Authority: ASA)은 성적자극을 내포한 상품광고에 대한 소비자 불만이 높다고 경고하였다.

2.3. 성 양극화(gender polarization)

성 양극화는 남자와 여자가 서로 다르게 대응하거나 행동하는 유형이 확연히 다르다는 전제나 가정에서 출발한다. 여기에는 긍정적, 부정적,

27) 여기서 X는 크림 브랜드라는 여성의 이름을 가리킨다.

해학적 요소가 모두 가미된다. (24)는 과일 음료 광고 J_2 O [28] 이다. '남자는 지도와 J_2 O를 좋아한다.'

(24) 'US MEN LOVE MAPS AND WE LOVE J_2 O'

Few book are as interesting to a man as a road atlas. That's because we love roads. Stop off in any service station in the land and you'll hear one bloke telling another how he got to the M1 via the A414-A12 North Circular, then bypassed Birmingham with the M45-A45-A499.

(Litosseliti, 2006: 112)

(25) 'Of course he's sensitive. He cried when Millwall lost'.

(25)는 Persil 세제광고이다. 남자가 유모차와 함께 있다. 이것은 남성에 대한 고전적 관념인 '남성의 과묵하고 강인한 면'과 상치되어 젠더 양극화와 무관한 것 같다. 그러나 Millwall이 질 때는 운다고 하여 전통적 남성 관념인 스포츠와 관련시킴으로써 젠더 양극화를 그렸다고 볼 수 있다.

남성지에서 다이아몬드 광고는 남성 정체성인 돈, 권력을 함께 상징한다는 점에서 (26)의 광고는 성 양극화-여성은 말로, 남성은 행동으로-를 나타내고 있다고 볼 수 있다.

(26) MEN EXPRESS THEIR FEELINGS IN ACTIONS RATHER THAN WORDS WOMEN Don't HAVE A PROBLEM WITH THAT(De Beers 1994-2000 광고).

2.4. 탈 성 구조화

이러한 성 분극화와 달리 한국 광고계에는 탈 성 바람이 불고 있다.[29]

28) 비교적 큰 병을 '남자 사이즈'에 비유하여 남성성을 강조한다.

여성 모델만 나오던 광고에 남성이 등장하는가 하면 남성의 전유물이던 일부 광고에는 여성이 나오기도 한다. 애경산업은 세탁세제인 '퍼펙트'광고에 남성을 등장시켰다.

쌍방울은 여성 속옷에 남자모델을 쓰는 파격적 광고를 만들었다. 새 상품 '샤빌 노라인 브라' TV 광고모델로 남성을 기용하였다. 브래지어 등 여성 란제리류 광고는 제품을 입은 아름다운 여성을 보여주는 방식이 일반적이다. 이처럼 성의 고정관념을 바꾸는 시도는 과거에도 있었다. 소망화장품의 '꽃을 든 남자'는 영화 '꽃을 든 남자'의 주인공인 남성이 모델이다. 여성 화장품에 남자가 등장하기는 처음이다.

남성이 주로 등장하는 광고에 여성이 등장하는 사례는 '남성성의 위기'가 광고담화에서 재연되고 있음을 보여준다. 여기에 여성 담화가 새롭게 등장한다.

(27) 'FORGET EQUALITY. LET HIM PUT DOWN HIS FOOT FOR A CHANGE'.
'Inside every man there's a boy racer trying to get out. So, this Christmas, why not let him?
〔...〕

(27)의 광고에는 아이러니(FORGET EQUALITY)와 의미적 모호성(LET HIM PUT DOWN HIS FOOT)- 레이스를 한다는 의미와 상대방에 대한 단호한 태도를 취한다-이 존재한다.

여기에 또 재미있는 점은 명령형 'forget equality', 'let him', 'why not let him'이 'for a change'와 함께 사용되어 신자유주의 포스트 페미니즘적 담화를 암시하고 있다는 데 있다. 여기서는 성평등이 이미 과거에 확립된

29) www.guidance.co.kr/corner/youth_world/re/re04233.htm

것으로 본다. '변화를 위해'라는 말 속에 이것이 내포되어 있다.

오히려 잡지 속에 모든 것을 갖춘 '슈퍼우먼'의 등장은 남성의 왜소한 상반된 역할과 대비된다. 이러한 이미지는 남성에 대한 동정심을 유발하게 하여 정치적 세력으로서 페미니즘의 의도적 후퇴를 함의하고 있다 (Lazar, 2005:15).

최근에는 성차별 개념이 퇴조하고 있는 가운데 남자가 가정에 있고, 여성이 이사회에 참석하고 있는 사회적 이미지 광고가 여성이 일상에서 마주치는 성차별을 희석시키고 있다. 이러한 사회적 광고는 사실과 달리 이미 이 사회는 젠더 혁명을 거쳤다고 가정하고 있는 것이다. 여성이 파워를 갖고 있는 가운데 남성은 이에 대해 불만을 가지고 있는 포스트 페미니즘 상태를 넌지시 암시하고 있다. 미디어가 성차별을 자극하면서도 성차별을 추방하는 젠더관계를 묘사하여 현대 사회를 여성 우위적 사회로 나타내고 있다(2003년 5월 31일자 가디언 신문).

이러한 고도의 역차별은 페미니즘을 불식시키고 여성이 남성과 동등한 관계를 지니고 있다는 것을 시사하기 위해서 의도적으로 가고 있다. 또한 이러한 목적을 위해 여성의 정체성을 여성의 이타성과 관련시키기도 한다 (Lazar, 2002: 112). 여성의 정체성은 자신의 자아적 욕구를 누르고 남편이나 자녀와의 관계 속에서 자신의 행복을 찾는 데 있다고 한다. 이것은 여성의 이타성이 자신의 목표추구나 커리어 추구시 여성의 정체성에 대한 도전으로 인식된다는 점을 간과하고 있어 여성 정체성과 남성 정체성에 대한 혼란이 거듭되고 있다는 점이 현대 사회의 특징이라고 볼 수 있다.

지금까지 우리는 미디어 담론의 성 정체성을 성 양극화와 탈양극화를 통해 살펴보았다. 세계화와 첨예한 경쟁을 통한 미디어 시장의 변화는 미디어 담론에도 변화를 가져왔다. 정보오락(infortainment)과 즐거운 이야기 만들기 등의 담론은 선정적, 개인적 광고 언어로의 변화를 지향하고 있다. 미디어는 표현, 구조, 지식, 가치, 사회적 관계, 정체성, 이데올로기의 장이다. 미디어는 이상적 독자, 시청자, 청자를 대상으로 하여 텍스트나 이미지를 통해 담론적 주제나 입장을 조정 · 조율하고 있다.

여성은 성적 대상이나 수동적, 지지적 역할을 하는 어머니, 아내로서, 희생자로서 미디어에 조명된다. 남성은 적극적, 독립적 강자로서 묘사된다. 그러나 이러한 미디어의 성 양극화에 의한 성 구조화는 변화하고 있다. 점점 일관성이 떨어지고 미묘하며 때로는 의도적이기도 한다. 특히 여성지에서 미디어는 여성을 공통된 가치와 특징을 지닌 단일공동체로 다루고 있다. 미디어 텍스트는 어젠더와 정책, 편집과정, 결정에 의해 정해지며 새로운 가치 부여를 통해 특정사건과 특정 관점을 조명한다.

미디어 텍스트의 수용은 다면적이며 그 해석은 반드시 프로듀서나 출연자와 공유하지는 않는다. 미디어 텍스트 분석은 담화텍스트, 기호, 시청자 관점을 조합하여야 하고 디자인, 제작과 전파를 고려해야 하며 사회적, 정치적 문맥을 생각해야 한다.

대명사 사용을 통한 개인화 작업은 잡지 언어의 주요소가 되고 있다. 제작자와 청취자간 공동된 가치를 가정하고 시청자와의 쌍방 대화나 일방적 대화 구도를 형성한다. 여성잡지에서 개인화는 여성으로 하여금 이상적인 유일한 여성공동체라는 것을 인지시킨다. 여성의 소비욕구를 자극시키고, 소비를 여성과 연관시키려는 것이 여성지의 핵심이며 여성지 수입은 주로 광고를 통해 들어온다. 여성화 작업을 통해 여성은 점점 더 성적으로 수동적이지만 자신만만하게 묘사되며 관계에 있어 책임감이 강한 사람으로 그려지고 있다. 비정상적 여성은 극소수이며 페미니즘은 외양상 잘 조정되게 함으로써 여성의 긍정적 이미지를 부각시킨다.

잡지 담론은 '의무적 이성애, '남성 성적 충동', '젠더 차이'를 포함한다. 남성지는 남성을 소비자로 구조화한다. 남성성을 강조한 잡지에는 '새로운 남자', '새로운 청년(new lad)' 등 용어가 등장한다. 남성지에서 진보적 담론이나 페미니스트 담론은 메아리에 불과하다. 독자와 여성성, 동성애 이미지가 텍스트와 이미지 간 거리를 느끼게 만드는 경향이 있다. '새로운 청년'이란 담론적 구성은 전통적 남성성 회복을 통한 젠더 담론의 재구조화를 제기하였다.

광고는 언어적, 비언어적 속성을 모두 활용하여 만들어지며 정보를 제공하고 설득하기 위해 다양한 목소리와 담화, 이데올로기를 담으려고 한다. 페미니스트들은 상품을 팔기 위해 여성의 성적 매력과 육체적 매력을 이용하는 것을 비난해 왔다. 이것은 마치 여성이 성적 대상이란 잘못된 관점을 일반인들에게 주게 된다. 이러한 성적 대상화 작업은 여성뿐 아니라 최근 남성광고에도 해당되고 있어 선정적 광고에 대한 일반 독자의 거부감이 미디어 담론에도 영향을 미치고 있다.

성 양극화나 성별 차이에 관한 담론은 광고에서 명시적으로나 묵시적으로 널리 다루어지고 있다. 여성은 고정관념상 정서적이지만 위기에는 극복하기 위한 존재로 남자는 고통당하는 존재로 구조화된다. 미디어에는 이제 보수적 성 담론과 진보적 성 담론이 공존한다. 페미니즘은 성 불평등을 실제로 없애는데 주력했다. 포스트 페미니즘 시대의 도래와 더불어 새로운 형태의 성차별이 영속화되고 있어 성 정체성의 위기가 미디어 담론에서 감지되고 있다.

이러한 성 정체성의 위기를 진단하면서 성 구조화를 획일화된 인위적 사회구조 측면에서 조명할 것이 아니고 남녀의 개별적 인간관계에 의해 조명되는 성 재구조화가 바람직하다. 따라서 오늘날 성 정체성을 가정이나 직장 내의 남녀의 역할에 따라 가변적 시각에서 다시 접근하는 것이 필요하다는 것을 제안하고 싶다.

3장 표현

1절 젠더와 영어 공손어법[1]-남자와 여자 중에 누가 더 공손할까?

일반적으로 여성은 남성보다 칭찬과 사과를 더 많이 하는 경향이 있다고 한다. 여성이 남성보다 더 공손하다고 평가하려면 적어도 공손 어법에 대한 규명이 필요하다. 영어 공손어법의 사용은 우리말의 공손어법과 확연한 차이가 있어 학생들에게 이러한 차이점을 잘 이해시키고 이것을 실제 언어생활에 잘 사용할 수 있도록 지도할 필요가 있다.

영어 공손어법을 우리말로 번역하는 과정에서 언어의 전이 현상이 발생한다. 외국어 학습자의 경우에는 모국어로 외국어의 형태와 의미가 외국어의 언어와 문화에 전이하는 경향이 있다.[2] 잘못된 전이는 오히려 학

1) [언어과학]. 2003. 08. 10. 10권 2호. pp.19-38. 한국언어과학회.
2) 미국에서는 촘스키 언어학의 반 행동주의 접근방식 때문에 행동주의적 성격을 띠게 되는 전이에 대한 관심은 매우 낮고 전이는 외국어의 습득에 부정적 요소로 여겨진다.

습자의 언어 학습에 저해 요인이 되기도 하여 전이에 대한 연구가 소홀해지기 쉽다. 전이에 대한 이러한 연구의 쇠퇴는 학습자의 목표어와 원천어 간의 대조분석으로 예측 가능한 실수가 학습자의 중간언어에는 나타나지 않는다는 데서도 기인한다.

본 책에서는 공손 언어 표현에 대한 분석과 공손 기제를 밝히고 남녀의 공손 표현의 차이를 규명해 보려고 한다.

1. 공손어의 형태와 기능

영어 공손어법의 주 표현은 인토네이션, 어휘, 문법구조, 조동사, *you know, sort of*, 속어(긍정적 공손) 등이 있다. 친한 사람끼리 속어를 사용하면 친밀감을 나타내는 표시가 되는데 이것을 긍정적 공손표현이라고 한다. 절친한 사이에는 *ugly girl, old woman*을 사용하여 친밀감을 전하기도 하고, *bastard, wanker*와 같은 욕이나 모욕도 친한 사람끼리는 긍정적 공손표현의 하나가 되기도 한다(Kupier, 1991). 가족끼리나 형제간에는 타인에게 사용하지 않는 *dickhead, bitch*와 같은 모욕어를 사용하는데 이것은 긍정적 공손 표현으로 이해되어 오히려 더 편하게 느껴지도록 만든다.

공손을 나타내는 언어표현에는 여러 가지 방법이 있겠으나 똑같은 표현도 상황문맥이 다르면 다른 의미를 지닐 수 있다.

(1) Do you think it would be possible for you to contact Jean Thomas today?
(2) Would it be a terrible imposition if I asked you to wash the dishes?

위의 두 표현은 사회적 맥락을 배제한 진공상태에서는 모두 매우 공손한 표현이지만 상황에 따라 달라질 수 있다. 이에 대한 판단은 두 사람간의 사회적 거리, 관계, 격식에 따라 결정된다. (1)은 직원과 상관사이에 처음 사용될 때는 공손한 명령이지만 두 사람이 평소에 격식을 덜 차리고 지내는 사이라면 이러한 요청을 두세 번 거듭하게 되면 이러한 격식이 오히려 좀 화가 나 있다는 것을 간접적으로 표시하게 된다. 친한 사이의 공손 표현은 불쾌감과 화를 나타내는 기능을 하게 된다.

(2)는 공손한 표현이라기보다 냉소적으로 느껴진다. 조동사 *would*의 사용이나 *if I asked you to wash the dishes* 같은 간접 의사표시 전략은 친한 사이에서 쓰는 적절한 표현이 아니다. 특히 어머니와 아들의 관계에서는 일종의 비꼬움의 표시로 기능할 수 있다. 사람과 문화에 따라 다르긴 하지만 긍정적 공손어법은 친구에게나 친구가 될 만한 사람에게 자주 사용되고 부정적 공손어법은 사회적 거리감을 두고 있을 때 사용한다.

1.1. 격식

1.1.1. 부정적 공손 표현의 예

(3) *At a formal meeting.*
It's very hot in here. Would you mind if I opened a window?

(4) *On a plane.*
I'm sorry to disturb you but I think you may be in the wrong seat.

(5) *At a formal meeting.*
Excuse me, Dr. Rubin, could you possible pass the water?

위의 (3)-(5)에서 보는 바와 같이 사회적 거리감이 높아질수록 부정적 공손의 도도 높아진다고 볼 수 있다.

(6) 친함 친하지 않음

강한 연대감 약한 연대감

| |

긍정적 공손 부정적 공손

1.1.2. 긍정적 공손 표현의 예

(7) *Wife and husband.*

W: Hi Rob - I'm home love.

H: Hooray dear - nice 'n early for once. Drink?

(8) *One friend to another.*

Alan: Miggles gidday - how y'doin?

Margaret: Hi pal-great to see you. Wow you're looking good.

(9) *Mother to son.*

Bath-time sonny-Jim.

공손 정도의 선택이 때로는 화자와 청자의 사회적 거리를 나타내기도 한다. 회의 참가자들끼리 Dr. Smith처럼 직함에다 성을 함께 쓰는 대신 Jean이라는 이름을 부르게 되면 무례가 되기도 한다(Brown & Ford, 1961; Laver, 1981). *Miggles, Sonny-Jim* 와 같은 별명이나 *pal, mate* 같은 친구 용어나 애정 표시인 *love* 같은 말들은 친구나 가족간에 적합한 긍정적 공손 표현이다. 그 반면 *Dr. Rubin*와 같은 성과 직함을 함께 사용하는 경우는 잘 모르는 사람들을 언급할 때 적합한 표현이다. 언어에 따라서는 발음차이로 공손표현이 달라지는 경우도 있는데 대표적인 사례가 불어, 독일어, 이탈리아어이다.3)

3) T/V 언어라고 하기도 하는데 예를 들면, T 발음은 불어의 *tu*, 독일어의 *du*, 이탈리아어의 *tu*에서 볼 수 있고 V 발음은 불어의 *vous*, 독일어의 *Sie*, 이탈리아어의 *Lei*에서 볼 수 있다. 이 두 발음의 선택은 사회적 거리감이나 연대감의 차이에서

긍정적 공손 전략은 연대감을 나타내거나 대화자간의 평등을 강조한다. 한편 부정적 공손어법은 사회적 거리를 강조하고 싶을 때 쌍방이 모두 공식적인 직함을 사용하게 된다. 연대감은 사회적 영향력인 힘을 초월하여 언어 행위를 결정하는 데 일반적으로 더 큰 영향력을 가지고 있다. 힘의 차이에도 불구하고 서로 잘 아는 사람끼리는 이름을 부르고 있는 것을 볼 때 힘이나 지위에 상관없이 사회적 거리를 좁히고 싶을 때는 상호 긍정적 공손형의 사용이 상례화되어 있는 것이 영미 문화이므로 이에 대한 이해가 필요하다.

따라서 동년배끼리의 공손 용례는 힘보다는 다른 요소, 예를 들면, 사회적 거리, 상황 맥락의 격식성에 의해 결정된다고 볼 수 있다.[4] 따라서 가장 친한 친구에게 말하는 방식은 어디서 말하느냐에 달려있다고 할 수 있다.

다음은 공손어법의 사용이 문맥에 따라 어떻게 달라지는지 실제 예를 통해 살펴보기로 하자.

(10) *Judge to witness in law court.*
The witness will please repeat his response to the last question for the benefit of the jury.

(11) *Husband to wife at home.*
mm? What was that love?

(10)은 매우 공식적인 상황에서 사용하는 표현으로서 청자를 제 3자로 지칭하면서 거리를 두고 있는 부정적 공손어법을 쓴다.[5] 기능적으로는 (10)과 같은 요청 형태이지만 (11)은 직접 의문문을 사용하여 친밀한 관계

비롯된다(Brown & Gilman 1960).

4) 인터뷰에서 여성은 남성보다 더 공손하게 행동하며 더 적절한 행동을 하고 있다는 것을 Troemel-Ploetz는 1992년 독일 TV 토론 분석에서 밝혔다.

5) *please* 사용으로 공손표현 명시함.

를 나타나며 언어행위가 비공식 상황에서 이루어지고 있는 긍정적 공손어법을 사용하고 있다.

(10)과 같은 상황에서 검사가 피고에게 (11)과 같이 *What was that?*이라고 질문한다면 이것은 매우 위협적인 것이 되어 버린다. 따라서 언어형태의 선택과 사용은 상황의 영향을 크게 받는다는 것을 알 수 있다.

이러한 긍정적 공손어법과 부정적 공손어법의 일반적 차이와 달리 (10)-(11)에서 보듯이 그룹이 다르면 똑같은 목적을 가지고도 다른 언어전략을 사용하고 있는데 이점은 남녀의 언어사용면의 차이에서도 마찬가지로 나타난다. 남녀는 연대감을 표현할 때 서로 다른 방식을 취하며 사회적 거리나 연대의 차원은 남녀의 공손어법 차이를 설명하는 데 매우 중요하다.

공손함의 정도는 문맥에 의해 항상 결정된다. 또한 사회 규범과 그룹차이(남/녀 등)에 따라 언어 선택의 사회적 판단이 내려지게 되며 오로지 문맥에 의해서만 이것은 판단될 수 있다. 직장동료끼리 긍정적 공손행위의 표현으로 이름을 의도적으로 부를 수 있지만 첫 입사한 직원이 상사의 이름을 소개시 사용하게 되면 이것은 긍정적 공손이 아닌 무례하거나 불손한 행위로 간주된다. 아울러 법정에서 변호사가 판사와 친구관계이므로 이름을 부르는 것도 적절한 언어행위가 되지 못한다.

단 이러한 언어 사용 기준은 유머, 모욕, 비난, 훈계를 하기 위한 의도를 가질 때는 바뀔 수 있으며 이것은 주로 부정적 공손표현으로 인식된다. 이럴 경우 적절한 공손 표현이 아닐 뿐 아니라 무례한 인상을 주거나 진지하지 않은 인상을 주게 된다. 게다가 남녀가 전혀 다른 기준을 가지게 될 경우 상호 의사 불소통의 가능성을 매우 높아지게 된다(Tannen, 1990a).

1.1.3. 문화 차이

언어 격식의 선택에 영향을 미치는 힘, 유대관계, 비중은 고정적이며 절대적이라기보다 상대적이며 매우 변수가 많이 작용한다(Sifianou, 1992). 문화적으로 힘이나 지위는 유대관계보다, 심지어 사적인 경우에도, 좀더 비중을 차지하는 경우가 많다. 아무리 친하여도 상사에게는 존대말을 사용해야 하며 언어 중에는 부정적 공손 전략이 압도적인 경우가 있다.

예를 들면, 일본 여성은 남편에게 존댓말을 사용한다(Smith-Hefner, 1988). 일본문화에서는 역할과 지위에 따라 언어 표현차원을 달리할 정도로 매우 신경을 쓴다(Ide, 1982;1990). 일본여성은 남성보다 더 존댓말을 많이 사용하도록 하고 있으며 남성보다 더 복잡한 경어를 사용하고 있다(Smith, 1992).[6] 공손한 태도란 사회적 가치의 이해를 포함하는데 일본인들은 다른 사람의 요구에 민감하고 감정이입(empathy)을 중요시한다. 직설표현이나 대립적 표현은 일본문화에서는 미성숙의 표시로 여겨지고 있다. 따라서 성숙한 화자는 대화시 정면반박을 하지 않는 대화 기술을 개발하게 됨을 일본 문화를 통해 느끼게 된다.

미국 서부 사람들의 언어 사용상 특징은 영국사람들과 다르다. 그러므로 공손행위의 표현인 언어적 특질도 문화마다 다르다(Gumperz, 1978; Roberts et al., 1992). 독일인이나 이스라엘인이 영어로 부탁하는 표현은 이들의 문화상 영국인들보다 주로 직접 화법을 더 많이 쓰는데 이것이 영국인들에게는 무례하게 느껴지기도 한다(House & Kasper, 1981; Blum-Kulla, Danet & Gherson, 1985: 135-6). 그러나 이와 대조적으로 독일인들은 미국인이나 영국인 영어화자가 겉으로만 공손한 채 불분명한

---

6) Brown(1990)에 의하면 마야어인 Tzeltal에도 이와 유사한 현상을 볼 수 있다. 여성들은 주로 애둘러 말하거나 자제 표현 등 부정 공손형을 사용하는 것이 보통이다.

태도를 취하기 때문에 마음에 들지 않는다고 불평한다(Byrnes, 1986).

한편, 한 언어 내에서도 남녀의 언어사용 문화는 차이가 난다. 뉴질랜드 영어는 이러한 남녀 언어사용의 차이를 잘 보여주는 데 좋은 데이터가 무척 풍부한 언어이다.[7)]

2. 담화별 공손어법의 젠더 특징

2.1. 대화

여성은 대화의 사교적, 정감적 기능에 더 초점을 두는 반면 남성은 지시적 기능에 그 본질을 두고 있는 경향이 있다. 다음을 보자.

(12) [8)]Two friends talking over a coffee at Max's place.

Max: I got a pone call from Pat's mother saying you/c-you're a complete a bastard Pat's told us what you did to her//you're so inconsiderate/ especially when

Nell: oh dear

Max: she's been under such stress//well what was I supposed to say/what did they want

Nell: mm/ tricky/ did「you ask her」[9)]

Max:「I didn't know」what to say/ I mean I have no idea wat

7) 미국영어, 영국영어, 호주 영어 화자들의 젠더 차이를 다루는 논문(Thorne et al. 1983; Poynton, 1985; Coates and Cameron, 1989; Graddol and Swann, 1989; Tannen, 1990a; Coates, 1993a) 참조.

8) Holmes (1995: 30) 참조.

9) 반 직각 괄호 안에 있는 표현은 두 사람의 발화가 동시에 나온 부분을 표시하고 있음.

story Pat had told them//

Nell: mm

Max: she's got a vivid imagination when she gets started who knows w-/who knows what fabrication they had been treated to

Nell: well she was pretty stressed out/maybe they were just over-reacting from worry「about her d'you think」

Max:「not them not them」they just hate my guts//any excuse to abuse me/ I'm not good enough for their daughter

위 대화는 친근한 두 사람 사이의 대화이다.10) Max는 자기를 이해하면서 말을 듣고 있는 Nell에게 거침없이 말을 계속하고 있다. 이것은 연대감 확립에 도움이 되는 표현을 사용하면서 정의적 의도를 나타내고 있는 전형적인 남성 발화이다. Pat 어머니의 의도를 모르기 때문에 Max가 약간 기분이 상해 있음을 이 대화를 통해 알 수 있다. 상호 대화의 지시적 의미는 바로 Nell이 Max에게 기대하는 것이다. Max는 대부분의 담화를 독점하고 있으며 Nell이 말하고 있을 때 두 번 가로막고 있다. Max는 두 번이나 *not them not them*을 되풀이하고 있는 것으로 보아 Pat 어머니의 제안을 매우 강하게 거부하고 있다. *oh dear, mm*에서 보듯이 Nell은 Max에게 우호적으로 가능하면 Max의 신경을 거스르지 않고 다독거리는 말을 하고 있으며 그녀의 질문도 Max의 생각을 끌어내고자 하는는 정도이다. 짧지만 이러한 유형의 주고받는 말은 남성과 여성의 전형적인 대화패턴을 나타내고 있다고 볼 수 있다.

10) 대화는 문맥이 다르면 그 의미적 중요성에 있어 차이가 나게 된다. 다중이 모인 공식석상에서 발화를 잘 하게 되면 지위 상승에 도움이 될 수 있다.

2.2. 질문

질문도 젠더의 차이가 확연히 드러날 수 있는 또 하나의 담화 영역이라고 볼 수 있다. 부가의문문은 참여를 유도하는 적극적 공손기제로 사용될 수 있다. 그러나 이것도 문맥에 따라서는 공손함과는 전혀 거리가 먼 도전적인 비판 전략이 될 수 있다.

2.3. 지지적 성격

(13) You've described the formal features of this structure very clearly. I wonder if you could elaborate a little on the social implications? What do you see as the possible social outcomes of adopting this structure?

(14) The Thai data is really interesting. What do you think is going on in table 2?

지지적 성격의 질문은 어떤 답변이라도 답할 수 있는 여지가 있으며 화자로 하여금 발표 부분에 대하여 더 설명하거나 요지를 말할 수 있는 기회도 부여하고 있다. 이것은 대화촉진적 성격의 부가의문문과 공통점이 있으며 다음 보기에서 보듯이 대개가 매우 긍정적이다.

(15) I really liked your comments on. . . could you expand a little.

(16) Could you comment more fully on . . . it sounds very promising.

2.4. 비판적 성격

비판적 성격의 질문은 상당히 세련된 형태의 반대 표시나 수정의견의 제시를 동의 형식을 빌려 하는 화법 형태를 말한다.

(17) I can see what you're getting at, but it seems to me the material in your figure 5 could be interpreted somewhat differently.

(18) It isn't always possible to collect all the information required in order to undertake a fully comprehensive costing, as you suggest. Are you aware, for instance, that in a recent argument about the cost of providing a telephone service to a particular rural consumer, no one was able to identify the real cost?

2.5. 적대적 성격

적대적 성격의 질문은 도전과 비판적 주장을 내포하여 화자의 입장에 대한 도전적 성격을 띄게 되며 화자의 주장이 잘못된 것임을 시사한다.

(19) I have to say that I disagree with your analysis. The elements you have identified as important seem relatively insignificant to me compared to the crucial influence of . . .

(20) It's not much use having a policy if it's not going to be effective is it?

지금까지 우리는 서로 다른 성격의 질문유형을 살펴보았다. 그렇다면 이러한 유형의 질문이 남녀의 질문방식의 차이와 어떠한 관련성을 가지는지 보기로 하자.

(21)은 100개의 세미나장에서 500가지 유형의 질문을 남녀 비율로 분석한 것이다.[11]

11) Holmes(1995: 46) 참조.

(21)

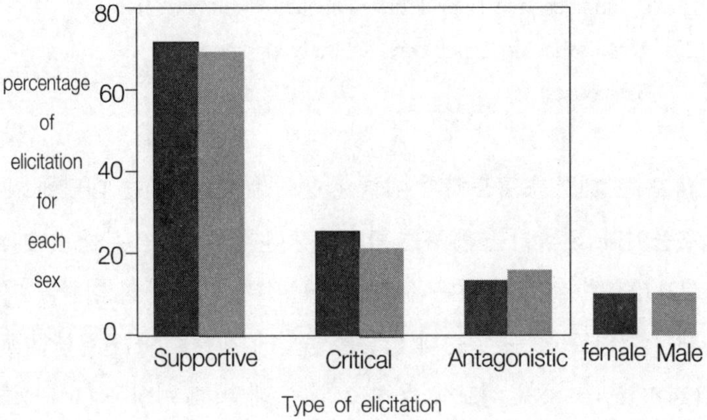

지지적 성격의 질문은 여성이 77.5%, 남성이 77.8%를 보이고 있다. 긍정적이고 화합적인 표현으로 발제내용을 좀더 언급해 달라거나 질문자가 관심을 가진 부분을 더 상세하게 설명해 달라는 의도로 사용되고 있다. 이것은 남녀 간에 큰 차이를 보이지 않고 있으며 비판적 성격의 질문도 이와 마찬가지이다. 그러나 적대적 성격의 질문은 남녀 간 약간 차이를 보여 주고 있다. 여성보다 남성이 두 배 정도 높은 비율의 적대적 성격을 띄는 질문을 하는 것으로 나타나고 있음을 볼 때 여성이 남성보다 더 공손한 질문전략을 구사하고 있는 것으로 분석된다.12)

다음은 이와는 좀 다른 질문의 유형으로 남녀 간의 차이를 보여 주는 좋은 보기이다.

(22) do you have family here

(23) well for instance do yo like the food here

12) 여성의 화법은 좀 더 상대방의 체면을 살려주는 입장에서 생각하여 말하고 있음을 알 수 있다.

(24) A: what have you done with ‘getting fired’
B: number five (i.e. ‘I have labelled it number five’)
(25) A: so what do I put here - family or spouse
B: spouse

(22)-(23)는 대화를 유도하기 위한 질문이며 (24)-(25)는 대답에 제약이 있는 질문이다. 외국어를 배우는 학습자가 흔히 잘 하는 질문은 (24)-(25)이며 (22)-(23)는 잘 하지 않는 유형의 질문이다. 두 유형의 질문의 사용에 있어 젠더 차이도 볼 수 있는데 남성은 응답에 제한을 주는 질문인 WH의문문((24)-(25))을 88% 정도 사용하고 있는 데 비해 여성은 66% 정도 사용하고 있다.[13)]

2.6. 답변 유형

공손 유형을 설명하는 데 있어서 질문에 대한 답변 형태의 남녀 사용의 차이를 다음 보기에서 볼 수 있다.

(26) (두 여성이 TV를 보면서 하는 대화)[14)]
Sal: in that Our House um........ she’s the mother of teenage kids ⌜and she
Pat: ⌜oh yeah that’s an awful program isn’t it
Sal: mmmm
Pat: it’s got that dick who’s in the Cocoon film
Sal: oh god he’s insufferable!
Pat: and he’s fucking wise ⌜and so so FUCKING American

13) Homles(1995: 49) 참조.
14) Pilkington (1992: 45) 참조

Sal: ┌yeah
Sal: and everybody else is always WRONG
Pat: yes and he's always right.....

이 두 여성은 상대방의 주장과 의견에 대해 서로의 말을 지지해 주며 긍정적인 공손형을 구사하고 있다(Brown & Levinson, 1987: 112). 서로 말 끼어들기도 하고 발화가 중복되기도 하지만 이것은 적대적인 경우가 아닌 상호 지지적인 대화이다.

Stubbe(1991)는 12세 남녀 아동의 동의/부동의에 대한 응답 차이를 조사하였다. 조사 결과 긍정적인 응답은 남녀 아동간의 차이가 없었으나 부정적 응답의 경우 성별로 심한 차이를 보여주고 있다.

일반적으로 긍정적인 응답비율과 부정적 응답 비율이 남녀 똑같이 2:1로 나타나 긍정적 응답을 부정적인 응답보다 2배 정도 높게 구사한다는 것을 알 수 있다.

(27) (문제를 의논하는 두 남자 아동의 대화)
Ray: I think I'd tell my friend
Rees: no that's stupid

(28) (문제를 의논하는 두 여자 아동의 대화)
Pam: I think she should go with her mum
Hanna: but she'd really rather stay um/wit her father though wouldn't she

남자 아동은 (27)에서 보듯이 저돌적으로 거부의사를 밝히고 있는 반면 (28)의 여자 아동간의 대화는 반대 의사를 약간 누그러뜨리면서 표현하거나 간접적으로 말하고 있는 것이 그 특징이다.

(29)는 남녀의 반대 의사를 표현하는 방식의 차이를 일목요연하게 보여

주는 그래프이다.[15]

(29)

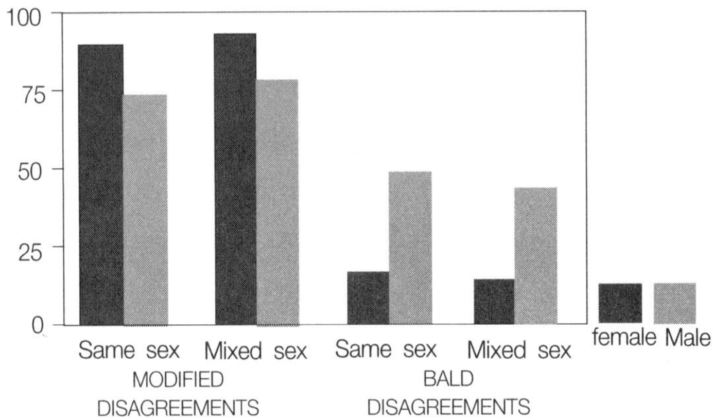

일반적으로 여성의 대화는 동등한 관계 속에서 참여를 유도하며 협조적이고 관용적이며 발언기회 배분 면에서도 경쟁을 배제하는 것이 일반적인 특징이다. 반면, 남성의 대화는 공격적이며 갈등 노출형의 화법을 사용한다. 또한 발언을 주도하려는 경향이 강하고 도전적인 발언을 하는 경향을 보인다는 점에서 남녀 간에 상호 의사소통 원리가 다르다고 볼 수 있다.

(30)[16] (제과점에서 일하는 두 젊은 여성의 대화)

Sal: perhaps next time I see Brian I'll PUMP him for 「 information/ Brian tells me

May: 「the goss

15) Holmes(1995: 63) 참조.

16) Pilkington, 1992: 46 참조.

Sal: 「I know it's about six years old but

May: 「「laugh」 but I'd forgotten it

(31)[17] (제과점에서 일하는 두 남성의 대화)

Ben: .... and ah they're very smart

Dan: well then how come they keep getting caught all the time?

Sam: maybe that's why they「(.....)「they don't Dan / you've got to be really clever to pull one you know

(30)-(31)에서 보듯이 똑같은 사건이지만 여성보다 남성이 더 반발적인 표현을 사용하며 별반 다를 것이 없는 조그만 접근방식의 차이에도 상호 비난할 정도로 대결적인 양상을 띤다는 것을 알 수 있다.

3. 공손기제 사용의 젠더별 특징

공손함을 나타내는 표현에는 여러 가지 언어 기제가 사용될 수 있다. 일반적으로 공손기제에는 완곡어(hedges) 와 강조어(booster)[18]의 두 종류가 있다. 일반적으로 발화의 힘을 약화시키는 완곡어 hedge에는 *a bit, seem, perhaps*, 부가의문문 *-n't you* 등이 포함된다. 강조어 booster는 이와 대조적으로 발화의 힘을 더 한층 강화시키려는 의도로 사용되며 *really, incredibly, absolutely, certainly, quite* 등이 이에 해당한다.

여기서는 위에 제시한 어휘항목뿐 아니라 화용 소사(particle)인 *you know, I think* 및 통사기제인 부가의문문과 억양 등을 포괄적으로 다루려고 한다. Lakoff(1973, 75)에 따르면 이러한 완곡어(hedges)와 강조어

---

17) ibid. 53.

18) 'booster'는 'intensifier'(Quirk et al. 1985), 'strengtheners'(Brown & Levinson, 1987), 'up-graders'(House & Kasper, 1981)의 개념과 유사하다.

(booster)는 여성언어의 특징으로 기술되고 있다. 자신감의 결여를 나타내거나 남성에게 비위를 맞추기 위해 여성이 사용하는 표현인 완곡어(hedges)와 강조어(booster)는 여성의 사회적 불안정과 남성에게 언어적 공손함을 표시하는 공손기제에 해당된다.[19]

3.1. 완곡어

공손 어법은 타인의 감정을 배려하는 언어 표현으로 여러 가지 방법이 있다. Leech(1983)와 Brown & Levinson(1987)은 차 한 잔을 가져와 달라는 명령을 다음 네 가지 서로 다른 표현을 사용하여 공손함을 나타냈다.

(32) Could you make a cup of tea?

(33) Make a cup of tea.

(34) Make a cup of tea eh.

(35) Make a cup of tea would you.

(32)에서는 조동사 could를 사용하고 (33)에서는 하강-상승 억양을 사용하여 명령의 뜻을 누그러뜨리며 (34)와 (35)는 부가 의문문을 사용하고 있다. 이러한 언어 기제는 부정 공손전략으로 청자가 하고 싶은 대로 할 수 있는 청자의 행동의 자유를 내포하고 있다.[20] 일상사의 영미화자는 부정적 공손형을 사용하여 청자에게 부담을 주지 않으려는 의도를 분명히 하는 것이 공손한 행위라고 생각한다.

(32)-(35)에서 보듯이 화자가 청자에게 부담을 주지 않으려는 언어 수

19) Shimanoff(1977)과 Brown & Levinson(1987)에도 똑같은 주장이 제기되고 있음.
20) Brown & Levinson (1987: 129) 참조

단에는 여러 가지가 있을 수 있다. 하강-상승 억양과 부가의문문, 조동사, 어휘항목인 *perhaps, conceivably,* 화용 소사인 *sort of, I think* 등이 있다. 그 외에도 상대방에게 부담을 주지 않기 위해 말을 하다가 중단하는 포즈, *um, er* 등이 있다.[21)]

다음은 단언적 성격의 완곡어 표현들이다.

(36) (부엌 바닥에 물이 흥건히 고인 것을 보고 아내가 남편에게)

Well that wasn't the best bit of plumbing you've ever done was it.

(37) (수리 문의를 하고 있는 고객에게 기사가)

I think it's not quite ready yet.

(38) (동료끼리)

Mm// unfortunately I don't see it that way.

(36)에서 부가의문문으로 *was it*을 사용하여 유머러스하게 표현하여 앞서 말한 비난을 경감시키고 있다. (37)에서는 화용 소사 *I think*[22)]와 부사 *quite, yet*을 사용하여 *it's not ready*에 대한 주장을 약화시키고 있다. (38)에도 *unfortunately*가 마찬가지의 효과를 거두고 있다. 이러한 완곡어를 사용하는 대화 전략은 듣는 대화 시 상대방으로 하여금 부담을 덜 느끼게 하고 얼굴을 붉히는 일이 없도록 하려는 의도에서 비롯되며 여러 가지 문맥에서 매우 다양한 표현이 사용되고 있다.

---

21) 여기에 대한 자세한 예는 Holmes(1984), Ng & Bradac(1993: 89-116) 참조.

22) *I think*는 문맥에 따라 강조나 자신감의 표현을 나타내는 강조어의 기능도 한다.

i) (TV 인터뷰에서)

a. I think that's absolutely right.//

b. I think that's complete rubbish.

3.2. 강조어

발화의 힘을 약화시키는 완곡어와 달리 강조어는 말의 힘을 더 강조하려는 의도로 사용된다.

(39) (회의가 끝난 후 동료끼리)
you handled that *just* brilliantly/ I was *so* impressed

(40) (친구끼리 아들의 성적에 대해서 이야기하며)
A: but look there's absolutely no point in worrying about it/worrying won't change anything
B: you're quite right of course

(41) (어머니가 연주회에 참석할 것이라고 아이를 달래며)
아이: my mum's not here yet/she might not come
교사: don't worry Liz of course she'll come/ she must come/she promised she'd be here.

(39)에서 *just, so*는 긍정적 공손형이며, (40)과 (41)은 공감대 형성차원에서 안도감을 주는 효과가 있는 긍정적 공손형이다.

강조어도 완곡어와 마찬가지로 발화의 힘을 강화하기 위해 여러 가지 다양한 언어기제가 사용되고 있다.

(42) (교사가 학생에게)
STOP THAT TALKING

(43) (세 살 된 친구 아들의 글 읽는 모습을 보고)
how amazing// he's certainly very bright indeed.

(44) (경기에서 좋은 성적을 올린 친구에게)
shit you're incredibly good at this

이러한 발화의 의도적 강화 효과는 (42)처럼 강세가 오거나 소리를 높일 때 볼 수 있다. (41)처럼 조동사 *must*를 사용하거나 (40)처럼 화용 소사 *of course*를 사용하기도 한다. 또한 욕설이나 (39)-(44)처럼 *incredibly, absolutely, certainly, so, quite*와 같은 법 부사를 사용한다. 이외에도 반복이나 말 중단 등의 비언어적 신호도 이러한 언어전략에 해당된다.23)

이러한 강조어와 완곡어의 사용도 남녀에 따라 사용이 달라진다. 예를 들면 *I think*를 여성은 남성보다 강조어로 더 많이 사용하는 경향이 있다. 여성은 강조어와 완곡어의 비율이 62% : 31%인데 비해 남성은 완곡어가 59%, 강조어가 36% 이다. 여성은 남성에 비해 *I think*를 공손어법으로 좀 더 많이 사용하며 상대방의 의견과 같이 한다는 의미로 사용하고 있다. 다시 말하면, *I think*는 여성에게 있어서는 공손 기제가 된다.

영어의 공손어법은 우리말과 조금 달라서 영어 학습자들의 각별한 이해가 필요한 부분이다. 특히 긍정적 공손어법과 부정적 공손어법에 대한 이해를 통해 문맥과 상황에 맞는 영어 표현이 필요하다. 또한 영어를 받아들이는 학습에 있어서도 이에 대한 기초 이해가 있다면 이들의 대화를 빨리 이해할 수 있다.

본 책은 영어 공손어법의 언어기제를 항목별로 분류하여 정확한 이해를 하도록 하였으며 아울러 공손어법의 사용에 있어서 젠더 간의 차이를 설명하였다. 따라서 영어를 사용하는 외국인도 이들 영어 원어민의 젠더 간의 표현의 차이를 이해한다면 영어를 좀 더 친근하게 즐겁게 사용하여 원하는 정도의 대화 효과를 얻을 수 있을 것이다.

---

23) Holmes (1984) 참조

2절 사과표현의 화용론적 이해[24)]-젠더와 문화 차이에 따른 사과 전략

사과는 고의적이든 우연이든 상대방에게 무례한 행동을 하고 나서 관계를 회복하고자 사용하는 화행이다. 사과행위에는 잘못을 바로잡으려는 발화나 행동이 필요하다(Olshtain, 1983: 235). 화행에는 칭찬, 초대, 인사말과 같이 적극적 예의를 갖추고 우정과 연대를 나타내는 공손어법도 있지만 사과와 같이 친근함보다는 존중을 표시하는 소극적 공손어법(negative politeness)도 있다. 사과는 실수나 모욕 등의 행위가 있은 후 사회적 관계를 회복하기 위해 사용되는 공손 화행으로 불쾌한 행동을 바로잡는데 역점을 두고 있으며 적극적 공손(positive politeness)인 칭찬과 같이 청자의 입장을 중요시한다.

소극적 공손어법은 존경행위의 핵심적 요소이다(Brown and Levinson 1987: 129). 소극적 공손화법은 일반적으로 명령, 협박, 모욕, 불평, 비난, 부동의와 같은 기분 나쁜 행위를 자제하거나 없애는 언어 표현이나 전략을 사용하는 형태를 띠게 된다. 내재적 소극적 공손화행을 나타내는 언어행위는 별로 없다.[25)]

사과는 Brown & Levinson(1987: 68)의 말처럼 불가피하게 사과인의 자존심을 어느 정도는 훼손하게 되는 것은 사실이다. 이러한 점에서 사과를 인식함에 있어 남녀 차이가 있을 수 있으며 문화 차이도 생기게 된다. 남성은 기분 나쁘게 만드는 행동에 사과의 비중을 더 둔다. 또한 사과인의

---

24) [외대논총]. 2009. 제35집 pp.1-15. 부산외국어대학교.

25) 간접 요청(indirect requests), 경어(deferrential address forms), 청자와 청자 간 거리를 두는 passive 등도 이에 포함됨.

이미지에 손상이 간다고 생각하므로 가능하면 기피하려 한다. 여성은 이와 대조적으로 사회적 화해를 원활하게 만드는 데 목적을 두는 타인 위주의 화행으로서 사과의 기능을 인식한다.

따라서 칭찬처럼 여성이 남성보다 사과라는 공손기제를 더 자주 사용한다는 것이 여러 가지 언어 데이터에서 나타나고 있다. 이것은 사과 화행의 사회적 중요성에 대한 남녀의 인식의 차이에서 비롯된다고 볼 수 있다.

남녀별 사과에 대한 인식 차이를 잘 설명하기 위해서는 문맥별 자세한 분석이 필요하다. 그러나 똑같은 무례한 행동이라 할지라도 남녀가 서로 다른 비중을 두거나 사과로 인한 대인관계 효과도 남녀에게 다르게 나타난다는 것은 충분히 연구할 가치가 있다.

본 책에서는 사과표현의 화용론적 이해를 돕기 위해 사과 유형별 젠더 차이와 문화 차이를 중심으로 살펴보기로 한다.

1. 사과의 화용론적 특성

1.1. 사과의 정의

사과는 Austin(1990)이 언급한 모욕이나 협박과 같은 면전공격과는 대조되는 체면 세워주는 언어행위('face-supportive acts')이다. Goffman (1971: 140)은 이것을 '치료(remedy)'라고도 하였다. 치료적 언어효과는 무례한 사람의 사과 행위를 통해 사회적 평온 내지 조화를 가져오는 데서 찾아 볼 수 있다(Edmondson, 1981: 280; Leech, 1983: 125). 이렇게 볼 때 사과의 정의는 무례한 행위를 한 A가 책임감을 느끼고 상처받은 B의 마음을 달래어 A와 B사이의 평온한 관계를 회복시키려는 의도에서 A가

B에게 한 화행이라고 말 할 수 있다.

(1) a. Hannah bumps into Chris, who is standing still.
Hannah: Sorry.
Chris: That's OK.
b. Ann's child spills her drink on Pam's carpet.
Ann: Oh look I'm terribly sorry. I'll clean it up. Have you got a cloth?
Pam: Don't worry. I'll do it. It wasn't very much.
c. In trying to undo a bottle for B, A breaks the cup.
Alice: Oh dear, I'm afraid I've broken it.
Bronwen: Never mind, at least it's open now!

(1a)는 사과의 정의와 일치하는 사안이다(Holmes, 1995: 155). (1b)는 잘못을 저지른 사람은 아니지만 도의적 책임을 진 쪽에서 사과를 하는 예를 보여 주고 있다. 한편 (1c)는 책임감이나 죄의식에서 나온 유감을 표현한 사과의 표현이지만 좋지 않은 소식을 전하는 기능도 동시에 하고 있다(Brown & Levinson, 1987: 68).

사과하는 빈도의 남녀 차이를 살펴본다면 비교적 체계적 차이는 없다고 하면서 일반적 고정관념과는 정반대로 남성보다 여성이 더 많이 사과를 하지 않는다고 하였다[26](Fraser, 1981: 269).

이에 반해 Holmes(1995: 158)은 사과가 칭찬과 비슷한 수치로 남녀 차이가 있다고 주장하였다. (2)에서 보듯이 여성끼리 사과하는 비율이 남성끼리 사과하는 비율보다 월등히 높았으며 교차 성 간 사과는 예외로 낮았다.

(2) 여성 → 여성(56%),

26) 그는 이러한 주장을 입증하는 데 필요한 정확한 수치를 제공하지는 않고 있다.

여성 → 남성(16%),
남성 → 여성(15%)
남성 → 남성(8.5%)

(2)를 통해 우리는 남녀 간 공손어법의 현격한 차이가 있음을 알 수 있다. 남녀는 적절한 사과를 하는 기준과 사과 기능이 다르다. 여성은 남성에 비해 무례한 행동에 대한 분명한 사과가 관계 유지에 매우 중요하다고 인식하고 있으므로 사과 비율이 높다. 이와 대조적으로 남성은 관계유지를 위해 사과하는 경우는 드물고 있다 하더라도 심각한 실수를 한 경우에만 하며 대부분 이성, 특히 잘 모르는 사람에게 하는 경향이 있고 남성 간 사과 비율은 매우 낮다.

사과는 상대방의 자유로운 행동을 방해하거나 불쾌함을 주지 않으려고 염려하는 표시로서 나타난다.

(3) a. *Julia to her mother*
Mom read me a story.
b. *Julia to her father*
I'm thirsty Dad. Can I have a drink of juice?

(3)은 미국[27] 중류층 자녀의 부모에 대한 부탁의 말투를 예시한 것이다. 자녀가 엄마보다 아빠에게 경어를 더 사용하고 있다. 이것은 아빠보다 엄마에게 더 친근한 마음을 가지고 있다는 표시이다. Ervin-Tripp et al.(1984)는 아이들이 일반적으로 아빠에게는 명령형 어투를 자제하지만 엄마에게는 공손형이 아닌 명령형을 사용하는 경향이 있다고 하였다. 그 이유는 아이들이 엄마를 덜 존경한다거나 아버지가 엄마보다 더 권한이

27) 일반적으로 남성은 공동체의 지배내지 권력그룹으로 인지되고 있다. 이것은 뉴질랜드, 미국, 영국, 기타 여러 나라에서 볼 수 있다.

많기 때문이다(Holmes 1995).[28)29)]

1.2. 사과의 사회적 특성

다음은 남녀 간 사과를 하는 행동의 사회적 특성을 살펴보기로 하자.

(4) a. I will take care of that right away.
  b. I will replace that for you immediately.
  c. I apologize.
  d. No problem.
  e. Your business is important to me.
  f. This isn't the kind of service we want to give you.

사과는 (4c)와 같이 사과를 명시하는 말을 사용하기도 하지만 (4a, b)처럼 "will"을 사용하여 자신의 책임을 간접적으로 시사한다든지 (4d)의 "No Problem(괜찮아요)"이나 (4e, f)와 같이 상대방의 화난 마음을 먼저 누그러뜨리는 말도 사과에 해당한다. 특히 상대방의 기분을 최대한 이해한다는 입장을 밝혀줌으로써 상대방에 대한 적극적 배려도 광의의 의미의 사과에 해당한다고 볼 수 있다.

여성이 남성보다 사과에 더 비중을 두므로 남성보다 더 많이 더 자주 동성 간 사과표현을 한다. 여성은 사과전략을 화난 상대방의 입장을 인식

---

28) 남성의 파워가 강한 사회, 특히, 뉴질랜드, 미국, 영국 등이 이에 해당된다.

29) 자녀와의 친소관계의 정도가 아버지와 어머니의 구분이 따로 없는 가운데 자녀들이 선택적으로 공손형 어법을 아버지와 어머니에게 사용하게 되는 것 같다. 예를 들어, 자녀가 아빠에게도 엄마만큼 친밀감을 느끼면 엄마에게 쓰는 똑같은 명령조의 말투를 아빠에게도 사용한다는 것을 볼 때 이러한 주장은 거리가 있다.

(1) A: Dad, Bring it to me.
  B: O.K.

하여 관계 회복을 하고자 사용하는 반면 남성은 자존심에 더 많은 관심을 두고 있어 사과의 결과 생기는 위치적 불균형을 중요시한다. 여성은 작은 실수에 주로 사과하지만 남성은 큰 실수에 사과하는 경향이 많다. 여성은 친한 친구나 동성끼리 많이 사과하지만 남성은 친한 친구보다 잘 모르는 이성에게 사과를 잘 하는 경향이 있다. 여성의 사과는 주로 신체적 접촉 등 민감한 부분에 대한 사과가 많고 남성은 시간에 대한 사과가 많다.

상대방의 사과에 대한 반응도 남녀 간 차이가 있는데 남성은 주로 침묵이나 수용거부가 더 많지만, 여성은 상대방의 사과를 남성보다 비교적 잘 수용하는 경향이 있다. 남녀 간 사과의 필요성에 대한 인식여부도 차이가 있다. 앞서 제시한 통계를 볼 때 남성은 가능한 사과를 피하려 하지만 사과를 하지 않으면 더 큰 화를 좌초한다고 판단할 때만 사과를 하려고 한다.

1.3. 사과 전략의 젠더 차이

Olshtain & Cohen(1983: 22)는 사과 화행으로서 5 부류의 사과 전략인 ① 명시적 사과 표현[30] ② 잘못 인정 ③ 잘못에 대한 설명 ④ 수리/보상 제의 ⑤자제 약속을 언급하였다. ①②는 대부분 사과에서 나타나지만 5개의 전략이 엄격하게 구분되기보다 상황에 따라 혼합되어 사용되기도 한다(Olshtain,1989: 198).

(5) a. (Jane is apologizing for breaking an arrangement to meet Molly for lunch.)
Oh help I've double booked. I was just about to write you a note.

30) 사과를 직접 언어로 표현함. 예를 들면, *sorry, apologize, regret, excuse me* 등.

I've got a meeting. Let's make another time.(잘못 인정)

b. (David bumps into his wife Rose in the basement.)
Oh that was silly of me. Didn't mean to hurt you. It's so dark down here.(설명)

c. (Computer trainer promise to person who has lost some files due to computer crash).
How awful. I promise that won't happen again.(재발방지 약속)
(Holmes, 1995: 160-161)

(5)는 Olshtain & Cohen(1983: 22)의 유형중 ①명시적 사과 표현이 아닌 사과 전략의 예에 해당된다. Holmes(1995: 161)도 사과 유형과 유형별 젠더 차이를 간략하게 표로 (6)과 같이 만들었다.

(6)

사과 전략		사과 주체			
		여		남	
		빈도수	%	빈도수	%
명시적 표현	① 사과 제의(예: *I apologize.*[31])7	8	3.7	7	8.6
	② 죄송함 표시(예: *I'm sorry.*)	114	53.3	34	42
	③ 관용 바람(예: *Excuse me.*)	10	4.7	7	8.6
	소계	132	61.7	48	59.2
설명	(예: I wasn't expecting it to be you.)	50	23.4	17	21
책임 인정	① 잘못인정 (예:*It is my fault.*)	4	1.9	5	6.2
	② 자기잘못표시 (예:*I was confused.*)	5	2.3	4	4.9
	③ 상대방 인정 (예: *You're right.*)	2	0.9	_	_
	④ 고의 아님 표시 (예: *I didn't mean to-*)	7	3.3	_	_
	⑤ 수리 제의 (예: *We'll replace it for you.*)	11	5.1	56.2	
	소계	29	13.5	4	17.5
자제 약속	(예: *I promise it won't happen again.*)	3	1.4	2	2.5
	소계	214	100	81	100

(7) a. (David has borrowed his flatmate's car without asking and has scratched the door slightly.)
Look I am most terribly sorry. I apologize most objectly.
b. (Robin acknowledged she has made an error in marking Pamela's test).
Sorry. You're quite right. You deserve an apology.

(6)은 사과 전략의 남녀 선택 차이를 보여주고 있다. 남녀가 거의 비슷하게 사과전략을 사용하고 있고 비슷한 비율로 사용하고 있다. 대부분의 사과는 하나의 전략적 표현을 사용하지만 명시적 표현을 포함해서 사과 전략을 두 개 이상 사용할 때는 심각한 실수를 하여 관계회복을 원할 때라고 볼 수 있다. 그 반면 여성은 (7)에서처럼 관계 회복을 위해 상대방이 사과를 받아야 마땅함을 인정하고 고의가 아니었음을 밝힐 때 사과 전략을 사용하며 자기의 잘못이나 자신에 대한 비난마저 한다.[32)]

1.4. 사과 유발 행동 범주별 젠더 인식 차이

Holmes(1995: 167)는 사과가 꼭 필요하다고 생각되는 행동범주를 다음과 같이 나누었다.

---

31) 극소수지만 (7)처럼 남성들이 격식을 갖춘 사과어인 *I do apologize, I must apologize*. 등을 여성보다 자주 쓰는 경향이 있다. 남성들은 친한 친구가 아닌 잘 모르는 사람에게 사과를 해야 하는 것으로 사회적 인식을 한다.
(1) a. (David has taken a colleague out for lunch.)
I must apologize for the lousy service here. They're not usually this bad.
b. (John apologizes to a client who has been given the wrong form to fill in.)
There seems to have been some mistake. I do apologize.

32) 예를 들면, 커피 대접할 때 무심코 한 행동에 대한 사과를 들 수 있다.
(1) (Robin puts milk in Pamela's coffee though she asked for it black.)
Oh sorry I wasn't thinking.

(8) 공간침해 - 부딪힘, 새치기
담화침해 - 끼어들기, 대화독점
시간침해 - 약속시간 어김, 장시간 대기
소유침해 - 훼손, 자산 손실
대인관계 실수 - 기침, 트림, 이상한 웃음
불편·부적절한 서비스 - 주문/배달 착오

남녀가 (8)의 사과를 요하는 사과유발행위에 대해 똑같이 반응하는지 여부를 살펴볼 때 가장 심각하게 차이 나는 것은 공간침해와 시간침해에 대한 남녀의 인식 차이였다. 여성은 남성보다 신체 등의 공간침해에 대해, 남성은 시간침해에 대해 더 민감한 반응을 보였다.

(9)
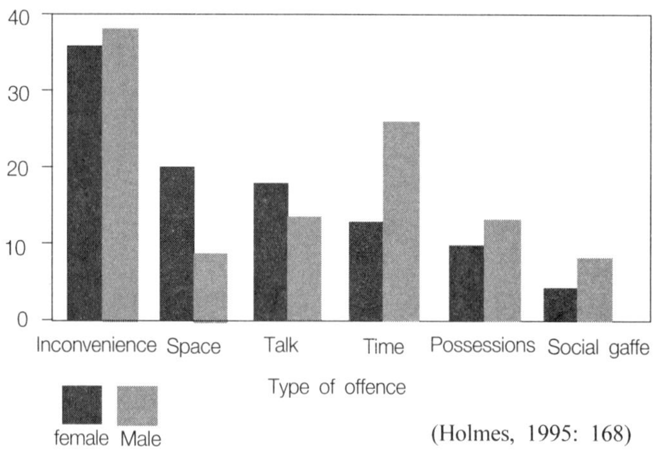

(Holmes, 1995: 168)

(9)에서 젠더별로 가장 큰 차이가 나는 부분은 시간침해 부분이었다(Holmes, 1995: 168). 남성은 시간침해를 공간침해보다 소중하게 생각하고 사과해야 할 행동으로 꼽았다. 남성이 시간의 소중함을 여성보다 더 많이 느끼기 때문에 여성을 기다리게 하는 일이 많은데 이것을 Spender (1980)는 남성을 가치 기준으로(male as norm value) 생각하기 때문이라

고 하였다. 공간침해 부분은 두 번째로 남녀별 차이가 큰 항목이다. 여성이 남성보다 이 항목을 더 중요하게 생각하고 신체부위의 부적절한 접촉을 금기시 하는 경향이 있다.

(10)에서 일반적으로 가벼운 실수는 여성이, 큰 실수는 남성이 잘 하는 것으로 조사되었다. 가벼운 실수에 대한 사과는 공손한 행동의 표시이다. 이것은 여성이 남성보다 더 사과를 많이 하는 요인이 되기도 한다.

(10)

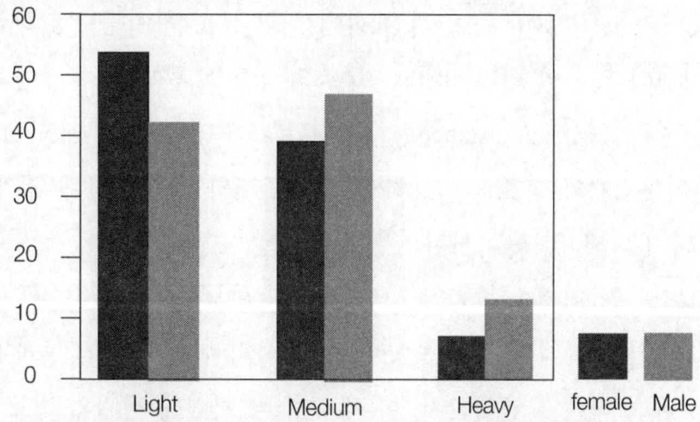

(Holmes, 1995:172)

이 밖에 사과에 대한 반응도 젠더별로 차이가 생기는 항목이었다. 남성은 사과에 대해 무응답을 하거나 사과를 받아들이지 않는 행동을 취하는 경우가 많은데 비해 여성은 상대방의 사과를 명시적으로 수용하는 표현을 쓰는 경향이 무응답보다 많았다.

(11) a. (Sorry.)
남성:____

b. (I'm sorry to be a nuisance but could you change it for me?)
여성: Yes, of course. No problem.

이러한 언어 행위에 관한 Holmes(1995)의 분석에 대해 젠더 차이라기보다 개인적 성격의 차이라고 반박하는 이도 있을 것이다. 그러나 이 데이터는 남녀 간 일반적인 성향의 차이라고 볼 때 중요한 의미를 지닌다.

2. 사과 표현의 문화 차이

Ito Sachie(1998)[33]는 사과 표현에 대한 문화 차이를 부각하였다. 미국인 남녀와 일본인 남녀[34]에게 7종류의 상황적 문맥을 제시한 다음 질문지는 친근도(social distance), 사회적 힘, 파기/피해(severity of offence), 사과의무 4개의 지표를 사용하였다. 친근도와 사회적 힘은 스케일(1-2-3)로, 파기/피해 정도와 사과의무는 스케일(1-2)로 나누어 조사하였다.

이 조사는 어떠한 종류의 사과전략을 많이 사용하는지, 사과전략이 상황에 따라 어떻게 달라지는지, 친근도, 사회적 힘, 사과의무에 따라 어떠한 사과 전략을 사용하는지, 이 세 요소와 관련해 사과의 강도가 어떻게 다른 지를 알아보기 위해서였다.

(12) 친근도 (1= 전혀 모르는 사람, 2= 아는 사람, 3= 친구)
사회적 힘 (1= 낮다 2= 동등하다 3= 높다)
사과 의무 (1= 적다 2= 크다)

그 결과 (13)과 같은 평가 결과가 나왔다(Sachie, 1998: 29). 질문지에는 네 그룹 간 차이가 별로 없었다.

---

33) http://snow.shinshu-u.ac.jp/~surcle/surcle01/04.pdf

34) San Francisco State University 학생 40명(미국인 남녀 학생 각 10명, 일본인 남녀 학생 각 10명)을 조사 대상으로 함.

(13) 항목 평가결과

	상황				
항목	상황1	상황2	상황3	상황4	상황5
친근도(1-3)	1.85	2.05	1.10	1.13	2.83
사회적 힘(1-3)	2.83	1.20	2.78	1.28	2.03
사과의무(1-2)	1.43	1.85	1.50	1.93	1.68

(13)에서 친근도가 매우 높은 상황5는 만성 지각생이 공동과제를 하기로 한 친구와의 약속에 늦은 경우이며 친근도가 가장 낮은 상황3은 취업 인터뷰에서 담당자가 면접자들을 30분 기다리게 한 경우라고 볼 수 있다. 상황에 따른 평가척도의 차이가 친근도(최고 2.83, 최저 1.10), 사회적 힘(최고 2.83, 최저 1.28), 사과의무(최고 1.93, 최저 1.43)로 미일 학생들의 문화 차이는 크게 나타나지 않았다.

다음 (14)는 상황에 따른 전략의 선택 차이를 보여 주는데 이것은 남녀 차이보다는 문화 차이가 크게 나타났다(Sachie, 1998: 30). 이것은 문화 차이보다 남녀 차이로서 사과 전략의 차이를 설명한 Holmes(1995)의 주장과 대비된다.

(14) 상황별 사과전략

		상황				
사과전략		상황1	상황2	상황3	상황4	상황5
명시적 사과	미남[35)]	90	100	90	**90[36)]	60
	미여	80	90	80	90	70
	일남	60	100	80	100	90
	일여	70	90	90	100	**100
설명	미남	60	10	100	20	20
	미녀	60	10	100	20	**60
	일남	20	10	80	10	**10
	일녀	50	−7	90	−	20
수리/보상	미남	^70	70	20	90	−

	미녀	*100	100	40	100	–
	일남	^30	50	20	100	10
	일녀	*20	80	10	100	

(15) 상황1: 대학교수가 학생 리포트를 그날 돌려주기로 약속했으나 미처 다 읽지 못했다.

상황2: 학생이 교수의 책을 빌려 돌려주기로 한 약속한 날 잊어버리고 책을 가져오지 않았다.

상황3: 취업 면접관이 갑작스런 회의가 생겨 인터뷰를 30분 늦게 하는 바람에 면접자를 기다리게 만들었다.

상황4: 고급 레스토랑에서 웨이터가 비프스테이크 대신 후라이드치킨을 가져와 손님을 당혹스럽게 만들었다.

상황5: 지각 잘하기로 소문난 학생이 공동리포트 작성할 친구와의 약속에 또 지각하였다.

이것은 앞서 언급한 Olshtain & Cohen(1983: 22)는 5가지의 사과전략을 적용한 것이다. (14)에서 조사그룹이 선택한 상황별 사과전략은 매우 비슷하다. 설명전략은 상황1이나 상황3과 같이 사회적 지위가 높은 사람이 사회적 지위가 같거나 낮은 사람보다 많이 쓴다. 늘 지각하는 사람이 친구와 공동작업을 하기 위한 모임에 또 지각한 상황5에서 일본인 학생은 명시적 사과가 필요하다고 생각한 반면 미국인 학생은 그다지 사과가 필요하다고 생각하지 않은 점은 문화 간 차이라고 보아야 할 것이다.

상황2에서 학생이 교수에게 한 실수는 보상을 제의해야 한다고 생각하는 비율은 미국인 남녀 중 특히 여성 쪽이 그 비율이 더 높았다. 그러나 일본인 남녀학생은 그렇지 않았다. 여기서 Sachie는 미국과 일본의 문화 차이를 부각시키기 위해 젠더 차이에 대해서는 별 언급을 하지 않고 있음

35) 미남은 미국인 남학생, 일남은 일본인 남학생을 가리킴.

36) **표시는 남녀간, 문화간 사과전략 차이가 큰 부문을 표시함. 예를 들면, 미국인 남학생과 일본인 여학생, 일본인 남학생과 미국인 여학생을 말함.

을 알 수 있다.

그러나 자세히 들여다보면 미국인 남학생과 여학생의 차이도 매우 크다(70:100). 이것은 젠더 차이도 문화 차이만큼 크다는 것을 보여준다. (14)에서 * ^ 표 부분은 젠더 차이가 매우 심한 항목을 나타낸다. 상황5와 같이 친한 친구사이에서는 미국 남녀 학생들의 반응이 다른 것으로 보아 남성은 친한 친구사이에서는 사과를 별로 하지 않는다는 Holmes(1995)의 주장을 뒷받침해 준다.

상황1에서 동성 간이지만 문화가 다른 미국인 남학생(70%)과 일본인 남학생(30%), 미국인 여학생(100%), 일본인 여학생(20%)의 사과전략 차이는 매우 크다. 상황5에서 명시적 사과를 요하는 부분에서 미국인 남학생(60)과 일본인 여학생(100)의 사과 전략차이는 크다. 일본인 여학생은 100% 명시적 사과를 하지만 미국인 남학생은 60%만 그렇게 생각한다.

이러한 관점에서 본다면 남녀의 사과 전략 갭과 문화 차이에서 오는 문화갭이 모두 큰 경우(예를 들면, 미국남–일본녀)는 양자 항목의 갭을 모두 합하여 가장 큰 인지적 갭이 생기므로 상황에 따른 인지전략과 대응전략의 차이로 친구관계나 부부관계로 발전할 경우 동성 간, 동문화 간 커플보다 더 많은 갈등을 겪게 될 확률이 크다는 것을 이러한 언어 분석을 통해 알 수 있다.

따라서 Sachie(1998)은 젠더 차이를 주장하는 Holmes(1995)에 뒤이어 문화 차이의 중요성을 지적했다는 점에서 의의가 있다. 그러나 *, **, ^표시한 부분에서 볼 수 있듯이 데이터 상에 나타난 젠더 차이와 문화와 젠더가 모두 다를 때에 대한 포괄적 언급은 부족하다. 이것은 문화 차이를 젠더 차이보다 더 큰 부분으로 부각시키려는 가설에 맞추려 한 데이터 해석이라고 볼 수 있다. 이러한 점에서 젠더 차이와 문화 차이를 모두 포함하는 Sachie(1998)의 데이터에 대한 재해석이 필요하다.

남녀의 행동유형 차이는 사회화 단계에서 인지적으로 주어지는 문화 속에서 내재화되어 발생된다. 광의의 의미에서 젠더 차이는 문화 차이 속에 포괄되어진다. 젠더 차이가 남녀 간 문화 차이에서 발생된다는 이론은 Maltz & Borker(1982), Tannen(1986, 1990)에서 볼 수 있다.

남녀는 상황에 대한 해석과 인지과정이 다르다. 친밀감과 평등 관계를 중요시하는 여성은 주어진 상황에 대해 대처하는 인지가 동일한 언어를 사용한다. 여성은 동일한 사회・문화적 환경에서 자란 남성보다 무례한 행동에 대해 수리・보상 또는 명시적 사과를 요구하거나 기대한다.

따라서 사과전략을 화용론적으로 이해함에 있어 젠더 차이를 더 강조한 Holmes(1995)나 문화 차이를 더 강조한 Sachie(1998)이론을 통합할 필요가 있다. 사과전략은 Holmes나 Sachie의 주장처럼 일원적 이론이 아니라 문맥적 상황에 따라 적용하는 화용적 접근을 하여야 한다. 그러므로 사과전략을 분석할 때 젠더 차이와 문화 차이가 공존하거나 젠더 차이나 문화 차이가 분리 적용될 문맥 및 상황 요소에 대한 분석이 필요하다.

남녀는 사과를 서로 다르게 이해한다. 공손한 행동을 하기 위해서 여성은 사과를 해야 한다고 보고 있지만 남성은 그렇지 않다. 이것은 남녀가 사과의 필요성을 다르게 평가하고 있다는 것을 말해 준다. 남성은 가능한 사과를 안 하려고 하는데 이것은 사과가 자신의 부족을 인정하는 것이라고 믿고 있기 때문이다. 반면, 여성은 사과야말로 정상적인 관계 회복에 꼭 필요하다고 여기며 우정과 관심의 표시로서 친구 사이의 예의 본질적 요소라고 생각한다. 남성은 친구 사이에는 사과가 없어도 되는 것으로 느끼는 사람이 여성보다 많다.

이러한 남녀의 사과 전략 차이를 잘 이해하지 못하는 경우 작은 오해들이 많이 생기게 된다. 사과를 받기 원하는 사람과 사과를 하지 않아도 괜찮다고 여기는 사람이 있다면 이 두 사람의 대인관계의 갈등요인은 젠더 차이와 문화 차이에 대한 언어 정보가 부족하고 사과에 대한 화용론적 이해가 부족하기 때문에 발생한다고 볼 수 있다.

본 책은 우리 일상생활에서 많이 경험하는 적절한 사과전략의 사용을 통해 남녀관계나 대인관계의 불편함과 불쾌함을 해소해 나가는데 남녀의 사과전략 사용이 얼마나 어떻게 다른지를 규명하기 위해 노력하였다

Holmes(1995)는 사과전략의 문화 차이보다 젠더 차이를 더 강조하고 Sachie(1998)은 젠더 차이보다 문화 차이를 더 강조하였다. 우리는 사과전략이 Holmes나 Sachie의 주장처럼 일원적 이론이 아니라 문맥적 상황에 따라 젠더 차이와 문화 차이를 서로 다르게 적용할 수 있음을 알 수 있다.

우리는 문화 간, 젠더 간 사과전략 차이를 잘 이해함으로써 수많은 관계 속에 빚어지는 생활상의 작은 오해들을 서로 이해하여 평화로운 사회, 행복한 관계를 만들고 발전시킬 수 있다.

앞으로 사과 전략에 대한 남녀 차이, 문화 차이 부분에 대한 더 많은 교차언어적 연구와 이해 노력이 기대된다.

4장 소통

1절 젠더와 의사소통능력에 관한 소고- 남녀가 사용하는 언어는 차이가 있을까?[1)]

우리말 사용자처럼 영어 사용자도 젠더 간 스피치 스타일 차이가 있다는 것은 살아 있는 언어를 가르치는 데 있어 매우 중요하다. 외국어 학습이 모방이라고 생각하는 학습자가 있다고 가정하면, 영어를 배우는 학생이 젠더에 따른 스피치 스타일 차이를 모르고 있으면서 학습 시 남성이 주로 하는 표현을 여성이 모방하여 사용할 때는 원어민에게 언어사용자의 문화적 정체성에 대한 혼란이 생길 수 있을 것이다.

여성이 사용하는 언어는 '약자의 언어'인가? 여성언어의 특징은 '파워'의 문제인가, 아니면 '차이'의 문제인가? 영어에서 'hysterical'이라는 말의 기원은 그리이스의 'husterikos', 즉 'of the womb'에서 찾아볼 수 있다.

---

1) [새한영어영모학]. 45권 2호. 2003. 11. 29. pp.231-248. 새한영어영문학회.

이것은 히스테리가 여성과 관련 있음을 말해 준다. 그러나 이에 대한 생물학적 근거는 없다. 이 경우 남성의 히스테리는 어떻게 표현해야 할 것인가? 이에 대한 다른 긍정적인 표현이 있을 수 있는가? 이러한 물음에 대한 답을 생각해 볼 때 언어는 그 언어를 사용하는 사람들의 심리적 과정과 사회조직의 일면을 반영하고 있음을 알 수 있다.

흔히 생물적 남녀의 차이는 'man', 'woman', 젠더적 차이는 'feminine', 'masculine'으로 표현하며 'male'과 'female'는 생물적 차이와 젠더적 차이를 모두 포괄하고 있다. 언어와 젠더를 이해하려면 우리가 사용하는 언어가 우리 주변의 환경과 어떠한 관련이 있는지 살펴봐야 한다.

먼저 Whorf (1956: 213)의 다음 글을 유념하면서 그 관련성을 살펴보기로 한다.

(1) "We dissect nature along lines laid down by our native languages. The categories and types that we isolate from the world of phenomena we do not find there because they stare every observer in the face; on the contrary, the world is presented in a kaleidoscopic flux of impressions which has to be organized by our minds - and this means largely by the linguistic systems in our minds".

우리는 우리가 사용하는 언어로 삼라만상을 분류하게 되고 우리가 실제 볼 수 없는 범주와 유형의 구분도 우리 사고속의 언어 시스템에 의해 재구성되는 이미지를 통해 만들어진다.[2)] 언어가 다르면 사고도 다르다고 보는 것이 언어의 상대성 이론이며 흔히 이 이론을 Sapir-Whorf 가설이라고 한다.

2) 이것을 달리, 문화라는 스펙터클을 통해 사물을 인식한다고 말할 수 있다.

Sapir-Whorf 언어 시스템이론은 다음에서 그 예를 찾아 볼 수 있다. 즉 언어 간에는 번역이나 통역 시 다른 언어로 encode되지 않는 갭이 있다. 러시아어에는 'arm'과 'leg'로 구분되는 'hand'와 'foot'이 없다. 영어에는 11개의 색상 구분이 있지만 뉴기니아 고원 지방의 언어에는 'dark'와 'light'밖에 없다. 이것은 서로 다른 언어를 가진 사람들은 다른 방식으로 스펙트럼을 형성하게 되고 색상명을 붙이게 된다는 것을 보여 준다. 따라서 똑같은 색상을 볼 때 언어를 달리 사용하는 사람들은 각각 다르게 색상을 보게 된다는 것이다.

1. 젠더와 의사소통 능력

1.1. 부가의문문

문법상의 젠더 차이는 Lakoff(1975: 16-17)의 부가의문문 사용의 예를 들 수 있다. Lakoff에 따르면, 부가의문문은 직접적으로 자신의 주장을 피하는 대신 상대방과의 의견충돌을 피하려고 일반적으로 여성이 많이 사용하는 구문이라고 하였다. 그러나 이에 대한 반증으로 Dubois & Crouch(1975)는 부가의문문 사용에 젠더 간 선호의 차이가 없다고 하였다. Holmes(1984: 53)도 부가의문문이 문맥이나 목적에 따라 젠더 간 사용의 차이가 있을 따름이지 단순히 여성이 부가의문문을 더 많이 사용한다는 논지에는 이견을 표시하였다.

Holmes는 화자중심적인 것으로서 상대방에게 정보를 알아내려거나 상대방에게 화자가 잘 모르는 말을 확인하려고 사용하는 다음과 같은 부가의문문을 "modal tag"라고 구분하였다.

(2) modal tag: She's coming around noon, isn't she?

(3) affective tag[3)]

a. You're driving rather fast, aren't you?

b. Still working hard at your office, are you?

modal tag는 정보의 진위를 상대방에게 물어 보는 성격인 반면 affective tag는 상대방의 호감을 사려고 할 때 정보의 진위에 대한 확인과는 상관없이 이야기할 때에 사용된다.

Holmes는 남성과 여성의 부가의문문 사용의 차이를 다음과 같이 설명하였다. 남성은 주로 정보를 구하거나 정보를 확인하기 위해 사용하는 화자중심의 부가 의문문을 사용하는 데 비해 여성은 상대방 중심의 부가 의문문을 사용한다고 하였다.

(4) 부가 의문문 사용횟수[4)]

의미유형	여성	남성
Modal	18(35%)	24(61%)
Affective	·	·
Facilitative	30(59%)	10(25%)
Softening	3(6%)	5(13%)
Total	51	39

그러나 Holmes과 같이 남녀의 부가의문문 사용이 단순한 성별 구분이 아니라 남녀의 사회적 역할에 의해 구분이 되어야 한다는 것이 바람직하

3) 이것은 상대방 중심의 부가의문문이다. (3a) 문장의 기능을 명령이나 비난을 부드럽게 하기 위한 'softening' 기능으로 보고, (3b)문장의 기능을 상대방으로 하여금 대화에 계속 참여시키도록 하려는 의도로 사용되는 'facilitative' 기능으로 볼 수 있다.

4) ibid: 54

다. 이를 위한 보기로 Cameron et al.(1998: 89)는 다음과 같은 통계를 제시하였다.

(5)

	여성		남성	
	Powerful	Powerless	Powerful	Powerless
Modal	3 (5%)	9 (15%)	10 (18%)	16(29%)
Affective	·	·	·	·
Facilitative	43 (70%)	0	25 (45%)	0
Softeners	6 (10%)	0	4 (7%)	0
합계	여성: 61		남성: 55	

(5)에서 물론 여성이 남성보다 부가의문문 사용횟수는 조금 더 많으나 전체적으로 볼 때 사용횟수의 차이는 미미하다. 그러나 단순한 정보를 구하는 Modal 기능의 부가의문문을 여성도 사용하고 있다고 볼 때 Modal 기능과 Affective 기능의 차이로 성별 구분을 하는 것보다 누가 어떠한 사회적 힘, 즉 power를 가지고 있느냐에 따라 구분하는 것이 더 바람직하다.[5)]

1.2. 의문문

Fishman(1980)은 부부간 대화에서 의문문을 you know만큼 많이 사용하고 있다고 분석하였다. 부가의문문과 아울러 yes/no 의문문도 여성이

4) '힘'을 가진 남성은 양태(Modal) 부가의문문을 남녀 18: 5의 비율로 사용하고 있으며 '힘'을 가진 여성은 정의적(Affective) 부가의문문을 80:52의 비율로 사용하고 있다.

남성보다 3배(87:29)나 더 많이 사용한다고 하였다. 12시간 반 동안의 대화를 기술한 결과 370회의 질문 중 여성이 한 것은 263회로 남성의 ⅔를 차지하였다. 여성이 질문을 많이 하는 이유를 Frishman은 '질문+대답'을 대화의 연속적인 과정으로 여성이 질문을 생각하기 때문이라고 보았다. 질문과 대답은 대화에서 상대방으로부터 반응을 원한다. 질문은 서술보다 더 강력하게 화자가 반응을 끌어낼 수 있는 힘을 가지고 있다.

(6) (Meg gives Petey a bowl of cornflakes. He sits at the table, props up his paper and starts to eat).
Meg: Are they nice?
Petey: Very nice.
Meg: I thought they'd be nice. You got your paper?
Petey: Yes.
Meg: Is it good?
Petey: Not bad.
Meg: What does it say?
Petey: Nothing much.

여성은 남성보다 상대적으로 열세에 있으므로 남성보다 더 많이 부가의문문이나 의문문을 사용하여 대화를 지속하려는 경향이 있다.

따라서 우리는 외국어 교육을 할 때 상대방의 동의나 의견을 구하는 부가의문문의 단순한 기능만을 가르칠 것이 아니라 이에 따른 상황적 의미까지도 지도할 필요가 있으며 이것이 젠더에 따라 어떻게 다른 용례로 쓰일 수 있는지를 살펴보는 것도 부가의문문의 형식이나 요건을 지도하거나 무조건 회화를 암기하는 것보다 학생들의 흥미를 더 끌 수 있을 것이다. 이러한 선지식을 가지고 있을 때 학생들은 실제 외국인과의 대화나 소설, 영화 등 기타 매체를 통해 영어 학습을 하는 경우 부가의문문에 대해 상당한 관심을 가지고 주의 깊게 보거나 듣게 되어 학습효과가 매우 높아지게 될 것이다. 그리고 학생들이 부가의문문을 사용할 때도 전달하고자 하는 의미를 상황에 맞추어 정확하게 전달할 수 있을 것이다.

1.3. 명령문

Goodwin(1980; 1988; 1990)은 필라델피아 거리에서 노는 남아와 여아의 명령어가 다르다는 사실을 관찰하였다.

(7) Michael: Gimme the pliers(*Poochie gives pliers to Michael*)
(8) Muey: Get off my steps(Poochie moves down steps)
(9) Michael: Gimme the wire... Look man, I want the wire cutters right now.

(7)-(9)는 남아는 단호한 명령형을 쓴다. 리더인 Michael은 자기가 원하는 바를 명령할 때 나타낸다.

같이 있는 사람과의 사이에 지위적 차별성을 드러내므로 이것을 기분이 상하는 감정자극형(aggravated) 명령문이라고 한다. 반면, 여아는 다음과 같이 대체적으로 기분을 거스르지 않는 완곡형(mitigated) 명령형을 쓴다.

(10) Terry: Hey y'all let's use these first and then come back and get the rest cuz it's too many of 'em.
(11) Sharon: Let's go around Subs and Suds.
Pam: Let's ask her 'do you have any bottles?'
(12) Sharon: We gonna paint 'em and stuff.
(13) Pam: We could go around looking for more bottles.
(14) Sharon: Hey maybe[6] tomorrow we can come up here and see if

they got some more.

남아들은 *let's*란 명령문을 좀체로 잘 쓰지 않는다. 또한 여자아이들은 (12)처럼 *goona*를 미래행동에 쓰고 있으며 질문행위보다는 제안하는 것을 좋아한다. (13)-(14)에서는 조동사를 사용하여 여아들이 행동을 요구하기보다 제안을 하고 있다.

남아그룹은 수직적 조직을 가지고 있고 여아그룹은 수평적 조직을 가지고 있어서 의사결정시에도 평등한 사고를 바탕으로 이루어지지만 남아그룹은 지배를 위한 강한 명령형을 사용하는 경향을 띤다. Engles(1980)도 또한 아버지 명령인 (15)-(16)와 어머니의 명령인 (17)-(18)이 다르다고 하였다.

(15) Why don't you make a chimmeny?
(16) Off! Take it off!
(17) Do you want to look at any of the other toys over here?
(18) What else shall we put on the truck?

여기서 Engles는 어머니보다는 아버지가 더 명령적이며 아버지가 아들에게 딸보다도 더 명령적인 언어를 구사하고 있다고 하였다. 아버지는 아이들의 욕구나 새로운 아이디어를 받아들이는데 관심이 적으나 어머니는 아이들의 선택을 제대로 할 수 있도록 도와주기 위해 발화를 하는 등 언어 차이가 조직속의 역할 차이를 반영한다고 볼 수 있다.

여의사와 남의사의 환자에 대한 언어표현도 차이가 있다. West(1990: 108)는 남의사가 공격적인 형태인 다음과 같은 명령형을 환자에게 사용한다고 하였다.

---

6) 부사 *maybe*도 여기서 명령을 좀더 부드럽게 만들고 있다.

(19) a. Lie down.
b. Take off your shoes and socks.
c. Sit for me right there.

반면, 여의사는 좀 더 부드러운 형태인 제안 형태의 명령형을 사용한다고 하였다.

(20) a. Okay? well let's make that our plan.
b. So let's stay on what we're doing.
c. Maybe what we ought to do is , is to stay with the dose. . .
d. and then maybe you can stay away from the desserts and stay away from the food in between meals.

(20c)처럼 주로 명령형에서 *you*보다는 *we*를 사용하지만 (20d)와 같이 *you*를 사용할 때에는 조동사 *can*이나 *could*를 사용하여 부드럽게 만든다. 그리하여 여의사와 남의사에 대한 환자의 반응도 다르게 되는데 let's를 사용하는 여의사의 말을 환자들이 따르는 비율이 67%이고 조동사 could를 사용하면 75%이다. 그러나 남의사의 말을 따르는 환자는 50% 정도밖에 되지 않는다고 하였다.[7)]

Goodwin과 West의 예를 통해서 공통적으로 여자는 *maybe* 같은 명령을 부드럽게 만드는 부사를 메카니즘으로 사용하는 것을 알 수 있다.

1.4. 욕/금기어

Jespersen(1922)는 여성이 본능적으로 거친 말에 대한 거부감이 있고

---

7) 병을 치료하기 위해 환자가 의사의 말을 따르지 않을 수 없으니 여기서는 불쾌감을 가지고 따르느냐, 그렇지 않느냐로 보아야 할 것 같다.

세련된 표현과 드러나지 않는 간접적인 표현을 쓰게 된다고 하였으며 Flexer(1960:xii)는 *Dictionary of American Slang*의 서문에서 대부분의 미국속어가 남성에 의해 만들어지고 사용되고 있다고 하였다. 또한 Lakoff(1975)도 여성이 사용하는 허사인 *oh dear, goodness*에 비해 남성이 보다 더 강한 허사인 *damn, shit*을 사용한다고 하였다.

Kramer(1974)는 *New Yorker*의 만화를 분석한 결과 여성 등장인물에 비해 남성 등장인물이 욕을 훨씬 편하고 부담없이 사용한다고 하였으며 조사결과 이에 대해 66%가 동의하였다. 그리고 Kramer(1975)는 *New Yorker, Playboy, Cosmopolitan, Ladies Home Journal* 등의 만화를 학생들에게 분석 의뢰한 결과 79%가 여성이 남성보다 욕을 덜 한다고 하였지만 이러한 문화적 고정관념에 대한 증거는 사실상 없다.

Labov(1971: 207)은 중산층에서 비표준어와 금기어를 일반적으로 덜 사용한다고 하였으며 Cheshire(1982: 101)는 욕이야말로 지역방언 문화지수에 포함되어야 한다고 하였다.

Gomm(1981)은 남녀 청소년 그룹, 남자 청소년그룹, 여자 청소년 그룹이란 세 그룹으로 분류하여 대화내용을 자료 분석한 결과 다음 도표와 같이 그 결과가 나왔다.

(21)

	단일성	혼성	합계
남성	21	4	25
여성	7	2	9

남자나 여자나 자기네끼리 있을 때 더 많이 욕을 사용하게 됨을 (21)을 통해 알 수 있으며 Hudson(1992)도 이를 입증하였다. 특히 Hughes(1992)에 의하면 노동자 계층이 금기어를 매우 빈번히 사용하고 있다고 하면서

그 증거로서 다음 여성의 말을 인용하고 있다. “금기어는 우리에게 욕이 아니고 일상생활 대화의 일부이다.”

1.5. 칭찬

미국, 뉴질랜드, 영국의 조사연구에 따르면 여성이 남성보다 더 칭찬의 말을 많이 한다고 하였다. Holmes(1988)은 뉴질랜드의 484개의 칭찬의 말을 조사 분석한 결과 이중 51%인 248개가 여성이 여성에게 칭찬한 말이며 9%인 44개는 남성이 남성에게 칭찬한 것이고 23.1%는 남성이 여성에게, 16.5%는 여성이 남성에게 칭찬한 것이라고 밝혔다.[8)]

여성끼리의 상호칭찬은 주로 외모에 관한 것으로 칭찬을 서로 주고받는 것은 일상적으로 흔하다.

(22) (in college)
Hi, Joanna, you look nice - your eye make-up is brilliant.

(23) (in the office)
you've got such lovely eyes.

반면, 남성끼리는 여성과 달리 주로 재산, 기술에 대한 칭찬을 서로 주고받는다.

(24) (on top deck of bus, South London)
Rasclat, man, your boots are wicked, know what I mean?

(25) (in pub)
you're very quick with witty one-liners - I would imagine you must

8) 이러한 유형은 미국 자료(Wolson, 1983)와 영국자료(Baptiste, 1990)에서도 찾아 볼 수 있다.

have a very high IQ.

그런데 남녀끼리의 칭찬은 다소 문제가 있다. (26)에서처럼 남성의 칭찬은 주로 성희롱에 가깝다.

(26) (in office)

you look so sexy today, Faye - I must remember to have a cuddle with you later.

다음 (27)과 같은 보기는 실로 여성의 칭찬이 남성을 불편하게 만들고 있음을 알 수 있다.

(27) (in pub)

Woman: the thing I really like about you and the thing that makes our relationship into a special kind of friendship into a special kind of friendship above all else is that you're always prepared to listen.

Man: pardon? (sarcastic)

칭찬은 어떤 경우에는 긍정적 공손 전략[9]으로 기능하기도 하지만 대부분의 경우 동성끼리의 칭찬은 수용하지만 타성으로부터의 칭찬은 50%가

---

9) 김귀순(2003) 참조.
친한 사람끼리 속어를 사용하면 친밀감을 나타내는 표시가 되는데 이것을 긍정적 공손표현이라고 한다. 절친한 사이에는 *ugly girl, old woman*을 사용하여 친밀감을 전하기도 하고, *bastard, wanker*와 같은 욕이나 모욕도 친한 사람끼리는 긍정적 공손표현의 하나가 되기도 한다(Kupier 1991). 가족 끼리나 형제간에는 타인에게 사용하지 않는 *dickhead, bitch*와 같은 모욕어를 사용하는데 이것은 긍정적 공손 표현으로 이해되어 오히려 더 편하게 느껴지도록 만든다.

거부감을 가진다고 한다(Coates, 1997: 129).

1.6. 공손표현

민속언어학이나 언어학자들은 일반적으로 남성보다 여성이 공손하다고 한다. Brown and Levinson(1978; 1987)은 '위신 세워주기(face)'[10]라는 말로 공손을 정의하였다. I emphatically/sincerely/really assert/ request /promise... 또는 I tentatively/maybe/perhaps assert/request/ promise... 등은 말의 힘을 강하게 하거나 약화시키는 힘을 가지고 있다. 이 두 표현 중 앞의 표현은 뜻을 강화하는 긍정 공손형이고 뒤의 표현은 뜻을 약화시키는 부정 공손형이다. 영어의 부정 공손형에는 이외에도 *may, might, could, perhaps, possibly, maybe* 등이 해당된다.

Brown(1980)은 여성이 여성에게는 긍정 공손형을 쓰지만 남성에게는 부정 공손형을 쓰고 여성끼리 대화할 때는 남성끼리의 대화보다 더 많은 소사(particles)을 사용하는 경향이 있다고 하였다.

(28) 동일성 간의 100개 화행 중 소사 평균 사용수

	강화어	약화어	소사 사용 합계
여성-여성	25.2	34.1	59.3
남성-남성	14.4	18.1	32.6

(29)

	강화어	약화어	소사사용합계
여성-남성	35.7	24.4	60.2
남성-여성	24.1	33.1	57.2

---

10) 긍정적 위신 세우기(positive face: p.f) 와 부정적 위신 세우기(negative face: n.f)가 있는데 p.f는 인사하기, 칭찬하기 등이 해당되고 n.f는 사과하기 등이 해당된다.

(28)-(29)에서 여성끼리 말을 할 때는 강화어 소사를 쓰지 않으나 남성에게 말을 할 때 이것을 더 많이 사용함을 알 수 있다. 여성은 약화어나 강화어를 사용하는 긍정 공손형과 부정 공손형을 모두 과다하게 사용하는 경향이 있는데 비해 남성은 그렇지 않다. 그러므로 남성은 사실 진술 위주의 발화를 한다고 볼 수 있다.

1.7. 여성 수식어

학생들에게 외국어를 가르칠 때 젠더에 따라 사용하는 어휘가 다르다는 것을 가르친다면 무조건 어휘를 학습하는 것보다 훨씬 흥미있어 하고 학생들이 실제 영어를 사용할 때에도 젠더에 맞추어 표현하려고 노력하게 되어 어색한 영어 표현을 줄일 수 있다.

남녀의 언어 구분에서 어휘가 사용하는 비중이 상당히 크다고 볼 수 있다. 여성언어에는 색상이나 요리, 가사에 관한 부분이 많은 반면 남성언어에는 스포츠 기계류 등에 대한 언어 사용이 많다고 한다. 일반적으로 남성은 저속어 사용이 잦은 반면 여성은 그렇지 않다고 한다.[11)]

인터넷 언어와는 달리 실제 대화에서는 허사의 사용도 여성언어의 특징이 되고 있다. 강조 부사 'very', 'so'의 사용이나, 'empty' 형용사인 'lovely', 'wonderful'와 같이 'extremely'를 빈번히 사용하는 것이 과장을 잘하고 피상적인 표현을 즐겨하는 여성언어의 특성임을 Jespersen(1922)는 지적하였다.

그러나 이러한 어휘의 차이를 좀더 구체적으로 조명하기 위해서, 우리는 다음과 같은 담화상의 완곡어(hedge words) 사용을 규명할 필요가 있다.

---

11) Susan Hughes(1997)에서 실제 중하류층 여성이 결속과 유대관계를 표시하기 위해 저속어를 많이 사용한다고 하면서 저속어는 남성언어에만 국한된 것은 아니라고 하였다.

(30) *Perhaps* we *could* try fixing it.
I've been *sort of wondering whether* I should go.
Well, I guess it's *approximately* four feet high.

(30)의 완곡어(hedge words)는 화자의 주장에 대한 불확실성을 나타내는 말이다. 이러한 말들은 상대방이 혹시 다른 견해를 가지고 있다 하더라도 의견대립을 줄이려는 의도에서 사용된다는 것을 학생들에게 지도하도록 한다.

또한 이것은 상대방에게 호감을 주려는 의도에서(affective meaning) 다음과 같이 사용되기도 한다.

(31) *Well,* I *think* George is a *bit, er, perhaps* foolish.

(31)에는 친구의 남편에 대한 직접적인 비난을 자제하여 상대방에게 불쾌감을 주지 않으려는 의도가 엿보인다.

또 하나의 빈번한 완곡어(hedge word)로서 *you know*가 있다. 여성의 말은 '단정적이지 않은' 특징을 지니는데 *I think, I'm sure, you know, sort of, perhaps*는 명제에 대한 불확실성을 내포하는 표현들이다. Holmes(1987)은 *you know*가 두 가지 기능- 확실성(32)과 불확실성(33)-을 가진다고 하였다.

(32) and that way we'd get rid of exploitation of man by man all that stuff/*you know*/you've heard it before(과거의 경험을 이야기하는 인터뷰에서)
(33) and it was quite // well it was it was all very embarrassing *you know*.(젊은 여성이 친한 친구에게)

다음 (34)은 남성과 여성의 화법에서 두 가지 다른 *you know*의 의미가

능적 비율을 살펴본 것이다(Holmes 1987: 64).

(34)

*you know*의 기능	여성	남성
자신감 표현	56	37 (p=0.05)
불확실성표현	33	50
합계	89	87

(34)에서 여성이 남성보다 *you know*를 자신감을 나타낼 때 더 많이 사용하며, 불확실성을 나타낼 때는 덜 사용하는 경향이 있다고 하였다. 그러나 Coates(1987; 1989)는 동일 젠더 간의 대화에서는 보다 더 다양한 완곡어(hedges)를 구사하게 된다고 하였다. 즉 친한 친구에게 터부시되는 영역을 이야기할 때 체면을 세우기 위해 사용하기도 한다.

(35) A: but I did see what amounted to *sort of* chest hair black, she's a very dark *sort of* dark skinned and sallow complexion and a [1 ε] I *mean* I - I *mean* I hope I'm *just* reporting this without any edge to it. *you know*, *so* I *mean* I *probably*

C: you mean you really feel that she's turning into a gorilla? (laughter).

이밖에도 완곡어(hedge words)는 공손함을 표시하기 위해 젠더, 지위나 상황에 따라 알맞게 사용되고 있으므로 학생들의 회화 시 이러한 의도로 사용하도록 지도한다.

(36) I *had the feeling* that with all the talk about the future that *perhaps* some of the Ministers were not talking *quite so strongly* in an election year context and I *wondered whether perhaps* you

were surprised that...

이와 같이 완곡어(hedge words)를 보통 여성이 많이 사용하지만 남성도 지위 면에서 예의를 갖추어 표현해야 할 때 단정적인 주장보다는 완곡어(hedge words)를 사용하여 공손함을 표현하기도 한다. 외국어로서 영어를 가르칠 때 조동사를 동사에 추가하는 방식이 아닌 완곡어를 사용하는 영어의 공손 어법에 대한 지도도 필요하다고 본다.

1.8. 사회적 약자의 언어

위에 말한 여성 언어는 사회적 약자의 언어라고 불러도 좋을 것이다. O'Barr and Atkins(1980)가 북 캐롤리나 고등법원에서 150시간의 재판 사본을 분석한 결과 사회적 약자인 죄수들의 언어가 Lakoff(1975) 여성언어의 특징을 그대로 가지고 있음을 보았다.

Lakoff의 여성언어(Women's Language: WL) 자질을 열거하면 다음과 같다.

(37) a. 완곡어(hedge)어 사용- sort of, kind of, I guess 등
b. 극도의 공손형 사용- would you please..., I'd really appreciate it if...
c. 부가의문문 사용
d. so, very 등의 강조어 사용과 억양 강조
e. 허사 형용사 사용- divine, charming, sweet, adorable 등
f. 매우 정확한 문법과 발음 사용
g. 유머의 결여
h. 직접인용
i. 특수 어휘 사용- 특정 색상 용어 등

j. 서술적 문맥에서 의문문 억양 사용

이러한 Lakoff의 여성언어 자질이 법정 기록에서 그대로 재현되고 있음을 O'Barr and Atkins는 다음 자료를 통해 보여 주었다.

(38) Lawyer: What was the nature of your acquaintance with the late Mrs. E.D.?

Witness A(1.14점): Well, we were, uh, very close friends. Uh, she was even *sort of* like a mother to me.

(39) Lawyer: And had the heart not been functioning, in other words, had the heart been stopped, there would have been no blood to have come from that region?

Witness C: It may leak down depending on the position of the body after death. But the presence of blood in the alveoli indicates that some active respiratory action had to take place.

(40) Lawyer: And you saw, you observed what?

Witness D(1.35점): Well, after I heard - I can't *really*, I can't definitely state whether the brakes or the lights came first, but I rotated my head slightly to the right, and looked directly behind Mr. Z, and I saw reflections of lights, and uh, *very, very*, *very* instantaneously after that, I heard a *very, very* loud explosion-from my standpoint of view it would have been an implosion because everything was forced outward like this, like a grenade thrown into a room. And, uh, *it was, it was*[12] terrifically loud.

(38)-(39)는 여성 죄수, (40)은 남성죄수의 발언이지만 (40)에서는 사회적 약자인지라 남성이라 하더라도 여성언어를 사용하고 있다. 이의 분석

12) 반복도 여성언어의 특질에 속한다.

을 통한 O'Barr and Atkins의 결론은 다음과 같다.

(41) a. 여성언어자질은 모든 여성의 발화 특징은 아니다(증인 C).
b. 여성언어자질은 여성발화에만 국한된 것은 아니다(증인 D).
c. 여성 화자의 점수가 남성 화자의 점수보다 높다.

2. 젠더와 대화 메카니즘

남녀 간의 스피치 스타일의 차이는 화제 도입과 통제, 적극적인 리더십 표시 메카니즘 등에서도 차이가 난다. 남성과 여성의 대립적 문화의 사회화는 어릴 때부터 시작되어 어른이 되어도 계속되게 된다. 남성은 통제하려는 측면에서 의사소통 전략을 구사하는 반면 여성은 다른 사람의 입장을 존중해 주는 양보성 스타일과 같은 대화전략을 구사하게 된다는 것을 학생들에게 인지시킬 필요가 있다.[13]

우리말 사용자처럼 영어 사용자도 젠더간 스피치 스타일 차이가 있다는 것은 살아있는 언어를 가르치는 데 있어 매우 중요하다. 외국어 학습이 모방이라고 생각하는 학습자가 있다고 가정하면, 영어를 배우는 학생이 젠더에 따른 스피치 스타일 차이를 모르고 있으면서 학습 시 남성이 주로 하는 표현을 여성이 모방하여 사용할 때는 원어민에게 언어사용자의 문화적 정체성에 대한 혼란이 생길 수 있을 것이다.

이러한 남녀 간의 스피치 스타일 차이에 대한 이론은 Tannen(1986; 1990)과 Malz & Borker(1982)에서 잘 볼 수 있다. Malz & Borker(ibid.: 196)는 젠더 차이를 이질 문화간 불통으로 설명하고 있으며 남녀의 대화

---

13) Levinson(1987) 참조

가 문제가 되는 것은 남녀 간의 친밀한 대화의 개념, 참여 규칙, 해석 규칙과 같은 문화가 서로 다르기 때문이라고 보고 있다.

다음은 남녀의 대화 차이에 의한 성편견적 시각을 시로 나타낸 것이다.

(42) Men talk[14)]

Women
Rabbit rabbit rabbit women
Tattle and titter
Women prattle
Women waffle and witter

Men Talk. Men Talk.
.
.
.
Oh
Bossy Women Gossip
Girlish Women Giggle
Women natter, women nag
Women niggle niggle niggle

Men Talk.

Men
Think First, Speak Later
Men Talk.

---

14) Liz Lochhead, *Dreaming Frankenstein*, Polygon Books.

위의 시는 여자는 쓸데없는 이야기를 하며, 수다떨거나 가십을 이야기 하지만 남자는 진짜 이야기를 하며 말다운 말을 한다는 내용으로 쓰여 있다.15)

Tannen(1990: 75) Jennier Coates의 다음 영어 속담을 인용하여 여성들의 언어사용에 대해 언급하고 있다.

(43) a. A woman's tongue wags like a lamb's tail.
b. Foxes are all tail and women are all tongue.
c. The North Sea will sooner be found wanting in water than a woman be at a loss for a word.

다음은 같은 맥락의 한국 속담에 나오는 여성언어 사용과 관련한 표현이다.

(44) a. 여자 셋이 모이면 접시가 깨어진다.
b. 여자 셋에 나무 접시가 드논다.
c. 계집의 주둥이는 사기 접시를 뒤집어 놓는다.16)

그러나 이러한 주장은 실험결과에 의하면 정반대의 결과를 수반하는 경우도 있다. Swacker(1975: 80)에 따르면 남녀 대학생의 발표 토론과정에서 남자의 스피치 시간은 평균 13.0분, 여자는 3.17분간으로 나타났다.

Sattel(1983: 1190-120)에서 아래와 같이 우리의 문화가 남녀의 고정관념을 만들어주는 것이 아니라 젠더와 관련한 힘과 특권의 향유 때문인

15) 역사상 여성이 말을 너무 많이 하거나 잘못 말했다고 처벌받는 경우가 있었다. 언어학자 Connie Eble은 여성신체에 가한 여러 가지 벌 중 심지어 재갈을 물리는 경우까지 있었다고 하였다.

16) 여자들의 말시비가 사기 접시까지 뒤집힐 정도로 심하다는 것을 의미함.

것으로 기술하고 있다.

(45) Male dominance takes shape in the positions of formal and informal power men hold in the social division of labor; great male prestige includes, and is evidenced by, the greater reward which attaches to male than to female activities. What our culture embodies is not simply two stereotypes-one masculine, one feminine-but a set of power and prestige arrangements attached to gender.

West & Zimmerman(이하 W&Z (1975 : 115-116))는 동성 간, 이성 간의 대화에서 말가로막기(overlap)과 말끼어들기(intervention)에서 차이가 난다는 것을 발표하였다.

(46) 20번의 동성 간 대화 시의 말가로막기와 말끼어들기[17)]

	First Speaker	Second Speaker	Total
말가로막기	43%(3)	57%(4)	100%(7)
말끼어들기	55(12)	45(10)	100(22)

(47) 11번의 이성 간 대화 시의 말가로막기와 말끼어들기

	Males	Females	Total
말가로막기	96%(46)	4%(2)	100%(48)
말끼어들기	100(9)		100(9)

(46)-(47)에서 동성 간의 대화 시는 모든 화자가 골고루 비슷하게 말가로막기와 말끼어들기가 일어나고 있지만 이성 간 대화에서는 대부분의

17) 말가로막기는 말하는 시기 선택 면에서 사소한 실수이며 말끼어들기는 화자의 순서를 지키지 않음을 의미함.

말가로막기와 대화 끼어들기를 남자가 하고 있다. W& Z(1975: 109)는 남성의 말끼어들기와 침묵기간을 보여 주고 있는 예를 다음과 같이 들고 있다.

(48)

{Female: how's your paper coming? =
{Male: = alright I guess (#)[18] I

Male: haven't done much in the past two weeks
(1.8초)
{Female: yeah know how that can
{Male: they ya' got an extra
Male: cigarette?
(#)
Female: oh uh sure ((hands him the pack)) like my

{Female: pa-
{Male: how 'bout a match?
(1.2)

{Female: ere ya go uh like my pa-
{Male: thanks
(1.8)
Female: sure (#) I was gonna tell you my-
Male: hey I'd really

Male: like to talk but I gotta run (#) see ya
(3.2)

---

18) 1초 이내의 침묵을 표시함,

Female: yeah

W& Z(1983: 107)는 또한 서로 잘 모르는 학생들의 대화를 연구한 결과 끼어들기에 대한 빈도를 아래와 같이 발표하였다.

(49) 5회의 이성 간 대화 interruption

대화	남자 주도	여자 주도	합계
Dyad 1	75%	25%	100% (4)
Dyad 2	100	0	100% (4)
Dyad 3	67	33	100% (6)
Dyad 4	83	17	100% (6)
Dyad 5	63	37	100% (8)

W&Z의 연구는 대화 시 남녀의 권리가 똑같지 않음을 보여주고 있다. 남자는 잘 모르는 사이라도 여자와의 대화 시 권위와 통제를 행사하려고 한다. 이는 여자의 사회적 지위와 관련지을 수 있다.

W&Z의 이러한 주장에 대해 Woods(1988: 151-152)는 남녀 간의 말끼어들기는 사회적 지위와 관련 있다고 하였다.

(50)

	유형 A			유형 B		
직업상 지위	1	2	3	1	2	3
젠더	여	남	여	남	여	남
말가로막기 성공사례	6	9	4	4	1	4
말가로막기 실패사례	3	1	3	0	4	2

(51)

	유형 A			유형 B		
직업상 지위	1	2	3	1	2	3
젠더	여	남	여	남	여	남
끼어들기	2	6	11	1	7	3
방해받지 않음	1	4	1	5	1	0

Woods에 따르면 힘이 있는 사람(예를 들면, 고위층 남자)이 말가로막기를 더 많이 하고 있다. 직업상 지위는 높은 순서대로 1, 2, 3 순위가 매겨져 있다. 유형 A는 가장 지위가 높은 사람이 여자, 그 다음은 남자, 여자 순으로 되어 있으며 유형 B는 가장 지위가 높은 사람이 남자, 그 다음은 여자, 남자 순으로 되어 있다. 여성도 지위가 높을 때는 말 가로막기를 잘 한다. 그러나 여성이 가장 지위가 낮을 때는 남성에게 비해 말을 방해받는 횟수가 11회, 2번째로 높을 때는 7회로 매우 높은 편이다. 이에 비해 남성은 지위가 가장 낮을 때도 0회, 4회이다.

다음은 한국 소설에 나타난 가정에서의 대화와 영어 원어민의 가정에서의 대화를 분석하여 남녀의 스피치 스타일의 차이를 설명해 보기로 하겠다. 한국소설 강신재(1950:17-18) 문예지 6월호에 기고한 '안개' 속에 나오는 부부의 대화를 통해 우리말의 젠더상 스피치 스타일의 차이를 살펴보기로 하자.[19]

(52) "내 소설이 당선되었어요."
"나두 인전 들어 누워서 얻어먹을 신세가 되었구나. 허참"
"……"
"**예편네** 덕택에 시인 박형식도 일약 유명해지겠군 어디 덕 좀 톡톡히 봅시다."

---

19) 남편 박형식은 현모양처를 꿈꾸는 남성권위의 대명사로서 어설픈 자유주의자거나 봉건적 남성 속성을 고루 갖춘 남성시인이며 가부장적 속성을 강하게 지닌 남편이고 아내는 남편과의 갈등을 많이 겪으면서 그런 절망적 공간에 부딪히면서도 자아를 찾고자 몸부림을 치는 여성 소설가이다. 단지 원고료를 받아 올 뿐인 소설가로서의 모습과 아내로서의 모습을 모두 생각하는 이 소설의 남편은 남성중심적 가족관과 전형적인 가부장적 사고를 가지고 있는 반면 여성은 독립적 자아를 가진 소설가로 남편의 불만에 침묵으로 대항하고 있다. 이 소설은 젠더 간의 갈등을 잘 묘사하면서 미 문화가 한국에 유입되어 흥청거린 미군정 통치 시절을 소설 배경으로 부부의 일상사를 엮어 나가고 있다.

"……"

성혜를 힐끔힐끔 바라다 보며 입을 삐뚜리고 말을 한다. 그러다가 그의 눈은 차츰 더붉게 되어가면서

"집이라구 엣 참 방구석에 발을 부칠 수 없게끔 느러놓구서 응? 문학이다? 것보담두 우선 양복바지에 푸레쓰나 한번 똑똑히 해놔바."

"……"

"낸들 이게 글세 할짓이냐 말야 **예편네**라구 제 -길 이쪽이 되레 시중을 들어야 할 판국이니."

"……"

"엣다 여류작가가 입네 하구 쏘다니기 불편한데 이 기회에 이혼이나 하면 어때?"

이 소설[20]의 남녀 대화의 스피치 스타일상의 살펴보면 다음과 같다.

(53) 가. 일상대화에서 나타나는 주고받는 대화가 없다- 여자는 가정에서 힘(power)이 약하므로 침묵을 지키고 있다.

나. 대화에서 말을 주고받는 것이 자연스런 방식인데 남편이 아내에게 말차례를 넘겨주었는 데도 아내는 거부하고 있다. 그래서 말차례가 계속 화자인 남편에게 돌아가고 있다.

다. 남편은 아내가 당선된 것을 축하해 주는 것이 아니라 부정적으로 평가하는 발화를 하기 위해 주고받는 말차례를 지키지 않는다.

라. 남편은 아내의 발화를 도와주기 위해서 말순서를 지키지 않는 것이 아니라 불만을 토로하기 위해서 침묵을 지키며 말순서를 지키지 않고 있다.

이 작품은 가부장적인 사고를 가진 남자의 권위주의에 찬 경멸과 조롱이 나타나 있다. 여성의 경우 소설가로서의 사회적 지위보다 아내로서의

20) 한혜숙 제공

가정적 지위가 여성의 삶에 더 큰 영향을 미치고 있음을 사는 것도 싫다는 표현을 통해 알 수 있다. 가정 내 여성의 힘이 약하다는 것을 아내의 침묵이며 이 침묵은 힘없는 아내의 남편에 대한 무언의 저항을 나타내고 있다.

다음은 영어 문화권의 엄마와 딸의 대화상의 위치를 잘 보여주는 예이다(Tannen, 1990: 137)

(54) Father: [About youngest brother Jimmy's bruise] That's really a good one, huh?

Mother: Yeah

Jimmy: Yeah, and a scrape near the-

Father: You should keep a patch on that.

Brother 2: Go get the patch-

Brother 3: The patching kit. Scrape down- [Kidding Jimmy by analogy with a tire-patching kit]

sister: I wiped out my bike on the hill.

Brother 1: Last time I did it. That was a good wipeout.[21)]

Brother ?: /??/ was the last time I did this.

Father: I'll have to get you a helmet too.

Brother 1: [To brother 2] I think one of my best, my best wipeouts, was when I hit you when I was doing about twenty.

위의 예문에서 아버지가 아들 자전거 사고에 관한 일은 매우 관심을 가지면서도 같은 사고가 일어난 딸에게는 별로 관심이 없는 가운데 어머니는 별로 말을 하지 않고 있다. 위의 두 예를 볼 때, 여성이 더 말이 많은 것이 아니라 남성이 더 말이 많고 말의 영향력도 더 큼을 알 수 있다.

---

21) 'wipeout' means damage beyond repair로서 수리 불가능할 만큼 파손된 상태를 말함.

이것은 가정 내의 힘이 아버지에게 가 있고 아버지의 주도하에 모든 일이 결정되고 움직여야 된다는 남성중심적 사고가 팽배해 있음을 보여주는 전형적인 예이다.

다음은 정반대의 사례로 남성이 남성의 지배력을 강화하기 위해 침묵을 활용한다는 통계자료이다(Coates, 1997: 114).[22]

(55) 일상생활에서의 말차례 위반(7쌍의 부부조사)

	Women(%)	Men(%)
무응답	32	68
대답 지연	30	70
부적절한 대답	40	60
말끼어들기	46	54

DeFrancisco(1991)에 의하면 남성이 모든 범주에서 말순서를 지키지 않고 있으며 남성이 침묵을 지키는 빈도가 더 높음을 보여준다. 이러한 남성의 침묵 전략은 (53)-(54)에서 보여준 가정내 약자인 여성의 침묵과는 달리 가정 내에서의 대화를 주도하려는 의도로 사용되고 있다.

유사한 주장을 Sattel(1983)도 하고 있다. 즉 남성의 침묵은 남녀 대화나 남남 대화에서 상대방을 압도하기 위한 방편으로 사용되고 있다고 하였다. 이것은 어른과 아이의 대화 전략과 유사하다. 어른은 아이를 지배하기 위하여 침묵이란 의사소통 시스템을 남용하고 있음을 W & Z(1977)는 제기한 바 있다.

또한 실제 청소년들의 언어 사용은 기성세대의 언어 사용과는 무척 다르다.[23] 인터넷상에서 채팅을 할 때 익명으로 하지만 연령을 속이면 금방

22) Defrancisco(1991: 416)에서 Coates가 재인용하였다.
23) Vivian Deklerk(1992)는 청소년언어 사용상의 남녀 구분은 없다고 하였다.

탄로가 나는 것이 어휘 선택에서 차이가 나기 때문이다. 청소년들이 또래끼리 사용하는 유행어를 따로 배우지 않으면 기성세대는 모르기 때문이다. 그러나 실제로 인터넷상에는 언어 사용면의 성별 특징이 두드러지게 나타나지 않고 있다. 이것은 아마 실제 얼굴을 드러내 놓지 않고 이야기를 하므로 언어사용면의 중성화를 가져온다고 볼 수 있다. 따라서 인터넷 언어는 언어 사용면의 성평등 실현에 크게 기여하고 있다. 또한 오늘날 양성평등정책에 따른 평등교육의 영향이 이러한 고등학생의 대화에 반영되어 있다.

(56) 채팅 대화 자료[24]:

bboy (여자 고등학생)   pmsl (남자고등학생)
park (여자고등학생)   timeless (남자고등학생)

bboy: 태연아 하2
pmsl: 응
bboy: ^^
park: 안녕ㅋㅋ
timeless: 짐 뭐해
bboy: 태연아, 학원 가니?
pmsl: ^^
timeless: 근데 장태연 너 오늘 집에 언제 갈 거야
pmsl: ㅋㅋ. 내 좀 이따 집에 가서 지니 드가께
bboy: 성수한테 물어 볼 거 있는 데 요새 바보짓 한다며
timeless: 너, 너무 심한 말 아냐
park: ㅋㅋ 지금 애들이랑 pc방
timeless: 난 멜 보고 끌때 다 됐는데
(중략)

24) 한혜숙 제공

위의 채팅대화에서 젠더에 따른 어휘적 특성을 살펴보면 다음과 같이 분석할 수 있다.

(57) a. 남/녀 성별 구별이 없다 (여학생의 웃음소리도 큭큭, ㅋㅋ)
b. 단축형을 많이 쓴다(남녀 구분 없음).
좀이따- 조금 이따가
드가께- 들어갈게
짐 뭐해- 지금 뭐해
c. Hi를 하2로 표현하고 있다(남녀 구분 없음).
발음은 같으나 철자를 달리하는 특징이 있다.[25)]
d. 넷째, 남자가 대명사(너)를, 여자는 이름을 호칭으로 더 많이 사용하며 남자는 성을 밝혀 부르거나 지시어를 사용한다.[26)]

위에서 본 것처럼 인터넷 상에서는 흔히 대화에서 볼 수 있는 말 가로막기, 끼어들기 같은 언어 현상은 나타나지 않고 있다.

이러한 사례 연구에 대한 고증으로 영어 교과서를 일반적으로 분석을 많이 하고 있는데 앞으로는 영어 교과서에만 의존하는 영어 교육은 지양되어야 한다. 영어소설을 많이 읽도록 하고 소설속의 주인공의 스피치 스타일을 젠더 관점에서 살펴보는 것도 좋은 외국어 교육이 될 것이다.

---

25) 영어에서도 마찬가지 경향이 있다. 예를 들면, you를 u로 표기하는 데서 그와 유사한 예를 인터넷 상에서 볼 수 있다.

26) 이 부분에 있어서는 좀 다른 의견이 있을 수 있다. 1시간 동안의 대화를 분석하였으므로 오차에 대한 예측이 어렵다는 점을 지적할 수 있다.

2절 직장 내 젠더와 커뮤니케이션 전략[27] -직장생활에서의 남녀에 따른 소통의 특징

직장에는 자신이 맡은 업무이외에도 눈치껏 수행해야 하는 많은 역할들이 있다. 특히 여직원에게는 30분 일찍 나와 다른 이들의 책상 정리를 시킨다든지 커피심부름 등의 역할을 요구한다. 이렇듯 끊임없이 여자임을 강요받으면서 자연히 남성들은 '여자가 무슨……' 혹은 '여자가 제법……' 하는 식의 부정적 서술을 한다……. 여성의 경우 호칭에 있어서도 부모가 지어주신 이름 대신 "김 양", "이 양"이라 불리우며 남자사원들은 버젓이 이름을 붙여 '…씨'라고 불리운다. 많은 여성 인격체들이 단지 여자라는 이유만으로 사회적 범주를 지칭하는 '~양'이라는 호칭으로 그 고유성을 무시당하곤 하는 것이다. 회식을 하는 자리에서도 남사원들은 어머니나 여동생에게서 받던 서비스를 여사원에게 은근히 요구하며 직장을 그만두고 가정에 안주하는 것이 여자의 행복임을 외치기도 한다. 또한 여사원을 보조적인 존재로 인식해 '전화 좀 받지'라거나 '타이프 좀 치지'라고 하며 부탁하기도 한다.[28]

위의 사례는 직장생활과 성에 대한 사례를 찾아본 것이다. 여기에는 직장 생활 속의 성차별과 성편견에 대한 진솔한 이야기가 담겨 있다. 이러한 차별적 시각을 근본적으로 해결하기 위해 학문적으로 그 논거를 찾아보고 언어와 성에 대한 근본적 접근을 통해 연구를 진행해 볼 수 있다.

본 책에서는 차별의 실제와 차별의 이론적 배경을 문화 차이 이론을 넘어 성 전체의 문제가 아닌 언어전달의 효과와 효율성을 극대화시키기

27) [외국어 연구]. 2008년. 2. 28. 제22권. pp.1-34. 부산외대외국어연구소

28) http://www.reportworld.co.kr/report/data/view.html?no=72063

위한 개인의 선택의 문제라는 것을 주장하며 이에 대한 타당성을 국내외 사례를 중심으로 입증하고자 한다.

1. 직장 내 젠더와 언어 (선행연구)

직장 생활 속에서 남녀 커뮤니케이션의 두드러진 특징은 주로 직접화법-간접화법, 공격적 언어-화해적 언어, 경쟁적 언어-유화적 언어 사용의 차이에서 찾아볼 수 있다(Litosseliti, 2006: 122). 직장에서의 남녀 화법은 차이이론보다 지배이론적 관점이 더 긍정적으로 보이기도 하지만 젠더에 대한 이분적 사고나 단순한 이론화는 바람직하지 않다.[29]

여성들의 직장진출이 높아지자 자연히 직장 내 젠더와 언어 사용에 대한 연구가 활발해졌다. 주로 파워 차이에 의한 지배이론과 문화 차이에 의한 차이 이론이 주류를 이루었다. 초기 이론은 전문직-일반인의 대화에 역점을 두었다(Kendall & Tannen, 1997). 최근에는 직장동료 간의 젠더와 커뮤니케이션 전략에 대한 연구가 많이 쏟아져 나왔다(Holmes, 2000; Baxter, 2003).

먼저 전문직-일반인(professional-lay person)의 대화를 살펴보기로 하자. West(1984, 1990), Pizzini(1991)는 조산원-환자, 의사-환자의 대화를 조사하였고 Fisher(1993)는 의사-환자와 간호사-환자와의 대화를 비교하였다. West(1984)는 여의사에게 남환자가 말가로막기를 하는 것은 의료 현장에서 남성지배와 남성 컨트롤을 의미한다고 주장하였다. 다음 보기를 살펴보자.

29) 직장 내에서의 유리천장, 성적 이중적 사고에 대한 관점은 별도의 문제임.

(1)

Patient: And they take twenty or thirty minutes to eat

Physician: Well what you [could DO]

Patient: [And then by the] time they get through their food is

cold and uh-they likes it you know.

Physician: [engh-hengh-hengh-hengh-hengh] .hh=

Patient: [And th'they enjoy that] =but I-I don't like cold food (.2)

Physician: One thing you could d [o]

Patient: [spesh'ly] food that's not supposed to be cold =

Physician: =

okay h = is to eat say the meat first you know but if you have a salad to eat to save that till after you eat the meat (,) cos the salad's supposed to be cold

West(1984: 92)

(1)은 환자와 의사가 체중을 줄이는 방법에 대해 이야기하고 있다. 의사는 먹으면서 체중을 감소시키는 방법을 이야기하고 있다. 환자는 찬 음식을 좋아하지 않는다면서 의사의 제안에 대한 불만을 이야기하고 있다. (1)은 의사가 또박또박 환자의 몸상태를 치료하는 방안을 강조하고 있는 여의사의 말에 대해 남환자가 여의사의 말에 대해 가로막기를 계속하고 있는 사례로서 지배이론(dominance theory)[30]의 영향을 나타내고 있는 보기이다. 그러나 West(1990)의 후기 연구는 문화 차이이론에 영향을 많이 받고 있다. West는 양성 간 대화와 동성 간 대화의 차이점을 지적하였다.

---

30) 지배이론은 여성이 남성에 비해 신체적, 정신적 모든 영역에서 열등하다는 성 관점에 기초하고 있음.

다음 보기(2)는 남의사와 남환자 간의 대화이고 (3)은 여의사와 여환자의 대화이다.

(2) Physician: You can drop your trousers, fact, why don't you just take them off.
(.6)
Patient: ((leans forward on the examining table, looking at the physician))
Physician: Take your trousers off.

West(1990: 103)

(3) Physician: Okay so: What do you think, =maybe we'd just take the top of your-your dress off?

West(1990: 103)

환자의 의견을 묻는 질문형으로 환자에게 상호 협력적 행동을 제안하는 (3)의 여의사와 달리 (2)의 남의사는 직설적 말투의 지시형을 환자에게 사용한다.[31] 'you' 대신 'we'를 사용하고 'can'이나 'could'를 사용하여 부드럽게 만든다. 여의사의 말에 환자의 67%가 따르지만 남의사의 말에는 50% 따르는 차이를 보인다(West, 1990:99).[32] 이것은 직설적인 지시보다 완곡한 권유형 질문이 훨씬 환자들이 의사말을 잘 따른다는 것을 볼 때 여의사의 말이 더 효과적이라는 것을 보여준다. 이것은 문화 차이이

---

31) Goodwin(1980: 157)은 분명하게 직접 말하는 직설적 말투의 지시(aggravated directives)와 애둘러서 부드럽게 명령하는 간접 지시(mitigated directives)로 지시화행을 나누었음.

32) Ainsworth-Vaughan(1992)는 화제전이가 동성이나 이성 의사-환자 접견시 다르다고 하였다. 차이이론에 입각하지는 않았지만 여의사는 동성이든 이성이든 가리지 않고 환자로부터 다양한 화제를 끌어내지만 남의사는 안일한 화제 전이를 좋아한다고 하였다. 이는 여의사가 환자와의 대화에서 권위를 행사하기 위한 힘의 대결(power struggle)과 무관하다는 표시라고 Ainsworth-Vaughan는 보고 있다.

론에 의한 것으로 지배이론과는 달리 남녀가 언어 사용이나 사고 등 문화 차이 때문에 행동 차이가 나게 된다는 차이 이론에 입각한 보기이다.

의사와 환자와의 관계는 다른 분야와 달라서 의사의 절대적 권위가 인정되어야 환자치료가 잘 될 수 있다는 점에서 특수하다. 의사와 환자는 수직적 관계이며 이 예는 수직적 관계 속의 젠더 커뮤니케이션을 보여주고 있다.

다음은 수직적 관계가 아닌 수평적 관계에서 젠더 커뮤니케이션을 보도록 하자. 수평적 관점의 젠더 커뮤니케이션은 교수회의에서 잘 볼 수 있다. 학과 교수회의에서 여교수보다 남교수가 말을 더 많이 한다고 한다(Eakins & Eakins, 1979). 한국에서도 전체 교수회의에서 여교수가 벽두 발언을 하면 그것을 좋지 않게 생각하는 분위기도 있다. 발언의 내용과 관계없이 여교수는 좀 나중에 발언해야 미덕으로 보이기 때문에 때를 기다려서 하는 경향이 있다.

(4) Marge: Oh, but you've still got Mitch and Evan in the same office you know!
Secretary: Are you kidding? Oh, darn.
Marge: [laughing] You know, it's hard to do things around here, with all these people coming.

(Tannen, 1984: 180)

Tannen은 문화 차이이론의 관점에서 직장 상사인 Marge가 자신이 실수했다고 하면서 여비서의 체면을 살려주고 있는 것을 보여주고 있다. 이것은 차이이론에 잘 들어맞는 보기이다. 일반적으로 여성은 남성에 비해 자기보다 직급이 낮은 사람에게도 일하는 체면을 세워주고 덜 나무람으로써 직장 분위기를 부드럽게 만드는 경향이 있다.

이와 관련하여 Holmes(2000: 3)는 남녀의 대화 스타일 차이를 압축해서 다음과 같이 요약하였다.

(5)

남	여
직설적	간접적
공격형	화합형
경쟁	융화
권위적	협동적
대화 지배	남자보다 적게 말함
공격적으로 말끼어 듦	말차례 얻기 힘듦
업무 위주	사적 대화 위주
언급 위주	애정 위주

이상은 지배이론과 차이이론에 입각한 보기들을 살펴보았다. 다음은 이 두 가지 이론의 적용이 곤란한 경우에 다른 대안적 이론을 제시하고 있는 보기들을 들어 보기로 한다.

2. 프레이밍 이론

담화시 젠더행위나 커뮤니티 관행으로서의 젠더와 언어 이론대신 사회구조적 접근이 대두되었다. 이에 따라 Goffman(1974)과 Kendall and Tannen(1997)은 프레이밍 이론을 제안하였다. 이 이론의 기본 가정은 남녀는 사회규범에 맞는 적절한 행동을 기본으로 프레임을 설정한다는 것이다. Kendall & Tannen(1977:97)은 일상대화 속의 언어와 성 정체성은 개별적인 남녀에 의해 결정되는 것이 아니고 여성집단, 남성집단 등 전체집단과 연관되며 이들이 만드는 프레이밍이 커뮤니케이션 전략의 주요 기준이 된다고 주장하였다.

Kendall(2004)는 라디오 방송국의 남녀 대화에서 권위가 형성되는 방법을 분석하는 데 프레이밍 어프로우치를 사용하고 있다. 같은 직함을 가지고 함께 일하는 동료이지만 남소장과 여소장은 각각 상대방을 보는 관점이 다른데 이는 각기 서로 다른 프레이밍을 설정하기 때문이다. 여소장은 남소장과 달리 평등적 관계에서 문제 해결 프레임을 만들고 있는데 비해 남소장은 위계적 프레이밍을 만들어 남성인 자신이 여소장보다 더 우위에 있다고 생각한다.

Holmes(2000: 13)는 여 매니저가 남 매니저에 비해 광범위한 범위의 말(wild-verbal-repertoire)을 사용한다고 하였다. 여 매니저도 남성 화법을 쓰면 듣는 사람으로 하여금 주장이 강하고 지지적인 사람이 되도록 만든다. 그 반대도 마찬가지이다. 그러나 Thimm et al.(2003)은 전형적 젠더 역할이 직장내 커뮤니케이션에 영향을 어떻게 미치는가를 조사한 후 남자가 여자에 비해 훨씬 더 광범위한 언어전략을 구사하고 있다고 하는데 이것은 Holmes의 이론과 정반대가 된다는 점에서 주목할 만하다. Thimm et al.(2003)은 여성이 사회적, 문화적 제약 때문에 언어 선택의 폭이 좁고 이중 잣대(double bind) 때문에 자유로운 화법을 사용하는데 구속을 받는다고 보았다.

다음 (6)은 Thimm et al. (2003)의 주장을 잘 뒷받침하기 때문에 소개하기로 한다.

2.1. 생활속에 나타나는 남녀 프레이밍 차이[33)]

(6) 공공 장소
학교에서

33) 성과 사회 http://mybox.happycampus.com/platon21/339185 일상생활에서 나타나는 성차별적 언어와 행위참조.

가. 여자 고등학교에서 여성의 역할에 대한 고정관념을 심어주는 남녀 차별적 내용의 교훈들

- 여자 고등학교: '여성의 참모습을 찾자', '순결한 마음을 갖자', '아름다운 몸매를 가꾸자'
- 남자 고등학교: '정의 실력 단결', '자율인 창조인 건강인'

나. 교사들의 생활지도에서의 성 차별적 언어

- 여자 고등학교: "여학생의 웃음소리가 왜 그렇게 크냐?", "사내자식처럼 그게 뭐냐?", "여학생 교실이 왜 이렇게 지저분하냐?"
- 남자 고등학교: "사내대장부가 그깟 일로... 남자는 통이 커야지!", "남자가 왜 그래 난 여자라도 안 그런다."

다. 교과서에서

- 가정과 교과서에서 '같은 디자인의 옷이라도 옷감의 재질에 따라 상대방에게 주는 인상이 달라진다. 실크같이 부드럽고 얇은 옷감은 여성적인 이미지를 전달하고 블루진같이 투박한 옷감은 딱딱하고 남성적인 인상을 준다.'

(고,가정.217쪽)

(7) 직장에서

가. 그냥 판사라고 하지 않고 여판사라고 하여 여자임을 표시하는 경우

- "술마신 검사 여판사 찾아가서 항의했다네."

나. 직장내 찻집에서 한 여직원이 차를 마시며 담배를 피고 있을 경우

- "요즘 젊은 년들은 정말 아무데서나 담배를 핀다니까. 말세야 말세..."

(8) 도로에서

가. 여성운전자에게 쏟아지는 이유 없는 왜곡된 시선과 함께하는 폭언

- "여자가 말이야... 집에서 살림이나 하지. 저러니 차가 막히지..."

나. 밤늦게 술을 마신 여성이 대중교통을 이용할 시

- "여자가 말이야... 밤늦게 돌아다니고..."

(9) 관공서에서

가. 남자 직원이 여성고객에게 대하는 여성 비하적인 언어
- 남성의 경우 '선생님'... 여성의 경우 '아줌마'라고 호칭함...
- "아줌마 뭐 도와 드릴까요?"

(10) 교과서에서

초등학교 교과서에 성 차별적인 내용과 삽화가 많이 실려 있는 것으로 지적됐다.

판사·변호사는 늘 남자만

바느질은 엄마만 하나요?

전국교직원 노동조합 이덕주 성평등 교육분과장(서울 개포고 교사)은 '당대비평 가을호'를 통해 "교과서 등장인물 중 여성은 주로 집에 있는 역할로 나오는데 반해 남성은 의사, 판사, 경찰관, 농부, 건설기술자 등 다양한 직업인으로 그려져 잘못된 성역할을 심어주고 있다"고 비판했다. '사회' 6학년 2학기 교과서 24~30쪽을 보면 건설기술자, 공장직원은 모두 남성으로 그려져 있다. 교과서 등장인물의 숫자도 단연 남성이 많다. '국어' 6학년 2학기 교과서의 경우 여성이 남성보다 2배 이상 많이 나온다. 또 어머니는 으레 앞치마를 두르고 가족을 위해 식사를 준비하거나 유모차를 끌고 가는 모습인데 비해 아버지는 바깥에서 일을 하는 것으로 묘사돼 있다.

(11) 직장에서

상 사 - 박대리는 장양도 할 줄 아는 이런 것도 못해?

남직원 - ....

여직원 - (째려본다)

이 상황에서는 가볍게 보면 직장 상사는 남자 직원을 꾸지람하고 있는 것으로만 보이기 쉽다. 그러나 자세히 상사의 말을 들어보면 상사의 말에는 직장에서 흔히 쓰이는 여성 차별적인 언어가 배여 있다. 꾸지람을 당하는 남직원은 그 상황에서도 "박대리"라는 호칭을 다 부르고 있지만 단순히 비교를 당하고 있는 여직원은 "장양"이라고 "~ 양"이라고 불리는 것을 알 수 있다. 이것은 여성을 공적인 존재로 인정하지 않는 대표적인 표현이다.[34)]

(12) 광고에서[35)]

직원을 채용하면서 특정 성을 배제하는 등의 성 차별적 구인광고를 낼 경우 해당 사업주가 사법 처리된다. 노동부는 3일 기업의 모집 채용 광고에서 행해지고 있는 성 차별적 광고를 바로잡기 위해 오는 4월말까지 3개월간 전국 46개 지방노동관서별로 70여종의 신문, 잡지, 생활정보지 등의 모집 채용 광고에 대한 대대적인 모니터링을 실시키로 했다.

노동부는 위법 사실이 적발되더라도 지금까지 경고, 시정지시 등에 그쳤으나 올해부터는 남녀고용평등법을 철저히 적용, 100인 이상 기업의 경우 사업주를 입건 조치키로 했다. 단속의 대상이 되는 대표적인 성차별 광고 유형은 ▲특정 성을 배제하거나 ▲성별로 인원을 나눠 모집하는 경우 ▲직종별로 남녀를 분리 모집하는 경우 등이다.

노동부는 특히 여성을 채용하면서 나이를 제한하고 용모나

---

34) 이외에도 "미스○", "언니", "아가씨", "아줌마", "야", 등이 있음.

35) 성차별 구인광고 업주 사법처리에 대한 내용임.

신장 등 특정 신체조건을 제시하거나 학력, 경력 등 자격이 동일한데도 여성을 남성보다 낮은 직급으로 채용하는 사례 등도 집중 모니터링 할 방침이다. 또한 여성의 일로 여겨지는 경리직, 판매직 등의 구인광고에서 남성에게 기회를 주지 않는 '역(逆) 성차별' 관행에 대해서도 단속을 벌일 계획이다.

노동부 관계자는 "구직단계부터 발생하는 고용상 성차별을 개선하기 위해 모니터링을 통해 대대적인 단속에 들어갔다"며 "특히 올해부터는 사업주를 사법처리하는 등 성 차별적 구인광고에 강력히 대처키로 했다"고 밝혔다.

현행 남녀고용평등법에는 모집·채용 때 성차별을 할 경우 500만원 이하의 벌금에 처하도록 돼 있다. 한편 노동부는 지난해 모두 5만8천454건의 모집채용 광고를 모니터링 해 382건의 성차별 위반사항을 적발, 이 가운데 140건을 경고 조치하고 242건에 대해 시정지시를 내렸다.[36)]

또한 보도대상의 비율에서도 남성이 96%로 압도적으로 많았고, 인터뷰 대상의 직업에서는 남성은 전문가가 52%에 이른 반면 여성은 직업을 알 수 없는 비율이 40%에 달했으며 전문직은 16%에 취재기자의 성비도 남성 85%, 여성 15%로 현격한 차이를 보였다.

드라마에서는 등장인물이나 장면의 설정에서 성적 고정관념이 나타났다. 여성은 용모 단정하고 매력적인 것이, 남성은 힘 있고 신념. 의지가 강한 것이 강조됐다. 특히 남성은 교육수준과 취업률이 여성에 비해 높으며 직종에 있어서도 전문·관리직(27.4%)이 높은 반면 여성은 전업주부(24.7%)의 비율이 높게 나타났다.

위의 예문들은 모두 성적 고정관념을 토대로 생활속의 사례를 추출해 본 보기이다. 그러나 실제 직장생활에서는 업무 효율성을 높이기 위해

36) (서울=연합뉴스) 이성한 기자 [중앙일보 (2002-02-03)]

위와 같이 성고정 관념에 입각한 뚜렷한 구분이 나타나지 않고 있는 사례가 많다. 그 대표적인 경우가 정치와 비즈니스 세계이다. 이에 대한 자세한 것을 다음 장에서 다루어 보기로 한다.

3. 대안적 어프로우치: 직업과 성 정체성

3.1. 젠더 이데올로기와 이중잣대

여성이 직장에서 날씬하고 성적으로 매력 있어야 된다는 이상적인 여성상을 강조한 예는 다음 예에서 찾아 볼 수 있다. 이러한 이미지는 여선수나 여의사의 경우에도 볼 수 있었다. 다음은 Dr. Heather Clark 여의사의 인터뷰 내용의 일부로서 여의사에게 아이가 생기면 이 일을 계속할 수 있는지 물어보고 있다.

(13) .... Could she do her present job if she had children?
'Well, the male doctors who work here all have children -but how their wives put up with the hours I will never now. They are never home. As a woman it would be much more difficult. You would have to employ a nanny and you wouldn't be a proper mother. But doctors only join the helicopter team for six months at a time.
(The Sunday Times. 9 May 1999)

(14)에서처럼 경기보다 가십과 패션에 더 민감한 여챔피언 ANNA KOURNIKOVA의 빨강구두에 대한 기사도 마찬가지이다.

(14) ANNA KOURNIKOVA looked fetching in powder blue as she practised during a brief sunny spell in the afternoon, but Serena William, on the late shift in the Rod Laver Stadium, re-appeared in her scarlet number with its low-cut black top and her red shoes....
(The Sunday Times, 23 Jan. 2000: sports section)

(15)는 출산휴가를 마치고 온 Carrie 소장의 말이다.

(15) Carrie: Coming back off maternity leave I'm a lot bigger than before and you know I think there's quite a change in atitude towards me because of that.... for people underneath yes they're definitely more switched no to me for people above or whatever are much more don't take your opinions seriously when you're fatter definitely I'm sure about that so I've been on a diet and I'm not getting any younger either. (Mullany, 2003: 226)

Carrie는 체중이 는 후 직장 상관이나 동료들이 자신의 말을 심각하게 듣지 않고 날씬한 젊은 여 매니저일 때만큼 자신을 존경하고 있지 않다고 푸념하고 있다. 다음은 제조회사의 여 매니저 Jane에 대한 이야기도 마찬가지로 젠더와 관련된 지배적인 여성성 담화를 내포하고 있다. 그녀는 승진하고 나서 남자 동료들의 태도가 달라졌다고 말하고 있다.

(16) Jane: I've come across comments ermm which are completely related to your sex and the way you look.... I've often got my hair in a ponytail or up like I have today I don't wear make-up... I distinctly get the impression from a lot of men in meetings that they look at me as if I'm a kind of twenty-one year old being given an opportunity to sit in and listen... the meetings where those

two gentlemen are in I do tend to end up putting on a bit of eye liner and wearing something slightly smarter... you'll get kind of the male chauvinist he'll sit on the desk and kind of lean over and go 'oh well-done' when you do something and you think it's my job. (Mullany, 2003: 235)

머리를 뒤로 묶고 화장을 하지 않는 Jane은 직장에서 여성에 기대하는 여성성 이미지를 훼손한 것 같다고 느끼고 있다. 그녀가 부정적으로 평가되는 것은 실제 나이가 아니라 외모라고 생각한다. 여성스런 이미지가 직장에서 성공하기 위해서 상당히 중요하다고 느끼고 있다. 이것은 같은 직급의 남성에게는 필수적으로 중요하지 않다. 이러한 관점은 커뮤니티 관행에서 남성에게는 없는 여성만의 이중 잣대를 요구하고 있다는 것을 의미한다.

그러나 성적 매력이 없어도 여성이 사회에 긍정적 정체성을 나타내는 좋은 방법은 여성의 합법적 사회적 역할인 모성성을 강조하는 것인데[37] 이것은 가족중심의 전통적 가치관과 부합된다(Wodak, 1997).

(17) Martin: I just find men in general I mean in the workplace and in general I just find them to be more stable and straight really than women... if you look at sort of even just on the biological clock you know you've got one week a month when women are you know not as they are the other three weeks of the month you know and and that is bound to have an effect I mean that is whatever people say about men and women are the same they're not because we-you know men don't go through that women do and it's very rare a woman who says she isn't affected for that week of the

37) 직장여성이 가정생활과 직장생활의 균형을 맞추는 일이 쉽지 않다. 이것은 유리천장과 관련되기도 한다.

month so if you're working for someone and you get them in that week you know it's they will be emotionally they will be more susceptible to emotional swings and not making decisions erm with the kind of same sort of accuracy that they normally would.

(Mullany, 2003: 237)

(17)은 제조업 회사의 채용 인터뷰에서 여성상사 밑에서 일하고 싶어하는 지에 대한 Martin의 답변이다. 여기서 남자인 Martin은 여성이 호르몬 때문에 한 달에 한 주간은 이성적 결정을 내리기 어렵다는 고정적 성편견적 견해를 말하고 있다.[38] 남성이 여성보다 직장에서 더 안정적이라고 하면서 '여성적 정서(female emotionality)'[39]에 대해 부정적 관점을 표현한 담론이다. 여기서는 남녀의 생리적 차이가 여성의 약점으로 작용하고 있음을 시사하고 있다.[40]

여성의 임신과 출산휴가에 대한 여성 상사의 견해를 보기로 하자. 직장에서 여성을 차별하는 남자를 비난하는 페미니스트들의 이야기는 Martin-Rojo(1995)에도 찾아볼 수 있다.

(18) [imitating the voice of a businessman] 'give me a real male executive and free me from all these problems, because...', [...] men complain a lot, they all do it, ... they stay in bed, so I really laugh at [what they say about] pregancies, because we don't get

38) Martin의 코멘트는 평등과 차별에 관한 전문직 남성들의 대화에서 반드시 전형적인 사안은 아니다. Riley(2002)는 이것을 성적 차이가 아닌 개인적 차이로 나타내려고 했다.

39) 여기에는 '정치적 무소신(political nothingness)'도 포함된다. 정치적 무소신은 어떠한 행동도 하지 않는 것을 기준(norm)으로 삼고 있다.

40) 이에 대한 반론으로서 차이가 있지만 이러한 차이는 성별 장점에 기반을 두어야지 사회적 범주화에 의해 불평등이 존재해서는 안 된다(Riley, 2002: 456-7).

pregnant systematically every year.

(18)에서 임신과 출산에 관한 직장 내 모든 일 부담 문제가 없어지도록 남자 상사를 보내달라는 이야기를 비판하고 있다. 남성 우위적 담화에 대한 저항은 다음에서도 찾아 볼 수 있다.

(19) '기회의 평등에 대해'

여대생: Um, yeah, I think there could be more equal opportunities, for example, when women take maternity leave they often miss out on promotion.

'실질적 고려에 대해'

남대생: I suppose you can always see how an employer's mind will work, if he has a choice between two identically qualifies and identically, identical personalities, and one is male and one is female, you can sympathize with him for perhaps wondering if the female is not going to get married and have children and then there's always the risk that she may not come back after, she may well do, a lot of women do, but uh I don't know he may well decide that the risk is not worth taking, play safe um and from the nature of things it looks like that is uh, the way it would stay.

(Wetherell et al. 1987: 62)

(19)는 기회 균등과 실질적 고려에 대해 남녀 대학 졸업생의 인터뷰 내용이다. '여성은 출산휴가 때문에 승진을 놓치는 경우도 있으므로 기회 균등이 더 증진되어야 한다. 직원을 채용할 때 여성이 결혼 후 직장에 복직하지 않을 수도 있다는 리스크를 생각하면서 면접자를 대한다는 것을 고려해야 한다'가 주 내용이다.

직장 내 여성의 의사소통 제약은 단지 언어사용에만 국한되는 것은 아니다. 고위직 여성은 직장 내의 이중잣대에 직면한다(Lakoff, 1990; Coates, 1995; Cameron, 1995; Crawford, 1995; Freed 1996; Brewis, 2001; Martin-Rojo & Gomenz Esteban, 2002). 여성이 전형적인 남성 언어를 연상시키는 공격적인 언어 스타일을 구사하게 되면 여성스럽지 못하고 공격적이라면서 부정적 평가를 받는다. 반면 전형적인 여성 언어를 연상시키는 언어 스타일을 구사하게 되면 비효율적이며 나약하다고 하는 부정적 평가를 역시 받게 되는 이중적 잣대에 직면한다.

(20) 남성들의 그릇된 이중 잣대 사례[41)]

1) 아이가 갑자기 아파서 급히 병원에 가야 하는 상황이 발생되었을 때, 남성인 남편이 직장에서 어렵사리 양해를 구해서 아이를 병원에 데리고 가면 '저 남자 정말 가정적이고 헌신적이구나'라고 생각하는 반면, 여성인 아내가 직장에서 아이가 아파서 조퇴해서 병원엘 가야하는 상황이라고 하면 아내인 여성에게 어떤 말들이 나올까요. 아마도 "하여간 결혼한 여자는 직장에 도움이 안돼"라든지 "애가 그렇게 소중하면 직장 그만두고 살림살이나 할 것이지"라고 하던지 "참내 공사를 구별하지 못해서 무슨 직장생활을 하게다고 하느냐"라는 말들이 쏟아져 나올 것입니다.
2) 집에 제사가 많아서 야근을 못하는 경우가 빈번하게 발생하는 여성들의 경우, 아마도 직장생활에 엄청난 어려움과 스트레스를 받고 있을 것이고 또한 자신의 남편인 남성으로부터 동반자로서 파트너로서의 배우자로서의 최소한의 위로나 도움은 커녕 도리어 면박당하고 집안일 제대로 챙기지 않는다고 우격다짐을 벌일때 여성들은 절망감을 수없이 느끼고 있

41) http://mediamob.co.kr/HeadLineView.aspx?ID=14648
여성은 나에게 어떤 존재인가. 싸리눈 작음과 느림의 세상 http://www.mediamob.co.kr/sarinun

> 다는 것을 남성들은 잘 모를 것이다.
>
> 남성들의 이중잣대가 문제이다. 자기 아내가 회사일로 집안일을 제대로 챙기지 못하면 아내더러 회사때려 치우라고 난리를 피운다. 그러면서 직장에 나가면 여성인 동료들이 집안일을 챙겨야 하는 일들이 생기면 회사일이 중요하지 집안일이 중요하냐고 그러면 회사를 그만두라고 하는 남성들의 야비한 이중잣대를 버리지 않는 한 여성은 항상 "여성은 누구인가"라는 의문이 남을 뿐이다.

여기서 이 글을 쓴 이는 "여성은 무엇인가"가 중요한 것이 아니다. 인간인 여성이 나와 어떤 관계여야 하는가가 중요한 것이다. 인간인 여성을 인간의 개념을 상실하고 여성만을 생각하는 것은 지극히 위험한 것이다. 여성은 누구인가보다는 남성과 여성은 어떤 관계여야 하는가가 더 중요하다. 그 관계에서 남성은 어떠한 의식과 태도를 지녀야 하는지를 알아야 하고 여성을 인간으로서 주체적 존재로서 인식해야 한다. 즉 남성의 마지막 식민지로서의 여성이 아닌 남성과 다름없는 인간으로서 여성을 바라봐야 하고 그러한 인식의 틀속에서 여성은 남성에게서 어떤 존재인지를 자문해야 한다"는 이중잣대에 대해 이야기하고 있다. "우리는 여성을 불편하게 하는 존재, 직장이나 사회에서 많은 것을 배려해줘야 하는 골칫덩어리로 생각하는 남성들의 그릇된 우월의식과 가부장적 권위주의가 문제인 것이지 여성 자체가 문제인 것이 아니다."

젠더 이데올로기 때문에 똑같은 언어 표현을 쓰더라도 해석이 달라지거나 의미가 달라지게 된다는 것을 남성보다 여성의 말에서 많이 찾아볼 수 있다(Graddol & Swann, 1989; Eckert & McConnell-Ginet, 2003). 젠더 렌즈를 통해 언어 사용을 들여다보면 언어사용을 전형적으로 적절한 행동이라 하더라도 부정적 평가를 받는 경우도 있다. 역설적인 이중잣대가 자기주장을 분명히 하는 전문직 여성에게도 적용된다(Lakoff, 1990). "여성은 착한 여자지만 나쁜 직장상사나 나쁜 전문직 직장여성이거나 나쁜 여자지만 좋은 직장상사이거나 좋은 전문직 여성이다. 그 둘을 모두 갖추는 것은 불가능하다"(Lakoff, 1990: 206). Jones(200)은 여 매니저가 매니저답게 말하면 여성성이란 경계를 넘어서고 여성스럽게 말하면 매니저로서의 정체성을 잃게 되는 이중 잣대가 적용된다고 주장하였다.

이러한 젠더 이데올로기에 입각한 젠더 분극(polarization)은 고용주의 여성차별을 정당화하고 전통적인 남성영역에 여성 접근성을 제한하기 위하여 이루어졌으며 결과적으로 여성 불이익과 권력의 여성 접근성을 제한하는 결과를 초래하였다.

Case(1988)은 여성스런 언어스타일과 남성적인 단호한 스타일을 혼합하여 사용하는 여 매니저가 동료 직장인들로부터 적대감을 낳고 미움을 받게 되었다고 보고하고 있다.[42] Mullany(2003)은 지시적이거나 지배적인 화법을 구사하는 여 매니저는 부정적 평가를 받는다고 하였다. 다음은 Lucy가 여 매니저 Amy를 지배적이지만 매우 정직하다고 평가하고 있다.

(21) Lucy: Amy is very domineering... if you'd have asked me when I was younger I'd have said yes men would domineer but now Amy's come along... Amy is very different from the rest of the females in the company she's quite honest you know where you stand with her... she's quite abrupt you know... sometimes she scares the pants off me. (Mullany, 2003: 224)

42) Crawford(1988)도 유사한 것을 발표하였다. 똑같은 독단적인 언어 스타일을 구사하는 남자보다 여자를 더 싫어함.

3.2. 유리천정과 성전쟁

Kendall(2004)는 이중 잣대와 유리천장에 대해 이야기하였다. Carol이 승진하지 못한 이유는 자리를 가리지 않고 격의없는 동등한 위치를 직원들과 가지려고 하기 때문에 권위가 없어져서 보스직을 유지하는데 부적절하다고 평가되었기 때문이다. Carol이 유리천장을 깨고 성공했지만 매니저 자리를 유지하지 못한 것은 이러한 이유 때문이다.

Coates(1995)는 역사적으로 남성 우위인 공공영역에는 남성화법이 표준이 된다고 주장하였다. Coates(1995: 14)은 남성화법이 공적영역의 표준이 되고 있는 것은 역사적으로 공적 영역이 남성 지배 영역이었기 때문이라고 하면서 여성이 공적영역에 입성하는 것이 언어학적으로 볼 때 두 가지 점 때문에 불리하다고 하였다. 첫째는 정보중심의 수사에 약하고 협조적 담화 스타일이 부정적으로 받아들여진다는 데 있다.

이러한 Coates의 주장은 한국 정치인의 언어 스타일에는 들어맞지 않는 것 같다. 예를 들면 박근혜 의원은 여성의 나약함을 극복하고자 보다 남성적인 간명한 언어 스타일을 즐겨 사용하고 이명박 대통령은[43] 협조적 담화 스타일로 설명을 곁들여 동의를 구하는 말을 하는 경향이 있다.

여성도 남성 우세 직장인 경찰, 정치, 종교, 법조계, 사업 등에서는 단호한 언어 스타일이 필요하고 협조적인 화법은 부정적으로 평가받는다. 따라서 여성은 직업적으로 특수한 환경에 처하게 되면 일을 잘 하기 위해서 효과적으로 남성화법과 여성화법을 구사해야 한다는 것이 최근 연구에서 밝혀지고 있다[44](Holmes & Schnurr, 2005; Stubbe et al., 2000).

여경은 행동을 남자같이 하고 일을 잘하기 위해 협조적 스타일의 말을

---

43) 호칭은 출판시점에 맞춰 수정한 것임.

44) 여성은 이러한 기대에 대해 끊임없이 절충해야(negotiate) 한다. 협조적 화법을 능숙하게 구사하는 것과 별개로 여성이 그렇지 않을 경우 부정적 평가를 받음.

잘 하지 않는다(McElhinny, 2003; Ostermannn, 2003). 이는 여성스런 외모에 대한 기존의 관념을 파괴하면서 여성성과 남성성을 긍정적으로 재규정하고 있는 사례에 속한다.

공공영역에서의 여성 목소리에 대한 Baxter(2006)의 연구는 공적 담화에서 남성적 속성을 지님으로서 성공적 리더십을 확보할 수 있다는 것을 보여준다. 이것은 학계, 국회, 교육, 법정, 미디어, 사업 등에서도 적용된다.

보이지 않는 장벽, 유리천정은 유능한 여성이 남성 우위 직종에서 최고위직으로 올라가는 것을 막는다. 유리천정은 유능한 남성이 여성 우위 직종에서 최고위직으로 승진하는 것도 막는다(McConnell-Ginet, 2000: 260).

유리천정은 학계도 마찬가지이다. 영국 대학교수협의회 통계 (*The Guardian*, 2004)는 지난 10년간 여교수(시간강사포함) 증가율이 43% 증가하였으며 여성 노동자 비율은 전체 노동인구의 40%가 된다고 하였다. 그러나 남교수에 비해 계약직이거나 직급이 낮다.[45] 여교수만의 문제로서 가족부양의무도 제기되었다. 여성이 더 많이 일하는 문화(long hours culture)속에서 여교수가 연구나 회의 참석 및 국내외 네트워크를 구축하는데 지장을 많이 받고 있다.

유리천정이 남녀동등을 외치고 있다하더라도 남녀의 기대치가 다르기 때문에 결과적으로 다르게 평가되고 있기 때문에 존재한다. 근무 성과가 좋게 나타나면 남자는 열심히 일한 결과라고 생각하지만 여성은 운이 좋아서 쉬운 일을 맡았거나 아니면 그 일을 하기 위해 초능력적으로 일한 결과라고 생각하는 경향이 있다.

유리 천정이 존재하게 되는 이유로는 담화를 포함한 전반적인 젠더 관

45) 여교수는 시간강사가 많고 연구보다는 가르치거나 배우고 있는 중이며 평균 월급도 남교수의 85%에 불과하다.

행 때문이다. 이의 개선을 위해서는 언어 인식과 마찬가지로 지속가능한 사회변화를 위한 집단적 정치 행동이 필요하다(McConnell-Ginet, 2000). 유리 천정을 성공적으로 깨는 방법은 어린아이 때 이루어지는 잠재된 젠더 도식을 집단연구를 통해 모두 드러내고 이것을 고치기 위해 집단행동[46]을 하는 것이다(Walsh, 2001).

이러한 여성들의 움직임에 대해 남성들이 기득권 위협을 방어하기 위해 새로운 조직을 만들었다. 이것이 영국하원의 'new lads' 네트워크이다(Walsh, 2001: 99).[47] 이에 대항하여 여성도 대안적 담화패턴과 기준에 입각하여 강한 네트워크를 만들었는데 이것이 북아일랜드여성연대(Northern Ireland's Women's Coalition)이다. 이러한 기득권 고수를 위한 남녀의 집단적 움직임은 일종의 성 전쟁에 가깝다.

남성우위 직종에 여성진출이 늘어난다고 해서 반드시 좋은 것만은 아니다. Reskin & Roos(1990)은 이러한 직종이 저임금, 자율성, 위상 측면에서 남성 기피 직종일 수도 있다고 하였다. 심지어 영국 왕립 의과대학 여학장은 의료직이 여의사 증가로 파워와 위상을 잃게 될 우려가 있다고 경고하였다(*The Guardian*, Aug.2, 2004). 의료기술이나 직업 윤리면에서 여의사가 남의사보다 부족하고 여의사는 가정 때문에 단축근무가 잦고 힘든 분야를 피하기 때문에 의료발전면에서 신규 진출 여의사 비율이 60%이면 의료계의 위상에 위협적 요인이 된다고 하였다.

전문직의 여성화로 인한 접근성이나 기회균등과 같은 문제가 성 전쟁으로까지 치닫고 있다. 케어직종인 초등학교 교사나 간호사는 남성이 근무하게 되면 여성보다 더 존경받지만 근무하기에 쉽지 않다. 남자 간호사

---

46) 여목사나 여성정치인의 증가(Westminster and Northern Ireland Women's Coalition)에 대한 연구가 이를 뒷받침한다.

47) 축구 이야기로 시민과 정부 간의 교량역할을 한다는 취지이나 여기서 시민은 남성을 의미한다.

는 힘이 많이 들거나 비상근무가 많은 응급실과 수술실이나 정신과 근무를 주로 하게 된다. 남자 교사는 남아를 위한 스포츠반 등을 맡아 여교사가 잘 못하는 역할을 해 준다.

최근에는 젠더 인식과 젠더 이슈 외 다양성에 대한 논의가 조직내에서 활발하게 이루어지고 있다. 직장내 워크숍, 구직광고 성표기 제거, 동등한 기회보장 등이 가이드라인 속에 나타나고 있는 점에서 매우 긍정적 현상이다. 그러나 여전히 조직내 담화의 변화가 젠더에 관한 사회변화를 가져올 수 있는가 하는 문제가 남아 있다. 보다 고무적인 것은 젠더 인식도 많이 증진되어 입법조치를 통해 남녀의 기회균등을 위한 노력이 세계 각국에서 진행되고 있는 가운데 이메일 등에서 성 중립적 언어를 사용하도록 장려하고 있는 점이다.

3.3. 직장의 목표에 맞는 커뮤니케이션 전략

남녀 집단 간의 프레이밍 설정 방식 차이에 따른 언어 전략을 3장에서 연구하였다. 일반적으로 남성은 경쟁적 담화 스타일을 사용하고 여성은 협력적(cooperative) 담화 스타일을 좋아한다. 그러나 많은 경우에 있어서 직장 업무 효율성을 높이기 위해 남녀가 이와 같은 성 구분이 엄격한 프레이밍에 따른 언어 전략을 구사하는 것이 아니라는 주장이 최근 대두되고 있다. 비즈니스 의사소통의 젠더 분석에 관한 연구를 한 Mullany(2003, 2006)는 비즈니스 회의에서 기관 조직 내 지위나 업무 면의 개인의 역할이 언어 전략면에서 젠더보다 더 두드러진 역할을 한다고 하였다.

(22) Steve: Do you feel that(-)we need to do perhaps something like (-) the sales department did?
Mike: Set a date to sort it out

Steve: Cos as Sue's quite rightly pointed out, all it's all been done for us and the things etc. why don't we just take advantage of that? (.) Sue's offered her support with perhaps John? (-) Err you know perhaps to run that (.) why don't we just set a date now?

Matt: Yeah

Steve: And say right okay let's do it.

Sue: Just get everybody in

Man: Yeah Mullany(2003: 136)

(22)에서 Steve가 의장으로서 직원회의를 주재하고 있다. 여기서 Steve는 전형적인 여성스런 언어 스타일과 관련된 표현을 많이 한다. 이것은 Holmes의 직설적, 간접적 이분법이나 West의 공격적, 유화적 지시어 이분법과 대조적인 것으로 Steve는 지시를 할 때 협력적, 유화적 전략을 다양하게 구사하고 있다. 예를 들면, 간접표현('perhaps'), 완곡어('you know', 'just') 협력적 라포트 ('we', 'let's')등 남자 매니저가 전형적으로 여성스런 언어 스타일과 관련된 언어 전략을 많이 구사하는 등 직업상 업무 추진과 관련하여 인위적 성 정체성을 만들고 있음을 보여주고 있다.

(23) Phyllis is informing her manager Carrie, the female Chair, of a problem she has with the local media.

Phyllis: I'm still getting a lot of er external like students (.) press getting through

Carrie: Tell the board Mullany(2003: 108)

(23)은 제조회사의 여 매니저 Carrie가 조언을 구하는 직원 Phyllis에게 한 말이다. 애둘러 말하지 않고 강한 톤의 직설적 지시 형태로서 전형적인 남성 언어 스타일을 구사하고 있다. (22)-(23)에서 Carrie와 Steve는 각각

업무상 상대방에게 맞는 적절한 언어 전략을 구사하고 있음을 알 수 있다. 따라서 남녀의 언어 차이를 단순히 젠더 차이라고 규정하는 것은 적절하지 못하다는 것이 (22)-(23)의 보기를 통해 알 수 있다. 그러므로 남녀의 사용 언어차이가 바로 젠더 정체성을 나타낸다는 젠더와 언어 전략 이론은 여기에서는 잘 맞지 않는다.

직장내 언어 스타일은 남녀 차이가 아니라 조직 협력, 성취감, 컨센서스, 동반 성장 등에 따라 커뮤니케이션 전략이 재형성된다. 직장 목표를 달성하기 위하여 남녀가 회사의 분위기나 직원들의 성향에 따라 다른 언어 표현을 구사하기 때문에 기존의 남녀 정체성을 표상하는 언어적 특징이 나타나지 않는다. 여성성 지수가 있는 언어도 과감히 남성도 자유롭게 사용하고 심지어는 여성스런 표현도 남성이 스스럼없이 구사한다는 것이다. 따라서 커뮤니티 관행에 따라 대화자가 각자 다르게 젠더 전형적 언어 표현을 스스로 자유롭게 선택하여 구사한다.

Pat Heim and Deborah Tannen이 만든 비데오[48]는 남녀의 대화 스타일과 행동 차이를 잘 지적한 차이이론에 입각한 보기이다. 여기서 남성은 'I'를 많이 쓰고 여성은 'we'를 많이 쓴다. 여성은 성과를 낮춰 말하고 비단언적인 질문을 많이 하며 의례적인 칭찬, 요식적인 사과가 많다. 이에 반해 남성은 성과를 높여 말하고 의심을 잘 하지 않으며 질문하는 것보다는 대답하기를 좋아하고 사과를 하지 않고 동의표시를 잘 하지 않는 경향이 있다고 말함으로써 성별 화법 차이를 설명하려고 하였다.

그러나 Tannen(1994)의 주장과 다른 일이 실제 벌어지고 있다. 2008 미국 대선 민주당 후보 힐러리는 주로 '나(I)'를 주어로 내세우는 데 비해 오바마는 '우리(we)'를 강조하고 있어 화법면에서 좋은 대조를 이루고 있다.[49] 힐러리가 '나'를 강조하는 것은 대통령 부인과 상원의원 등을 거치며

48) Tannen(1994)을 참고로 하여 만들었음.

형성된 경험에서 나오는 자신감의 표현으로 볼 수 있다. 반면 오바마는 '우리'를 강조하며 유권자와 공감대를 이끌어내는 강점을 보이고 있다.

(24)

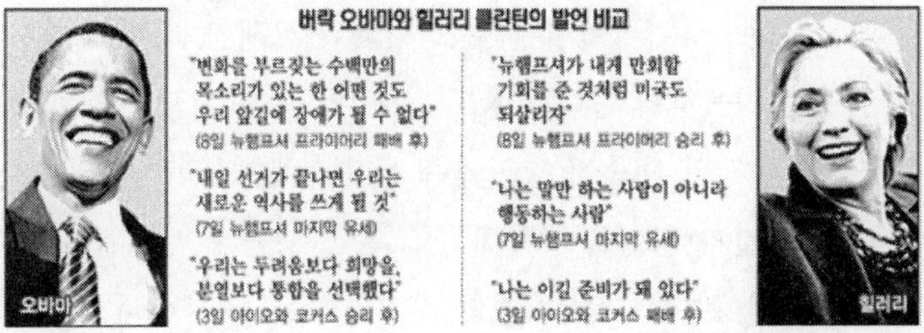

(경향신문, 2008-01-11)

(25) 박근혜

a. (2006 지방선거 유세 중 테러당한 후) "대전은요?"

b. (2007 대선 이회창 출마에 대해)" 정도가 아니라고 본다"

c. "오만의 극치"[50]

d. "참 나쁜 대통령"[51]

(26) 이명박

a. "... 70,80년대 빈둥빈둥 놀면서 혜택 받은 사람..."[52]

b. "애를 낳아봐야 보육을 이야기 할 자격이 있다"

c. "5년 동안 여러분 행복했습니까"[53]

d. "정부부처 통폐합하되 공무원 수를 줄이지는 않겠습니다."

---

49) 힐러리가 이슈와 조직에 의존한 전통적 선거운동을 펼치기 때문에 캠페인이라고 하고, 오바마는 유권자를 감동시키는 대중운동 차원의 접근을 하고 있기 때문에 movement라고 하기도 함.

50) 경선 후 대선 전열 정비를 위해 "이명박 후보를 인정하지 않는 세력은 좌시하지 않겠다"는 이재오의원의 말에 대한 언급임.

51) 노무현 대통령의 4년 연임제 개헌에 대한 언급임.

52) 민주화세력과 박근혜 전대표를 겨냥한 것이 아니냐는 오해를 불러 일으켜 집중포화를 받은 말이다.

53) 대통합민주신당 대통령 후보의 정동영 후보의 '가족이 행복한 나라' 메시지에 빗댄 말이다.

"부동산 거래를 활발하게 하면서 가격을 잡겠습니다."

박근혜는 정곡을 찌르는 은유에 가까운 간명화법으로 리더십을 구축하는 방법을 사용하고 있다. 이에 반해 이명박은 직설적 화법을 사용하며 솔직하고 단도직입적이며 온갖 경험담과 묘사를 하기 좋아하다 보니 말이 길어진다는 평이 있다. (26d)는 이명박 특유의 모순화법으로서 비논리적으로 보이지만 대중적 정서에는 잘 부합된다. (26a, b)는 말실수라기보다 매사에 일과 경험을 중시하는 그의 인생관에 기인된다고 볼 수 있다.

젠더와 언어면에서 두 사람의 정치 언어[54]를 분석해 보면 박근혜는 남성화법(간명)과 여성화법(은유)으로, 이명박은 남성화법(단도직입적)과 여성화법(묘사)으로, 두 사람 모두 때에 따라 남성화법과 여성화법을 골고루 구사함으로써 메시지 전달을 극대화시키는 커뮤니케이션 전략을 사용하고 있다고 볼 수 있다. 이러한 점에서 볼 때 정치언어에서 젠더화법의 구분은 없다. 대중에게 감성적, 이성적 호소력을 최대한 발휘하기 위해 정치인들이 때와 장소에 따라 남성화법과 여성화법을 혼용하여 적절히 구사하고 있음을 알 수 있다.

남녀의 언어차이를 여성의 사회적, 경제적 지위에 따라 차별화 하는 지배이론과 남녀의 문화 차이에 따른 것이라는 차이이론은 직장내 언어 커뮤니케이션 전략에는 잘 맞지 않음이 밝혀졌다. 페미니스트 언어학자들의 주장처럼 직장에서의 성차별은 언어차별로 표면화된 사례가 없지

54) 정치언어에 대해 말하자면 정치인은 두 가지 화술에 능해야 한다. 첫째, 사실에 근거한 강하고 정확한 어조의 직설화법에 능해야 한다. 국정감사에서의 질의, 상임위 회의장에서의 토론, 본회의장에서의 대정부질문, 반대·찬성 토론, 5분발언 등의 화법은 논거가 강하고 직설적이어야 한다. 둘째, 대중연설이나 사적 모임 등에서는 은유와 비유, 풍자를 통해 정치적 대립각을 부드럽게 만드는 친화적 화법에 능해야 한다. 두 가지 화법을 때와 장소에 맞게 적절하게 써야 자신의 정치적 메시지를 잘 전달한다고 할 수 있다.

않지만 최근 여성의 정치 · 경제 · 사회적 진출이 늘어나면서 이러한 성차별 시정이 언어 교정운동으로 확산되어 성차별은 많이 사라졌다.

간호원을 "아가씨"라고 부르지 않고 "간호사"라고 존칭도 바뀌는 등 여성의 인격을 최대한 존중하려는 사회분위기가 이러한 결과를 낳았다. 전체적인 사회규범을 바탕으로 한 성정체성과 언어 커뮤니케이션 전략은 이제 직장 내에서도 업무효율성을 높이고 대중적 인기를 모으기 위하여 고전적 남녀 언어의 특징적 구분들이 사라지고 있다.

남성도 감성적으로 호소가 필요할 때면 여성화법을 쓰고 여성이 직장 내 리더십을 확보하기 위해서 남성화법도 과감하게 사용하는 것이 현명한 언어사용이다. 이제 직장 내 언어 커뮤니케이션 전략은 남녀의 차이가 아닌 업무의 차이나 전달효과를 고려한 언어 사용자의 선택으로 남게 되었다. 따라서 그 때 그때의 상황에 맞는 언어 구사력과 은유적 표현의 전략적 선택은 직장이나 사업의 성공을 위해 필요하다는 것을 알 수 있다.

향후 정치언어에 대한 성 정체성 연구는 본 책에서 대선 후보들을 대상으로 조금 언급하였지만 심층적인 분석을 위해서는 후속 연구가 더 필요하다는 것을 알려둔다.

5장 외국어교육

1절 젠더 교육-영어교육자와 영어학습자가 이해해야 할 젠더[1]

외국어로서 영어를 가르치는 사람은 영어의 젠더[2] 사용이 관사 사용만큼 의외적인 사실에 놀라곤 한다. 이것은 우리말에는 없는 특수한 영어만의 표현이고 영어를 사용하는 사람의 가치관의 반영은 물론 일반적으로 문화적인 개념이 투영되어 있다.

그렇다면 영어를 일상어로 사용하는 사람들의 일상사와 사고에서 젠더가 어떠한 자리를 차지하고 있는가 하는 것은 영어를 가르치는 사람으로서 관심을 가져야 할 분야이다. 왜냐하면 언어는 우리가 생각하고 이해하

1) [영어교육연구]. 2003. 12. 31. 15권 4호. pp.169-190. 팬코리아영어교육학회.
2) 흔히 생물적 남녀의 차이는 'man', 'woman', 젠더적 차이는 'feminine', 'masculine'으로 표현하며 'male'과 'female'는 생물적 차이와 젠더적 차이를 모두 포괄하고 있다.

며 자신이나 사회구성원의 견해를 어떻게 피력할 것인가 하는 폭넓은 이슈를 항상 생각하여야 하므로 젠더에 대한 이해도 중요하다고 볼 수 있다. 언어와 젠더를 이해하기 위해서는 우리가 사용하고 있는 언어가 우리 주변의 환경과 어떠한 관련이 있는지 살펴보는 것이 필요하다.

언어사용 차이에 의한 사물의 투영 방식의 차이는 젠더에도 그대로 반영되고 있다. 젠더의 투영은 실제 언어사용 환경에서 아주 많이 경험할 수 있다. 가령, 우리말에는 젠더가 대명사로서 반드시 존재하지 않지만 영어에서는 반드시 같은 명사가 두 번 나올 때는 한 명사는 대명사로 변형시켜야 한다. 영어의 모든 대명사에는 젠더가 반드시 관계되므로 어느 성을 선택하여야 하는 지에 대한 문제가 영어 학습자에게는 고민이 될 수 있다. 예를 들면, '국가'를 'her'와 'his' 중 어느 대명사로 지칭하느냐에 따라서 의미가 달라진다. 따라서 우리가 외국어 교육을 하는 과정에서 문맥을 정확하게 파악하기 위해서는 이러한 문화적 차이에 의한 젠더 투영을 정확하게 이해하고 가르치는 것이 필요하다

본 책에서는 젠더의 속성, 젠더와 어휘, 젠더와 문법에 관한 문제들을 비교적 자세히 소개하여 외국어로서 영어를 가르치는 사람과 배우는 사람들에게 젠더의 이해를 좀 더 쉽게 할 수 있도록 하는 데 목적을 두고 있다.

1. 젠더의 속성

영어에서 사랑 관계에 있는 사람을 가르치는 말은 다음과 같이 나타낼 수 있다.

(1) my lover;

my partner;
my girlfriend/my boyfriend;
my friend

이 표현은 물론 우리말로 모두 나타낼 수 없는 갭이 있다.[3] 이것은 우리 문화와 영어권 문화가 다르기 때문에 발생한다. 그러나 영어를 사용하는 같은 문화권이라 할지라도 사용하는 사람에 따라 연령, 성적 동기, 메시지의 전달의도 면에서 서로 다르게 사용하고 있다. Harvey(1997)는 보통 남자에게 있어 'girlfriend'는 애인이 젊었음을 시사하고 있고, 'lover'는 지속이지 않은 관계를 의미하며, 'partner'는 좀더 영속적이고 지속적인 관계에 있음을 시사하는 말이라고 한다. 그러나 동성애 관계에 있는 남자들끼리는 이러한 말들이 좀더 다른 의미로 사용되고 있다. 즉, 'boyfriend'가 'lover'보다 연령에 관계없이 좀더 영속적이며 심각한 관계를 나타내는 의미로 사용하고 있다. 그러나 이러한 표현도 인터뷰 결과 환경과 대상에 따라 용어 선택을 달리하고 있다는 것을 Harvey(1997)는 밝히고 있다.

그러나 의미도 시대에 따른 변화를 겪기 마련이다. 새로운 사회관습과 모형에 따라 사람들은 결혼하지 않고 함께 사는 것을 선호하게 되었는데 이것이 바로 'partner'라는 말의 사용을 가능하게 하였다. 언어가 현실성을 반영하게 되어야 좀더 강한 언어가 됨을 세상사의 흐름을 통해 이해할 수 있다. 따라서 외국어 교육시 이러한 의미 차이를 설명하기 위해서는 사회・문화적 이해가 필연적임을 알 수 있다.

다음은 생물적 성과는 관련이 없는 사물을 가리킴에 있어 어떻게 젠더가 언어에 투영되게 되었는지를 살펴보면, 인간은 원래 본질적으로 매우

3) '애인', '그이' 등의 말을 생각해 볼 수 있지만, 우리말에는 'partner'가 일시적인 미팅의 짝 정도로 해석되고 있다. 그리고 'girl friend/boy friend(친구)'와 'boyfriend /girlfriend(애인)'의 차이를 우리말에는 뚜렷한 구분 없이 사용하고 있다. 최근 '여친', '남친'이란 말이 등장하여 다소 변화가 오고 있다.

외롭고 불안정한 존재이어서 언제나 무생물세계에도 인간적인 속성을 투영하려고 한다. 마찬가지로 동물에도 끊임없이 인간이 지니는 특성을 가지고 있다고 믿는데 이것이 동물의 왕국 등의 명칭에도 그대로 투영되고 있다.4)

다음은 영어권 문화에서 동물이 인간에 대해 쓰일 때 어떤 의미로 투영되어 사용되는지 살펴보기로 하자.

(2) He/she is. . .

a snake - 'fake' 가짜의	a rat - 'unreliable' 믿을 수 없는
a fox - 'smart'or 'cunning' 교활한	a cat - 'agile' 민첩한
a lamb - 'innocent' 순진한	a pussycat - 'sexy'or (sometimes) 'easy' 섹시한
a tiger - 'strong' 강한	an owl - 'intelligent' 지적인
a wolf - 'dangerous' 위험한	a dog - 'lazy', 'no manners' 게으른
a shark - 'aggressive' 공격적인	a worm - 'weak' 약한
a pig - 'dirty' 더러운	a mouse - 'smart' 영리한

(2)에서 왼쪽의 동물은 인간의 특질로서 오른쪽과 같은 성격을 지니고 있다고 영어 원어민은 생각하고 있다. 이들 동물에 대한 한국인의 인간 속성의 투영은 (3)과 같다. 예를 들면, 호랑이의 경우 영어민은 '강하다'라고 느끼는 반면 한국인은 '무섭다'는 느낌을 가지게 된다. 따라서 한국인과 영어 원어민의 단어 사용시 의미가 사뭇 다르므로 그 사용의 차이점을 학생들에게 인지시키는 것이 필요하다

4) 이러한 예는 상품의 광고에도 흔히 볼 수 있다.
회사로고의 동물 아이콘 사용의 예:
부엌 제품 -백조
Lloyds TSB Bank - 말
Lynx(물품 배달 서비스)-lynx

(3)[5] 쥐: 보잘 것 없는 작은　양: 매우 순한
올빼미: 야행성의　여우: 변덕이 심한
개: 주인에게 충실한　뱀: 사악한
호랑이: 매우 무서운　벌레: 쓸모없는

이렇게 인간적 특질을 동물과 무생물에 투영하듯이 인간적 속성인 젠더도 동물과 무생물에 투영하고 있다는 점이 영어와 우리말의 차이 중의 하나이므로 우리말의 영어 번역시 이러한 점을 유념할 필요가 있다.

다음 (4a)는 배 진수식에서 흔히 사용하는 의식이다.

(4) a. 'God bless her, and all who sail in her.'
*b. 'God bless it, and all who sail in it.'
*c. 'God bless him, and all who sail in him.'

그러나 진수식 때 영어 원어민 화자들은 (4b)-(4c)와 같은 표현은 쓰지 않는다. 그러나 우리말로 번역한다면 이 세 표현은 동일한 표현이 되므로 이 부분의 이번 영역에 있어서 매우 혼란을 느끼게 된다. 가장 쉬운 방법으로서 남/녀 젠더의 투영을 문법책에 있는 그대로 암기하는 방법을 택하기도 하지만 그에 앞서 젠더의 근본적인 이해가 영어 학습을 더 쉽게 만들 것이다.

Spender(1980)는 자동차와 보트가 남성들의 컨트롤하에 있기 때문에 영어에서 여성으로 표현된다고 한다.[6]

---

5) 이 부분에 대한 해석의 차이는 같은 한국인이라 하더라도 차이가 날 수 있으나 글쓴이의 생각을 반영한 것임을 이해하기 바란다.

6) 우리말에도 자동차를 여성으로 간주하는 경향이 있다.
예: 그 차 잘 빠졌다.
위의 예는 자동차에다 여성의 신체를 나타낼 때 잘 쓰는 말을 사용하고 있음을 알 수 있다.

(5) 'a ship which has given good faithful service for 44 years, and which is still as elegant now as when *she* was commissioned'
(Radio 4 *News*, 12 noon, 10/12/97 in(Goddard & Patterson, 2000: 16))

(6) 'but Britain's been a good boy, hasn't she... or he' (*nervous laughter*)
(*Today* Programme, Radio 4, 9/12/97 in (Goddard & Patterson, 2000: 16))

(6)에서 영국을 'good boy'로 표현하다가 무의식적으로 나오는 'she'에 화자 자신도 당황하여 다시 'he'로 수정하는 혼란이 잘 나타나 있다. 왜냐하면 일반적으로 국가는 다음 신문에서 볼 수 있듯이 여성으로 표현하는 것이 영어 원어민의 사고에 깊이 투영되어 있기 때문이다. 짐작컨대, 국가가 여성으로 표현되는 것은 국가가 국민에게 봉사와 서비스를 제공한다는 점에서 가정에서의 여성의 이미지와 유사하다는 점이 그 이유가 될 수 있을 것이다.

(7) a. America reveals *her* policy on global warming: too little, too late.
b. AMERICA REVEALS *HIS* POLICY ON GLOBAL WARNING: TOO LITTLE, TOO LATE
(Text: /*Independent* headline in (Goddard & Patterson, 2000: 17))

결국 (7a)와 (7b)의 차이는 일반적으로 미국을 나타낼 때는 (7a)와 같이 'her'로 나타내지만 (7b)와 같이 'his'로 나타내게 되면 미국과는 상관없는, 특히 미국 대통령, 즉 특정 남성의 정책을 나타내게 된다.[7)] 이와 같이

7) 그러나 반드시 국가가 'she'로 나타나는 것은 아니다. 2차 대전 당시 독일을 파시스트들이 'Fatherland'라고 불렀다. 이것은 독일이란 국가가 국민을 돌보고 먹을

젠더의 차이로 나타나는 의미차이를 외국어를 가르치는 사람은 학생들에게 전달할 필요가 있다. 그러므로 우리말과 달리 영어 명사에 젠더가 투영되어 있다는 것을 교사 스스로가 인지하고 학생들에게 지도할 필요가 있다. 우리말에서는 젠더의 사용이 명사에서 의무적이지 않다는 점도 우리말과 영어의 중요한 차이가 될 것이다.

다음 (8)-(9)의 예는 국가가 남성이 아닌 중성으로 젠더 표기가 된 경우이다.

이러한 *it* 사용의 최근 추세는 양성평등정책의 영향이라고 여겨진다.

(8) a. 네덜란드에서는 2005년 금연법이 발효될 것이다.
b. The Netherlands will put *its* ban in place in 2005.
(Alvarez, 2003: 1)

(8)에서 볼 수 있듯이 우리말에는 명사에 젠더 표현이 없어 영어 작문을 할 경우 젠더가 명시된 대명사를 쓰지 않기 쉽다. 그러나 영어에는 젠더가 나타나게 되므로 이 점을 학생들에게 주지시킬 필요있다.

(9) a. The European Union, led by David Byrne *its* health commisssioner, passed a law in December.
(Alvarez, 2003: 1)

(9)도 (8)과 마찬가지의 성격을 지닌 예문으로 젠더 표시가 잘 나타나 있다.

것을 제공하는 여성적 특성이 아닌 남성적 특성으로서 국가의 군사력을 나타내기 위함이었다고 한다. 먹을 것을 제공하는 'nurturing'의 의미가 내포된 단어는 'Mother Nature', 낳아주고 길러주는 모성적 사고는 'mother country', 'mother tongue'에서 볼 수 있다.

다음은 영어 명사의 젠더 사용의 보기이다.

(10) Farmer Billy gives *the horse* some carrots. *She* likes carrots very much. *She* is so happy to eat the carrots. (김장수, 2003: 47)

(11) One very sunny Saturday, a skinny snake went on his way. (김장수, 2003: 5)

(12) *He* slid down halls and across floors. 0n the stairs, *he* slid even more. (김장수, 2003: 9)

(13) While sailing down the river Nile, I chanced upon a *crocodile*. I knew *him* by *his* narrow nose, *His* great long head, and scaly "clothes."

(*The Young Children's Encyclopedia*. vol. 3, Encyclopedia Britannica Inc. p. 152)

(14) Did you know that a cricket never opens its mouth to chirp? It raises its stiff, leathery front wings and rubs one over the other to make its high, creaking sound.

(*The Young Children's Encyclopedia*. vol. 3, Encyclopedia Britannica Inc. p. 145)

(15) Curled up in its soft burrow, this shaggy fellow looks gentle and harmless. But when it's hungry, a mongoose is a very dangerous creature. It is bold and it is fast.

(*The Young Children's Encyclopedia.* vol. 10, Encyclopedia Britannica Inc. p. 92)

(16) Many animals have tails. But none use them in as many different ways as monkeys do and no other *monkey* uses *its* tail quite so cleverly as the spider monkey does. *Its* spidery arms and legs(that show *it* got *its* name) help make this furry creature the champion acrobat of the monkey world.

(*The Young Children's Encyclopedia.* vol. 10, Encyclopedia Britannica Inc. p. 98)

(17) A *mosquito* doesn't make *its* humming sound with *its* mouth, as you may suppose.
(*The Young Childern's Encyclopedia* vol. 10. Encyclopedia Brittannica. Inc. p. 110)

위의 예문 (10)-(17)의 동물이 각각 다른 젠더를 사용하고 있다. 인간의 젠더 투영의 차이는 문화적인 차이에서 비롯된다는 것을 학생들에게 이해시키도록 한다. 특히 동화책이나 시에는 젠더 투영이 매우 다양하게 나타나며 실제 영어 작문에서 이러한 젠더를 의식하지 않고 생략하여 잘못된 문장을 쓸 수 있으므로 주의가 필요하다. 이 부분을 교육하기 위해서 괄호로 표기하여 학생들에게 젠더를 채워 넣도록 하는 것도 한 방법이 될 것이다. 이것은 한영 번역시 많은 주의가 필요한 부분이기도 하다. 우리가 일상적으로 많이 사용하는 'mother'에서 'mother country', 'mother tongue'이 유래되었다. 'mother'는 엄하고 권위주의적이며 비인간적인 면을 가진 'Father Time'과는 다른 본래의 다정한 아름다운 모습으로 'godmother'에서 그 면모를 보여주기도 한다.

(18) *Time* hath, my lord, a wallet at *his* back,
wherein *he* puts alms for oblivion,
A great-sized monster of ingratitudes;
Those scraps are good deeds past; which are devoured
As fast as they are made, forgot as soon
As done.
(Shakespeare, *Troilus and Cressida*, Act III, iii, pp.145-150 in (Goddard & Patterson, 2000: 18)

(18)에서는 'time'이 'his', 'he'로 나타나고 있다. 그러므로 영시를 가르치거나 한국시를 영시로 번역하고자 할 때에는 문맥에 따라 달라지는 젠

더를 적절히 사용해야 됨을 알 수 있다.

그 외에도 'cock' and 'hen' stone처럼 높낮이가 다른 가장자리 처리를 의미할 때도 젠더를 투영하여 사용하며 운율을 표시할 때도 남성운율과 여성운율로 구분하기도 한다.

(19) 'Tis spring, come out to ramble (Female)
The hilly brakes around, (Male)
For under thorn and bramble (Female)
About the hollow ground (Male)
The remorses are found. (Male)

(Horwood, 1971: 56)

이와 같이 젠더의 투영은 언어사용의 실제에서 아주 많이 경험할 수 있다. 그러므로 우리가 외국어 교육을 하는 과정에서 문맥을 정확하게 파악하기 위해서는 이러한 문화적 차이에 의한 젠더 투영을 정확하게 이해하고 가르치는 것이 필요하다는 것을 위의 예를 통해 알 수 있다.

2. 젠더와 어휘

고정적, 불변적 속성을 지닌 생물적 성인 'sex'와는 달리 젠더는 사회적 행동의 일부로서 형성된다. 젠더도 남성과 여성의 특질과 특성에 대한 사회적 인식의 변화로 변화를 거듭하고 있다.

'bald'란 단어는 청년과 노인에게 있어 각각 그 함축적 의미가 다르다. 한 쪽은 머리를 삭발한 것이고, 한 쪽은 머리가 빠져서 한 올이라도 남은 머리를 애지중지 한다는 점에서 다를 것이다. 'childless'와 'childfree'의 차이도 외연적 의미는 같지만 내포적 의미는 다르다고 볼 수 있다. 즉, 아이가 없는 것은 같지만 아이를 갖고 싶어도 못 가지는 것과 아이를 갖지 않으려고 해서 아이가 없는 것은 다르기 때문이다. 또한 'bachelor'와 'spinster'에도 그 숨은 의미가 다르다. 남성 독신자가 성적 자유를 누리고 있는 긍정적인 의미로 사용되는 반면 여성 독신자는 적령기가 지나도록 결혼할 상대를 구하지 못해 애를 태우는 부정적 의미가 있다. 이렇게 같은 상황이지만 전달의미가 다른 것은 어떻게 설명해야 좋을 지에 대한 사회적 인식의 차이로 설명할 수밖에 없을 것이다.

실제 우리가 남성적, 여성적 특질이라고 생각하는 것은 우리들의 생각에서 비롯된다. 다음 용어는 남성과 여성, 어느 쪽에 더 많이 쓰이느냐에 따라 젠더를 구분한 것이다.[8)]

(20)[9)]

M	F	Both
tactful, dominant	emotional, bimbo	dominant, emotional
independent[10)], capable	neat, hysterical	impassive, capable
competitive, ambitious	beautiful, slim	competitive[11)], ambitious
physique athletic,	tearful, agile	athletic, agile
handsome	pretty, nurturing	*handsome[12)], bright

8) Herriman(1998)은 5000만 단어를 이렇게 남녀의 특질을 중심으로 분류하였다. 그러나 본 논문은 이것을 그대로 따른 것은 아님을 밝혀둔다.
9) 이 예문은 저자가 원어민의 도움을 받아 직접 형용사의 젠더 구분을 해 본 것이다.
10) Morgan(1986: 179)은 위의 줄친 단어군의 특질을 남성의 '리더와 정책 결정자'로서의 특성과 여성의 '충실한 지지자 및 추종자'로서의 특성에 의한 구분이라 고 보았다.
11) 보통 남자를 가리킬 때 많이 사용된다.
12) 보통 남자에게 많이 사용한다. *표시는 의미함축의 차이가 존재하는 것을 말한다.
여성 남성

strong, impassive	chatty, gentle	gentle, impassive
intellectual, rugged	kind, graceful	kind, intellectual
muscular, ambitious	figure, controlled	controlled, ambitious
well-built, hunk	elegant, fragile	*well-built
aggressive, emphatic	neat, buxom	emphatic
		neurotic

위에서 본대로 영어의 형용사가 젠더와 밀접한 관련이 있다면 명사의 젠더에 잘 맞는 형용사를 사용하는 것이 보다 좋은 표현이 될 것이다. 예를 들면, '말 많은 남자'라는 한국어를 영어로 번역하거나 그러한 뜻으로 말하고자 한다면 'chatty man'보다는 'talkative man'이 좀 더 영어의 젠더를 살리는 표현이 될 것이다.

외국어인 영어를 가르칠 때 이러한 젠더의 차이에 의한 형용사의 차이를 무시할 수는 없으리라고 여겨진다. 표현력의 측면에서 생각해 볼 수 있는 중요한 항목의 하나가 될 수 있다. *dominant, musular* 등과 같이 남성적 속성을 나타내는 형용사를 여성명사 앞에 사용하는 경우 외연적 의미 이외에도 다른 내포적 의미를 전달할 수 있어서 좀더 여성적인 가치를 존중하는 여성청자에게 화자의 말이 불쾌하게 여겨질 수 있다.

언어는 감정전달 효과가 크기 때문에 용어 선택이 잘못 될 경우 화자의 의도하는 바와는 정반대의 대화 반응이 나타날 수 있다. '어' 다르고 '아' 다르다는 말을 우리는 종종 듣고 있으며 우리는 조그만 말에도 감정이 상하는 수가 있다. 우리가 모르고 하는 무심코 버린 말이 상대방의 마음속에는 깊이 자리 잡을 수 있다고 하는 것은 외국어나 한국어나 언어를 사용하는 사람들이 모두 유념하여야 할 사항이라고 본다. 일반적으로 실제

---

handsome: good-looking but not pretty	good-looking
well-built: buxom (even fat)	a well developed physique

젠더 교육은 어릴 적부터 이루어지고 있어 젠더에 따라 장난감의 종류뿐만 아니라 색상까지도 달라지는 것을 볼 수 있다. 또한 광고에 있어서도 남녀의 표현방법의 차이가 나타나게 된다. 젠더 차이에 대한 어릴 적 교육은 남녀의 사회적 역할에 대한 교육으로 시대에 따라 변화를 거듭해 오고 있으며 비단 어릴 때만 아니라 평생 동안 언어나 이미지를 통해 강화되는 특성을 가지고 있다.

따라서 젠더가 실제 세계에 만연하게 존재한다면 소설의 세계에도 마찬가지로 사회적 리얼리티로서 젠더가 반영됨을 알 수 있다. 다음 소설에서처럼 만약 우리가 젠더를 서로 바꾸어 글을 써 보면 어떤 효과가 나게 될지 생각해 보자.

(21) 'No!' he broke out, turning stumbling away. She pulled him back towards her, slamming him against her so abruptly that he fell, his face in her throat, his nostrils filling with the scent of her brown skin. Her hand gripped his back in a convulsive movement, the muscular tension of her body pressing against him.

(Lamb, 1980: 64-65)

(21)에서 우리는 연약한 남성과 근육질의 여성의 몸 등의 표현을 통해 남녀의 젠더가 바뀜으로써 실제 사회와 다른 어색한 느낌이 들게 된다. 이러한 느낌은 우리 자신이 스스로 일상에 근거하여 젠더 구분을 하고 있다는 것을 말해 주고 있다. 그리고 남녀가 자기묘사를 할 때 어떻게 하는가를 생각해 볼 때 우리는 일정한 패턴을 연상할 수 있으며 일정한 방식으로 남녀가 서로 다르게 기술되고 있음을 알 수 있다.

다음은 파트너 찾기 광고의 차이를 젠더 관점에서 살펴본 것이다.

(22) 여성의 광고

Female, good-body work, excellent suspension, goes when revved up, seeks male 24-30 to tinker with old banger.[12)]

(Goddard & Patterson, 2000: 44)

(23) 남성의 광고

Martin, single, 33, 6ft, OHOC[13)], short hair, blue eyes, well-built, looking for slim-medium female, honest, reliable and caring 24-33 for friendship maybe more. Single parents welcome.

(Goddard & Patterson, 2000: 44)

(22)-(23)의 예를 통해 언어와 이미지에 대한 젠더의 특성에 대해 잘 알 수 있다. (22)-(23)는 젠더와 언어사용의 관련성을 잘 보여 주고 있다. (22)의 광고를 보면 남성편력이 심한 'prostitute'의 이미지를 광고상의 여성이 주고 있는 반면, (23)에서는 전통적인 순종형의 여성을 찾고 있는 남성 우월적 사고를 가진 남자 이미지를 보여 준다. 이것은 전형적인 성편견적 시각에 바탕을 둔 광고이다. 모두 회화체 스타일로 되어 있어서 (22)에 사용된 어휘표현은 성에 대한 상징적 암시가 많이 나타나는 것이 그 특징이다.

젠더에 따른 용어 선택의 차이를 통해 우리가 생각하여야 할 점은 외국어 학습이나 번역시 젠더는 사회 계층, 연령, 문화 등과 함께 다루어야 할 중요한 학습 항목의 하나임을 알 수 있다.

다음은 연령에 따른 언어표현 차이를 보면서 외국어 학습을 생각해 보자.

12) 여기서 이 뜻은 'old car'나 'like to fuck many times'의 의미로 쓰이고 있다.

13) OHOC는 London's Evening Standard에 따르면 개인 광고를 보는 대부분의 여성이 잘생긴 남자, 즉 OHOT(own hair, own teeth)보다 돈 많은 남자, 즉 OHOC(own house, own car)를 더 선호한다고 한다. 또한 OHOC는 'only heterosexual, only christian or only cocasion (means white person)'을 의미하기도 한다.

(24) Group 1

I can't get my brain[14] into gear

I'm only firing on two cylinders

I'm a bit rusty

I need to get the cogs turning

Group 2

my memory is full

let me process the information

I'm in active mode today

I need to switch off for a minute

(Goddard & Patterson, 2000: 49)

(24)에서 1군과 2군의 차이는 1군의 표현을 하는 사람은 구기술에 익숙한 군이고 2군은 컴퓨터 같은 신기술에 익숙한 군에 속한 사람들이라는 것을 알 수 있다. 따라서 우리가 글쓰기를 가르칠 때 문법성에 대한 지식 못지않게 우리의 사고방식까지도 일관된 패턴을 유지하여 나타내도록 지도하는 것이 바람직하다.

다음은 문화에 따른 젠더 인식의 차이로서 젠더가 사회ㆍ정치적 구조와의 관련성을 가지고 있음을 보여주고 있다. 'working mother'은 유표어이다. 그 이유는 어머니의 기준은 집에서 아이들을 돌보고 있는 사람이라는 인식이 자리 잡고 있기 때문이다. 'single mother'도 'mother'의 기준이 결혼한 배우자나 파트너가 있는 사람이기 때문에 유표어이다. 그리고 'godmother', 'stepmother', 'foster mother', 'housemother', 'adoptive mother'는 모두 생모는 아니지만 아이들을 돌보는 사람을 말하며, 'biological mother', 'surrogate mother'은 낳은 어머니라는 사실만 갖지

14) 머리를 기계에 비유하고 있다.

모두 유표어이므로 'mother'의 무표적 의미는 아이를 낳아 집에서 그 아이를 직접 키우고 돌보며 월급을 받지 않는 사람을 의미한다. 따라서 사회적 기준이 무엇이냐에 따라 유표어, 무표어 사용이 젠더에 따라 달라지고 있음을 외국어 학습시 우리가 지도하여야 할 것이다. 우리말의 '생모'를 표현할 때 'real mother'이 아니고 'biological mother'이다. '대리모(surrogate mother)'는 좀 더 다른 복합적인 의미를 지닌다.

(25) male nurse, male prostitute, woman doctor, woman priest male secretary, male model, toy boy, career girl

(Goddard & Patterson, 2000: 61)

(25)의 예들은 젠더의 사회 · 정치적 구조적 인식 차이에 의한 유표어(marked)를 보여주고 있다. 이러한 유표어의 문제점은 남녀의 사회적 역할에 대한 잘못된 모델을 인식시켜 준다는 점에 있다. 무표어는 정상적인 것을, 유표어는 비정상적인 것을 나타낸다면 '워킹 맘(working mother)'과 '한 부모(single mother)'는 비정상적인 어머니를 나타내는 문제점이 있다.

이러한 유표어/무표어의 사회 · 정치적 구분의 유형은 다음과 같은 활동면에서도 잘 나타난다.

(26) male nurse, male prostitute
male secretary, male model
woman priest, woman doctor
lady mayor, lady judge
career girl, toy boy

(Goddard & Patterson, 2000: 61)

이러한 유형의 성차별적 젠더 구분은 여성의 사회진출로 활동상의 남녀 구분이 적어지고, 사회적 차별이 해소됨에 따라 줄어들게 되었다. 언어상의 성차별을 없애기 위한 의식적 노력은 언어사용면의 교정이란 정치적 과정을 겪게 되었다. 1975년 성차별과 연령 차별적 어휘를 없애기 위한 미국 노동부의 직업 명칭 개정은 정치적 언어교정의 한 사례라고 볼 수 있다.

(27)

기존 용어	개정 용어
airline steward, stewardess	flight attendant
junior executive	executive trainee
camera man	camera operator
office girl, boy	office helper
foreman	supervisor
salesman	salesperson
seamstress	sewer
signalman	signaller
watchman	guard
draftsman	drafter
repariman	repairer
fireman	firefighter
spokesman	spokesperson
policeman	police officer
chairman	chairperson, chair
housewife	house manager

(Goddard & Patterson, 2000: 74)

미국 노동부의 정치적 노력으로 얻은 어휘변화의 흐름을 외국어를 배우는 학생들에게 가르쳐 주는 것이 필요하다. 실제 우리가 대하는 영어 문장 속에는 이러한 시대적 흐름을 모르면 용어 사용상의 혼동을 가져올 수 있다. 우리가 대하는 영어 문장들은 미국 노동부 개정 이전에 쓰인 자료들도 많기 때문에 사전적 영어 어휘를 그대로 받아들이기 쉬워 용어 사용상의 혼돈이 예상된다. 학생들로 하여금 언어 사용상의 오류를 막고 한국어 어휘 사용시 이러한 성차별적, 연령 차별적 언어의 사용을 자제하게 함으로써 학생들의 성평등적 사고 형성에도 도움을 주게 된다.

3. 젠더와 문법

젠더상의 발음 차이는 어느 정도 일관성을 가지고 있으나 젠더와 문법은 일반화하기 어려운 문제가 있을 수 있다. 왜냐하면 젠더와 문법에 관한 사항은 성찰에 의한 것이라서 실제 실험 결과는 정반대의 결과가 나올 수도 있기 때문이다.[15)]

Cheshire(1982: 153-154)는 노동계층이 많이 사는 영국 Reading 지역의 사춘기 소년, 소녀를 대상으로 비표준어 사용의 사례를 제시하였다. 이들은 노동계층이 '지방문화'된 용어를 많이 사용하고 있음을 알았다. 비표준어를 많이 쓰는 이 지역 노동계층의 언어적 특징을 살펴보면 다음과 같다. 학생들에게 외국어를 가르칠 때 비표준어의 사용을 흔히 소설이나 영화에서 볼 수 있지만 이것이 표준어와 어떻게 다르며 성별 면에서 어떠한 차이가 있는지를 함께 찾아보거나 소설속의 비표준어를 학생들이 찾아내고 젠더와의 상관관계를 리포트를 써내라고 한다면 외국어 학습에

15) 화자의 젠더는 문법형태에 영향을 미치는 여러 요소들 중의 하나이다. 그 외 요소로서 대화상대, 문맥, 화자의 의도, 목표 등이 해당된다. 그러나 이러한 요소가 화자의 언어 사용에 영향을 미치는 것을 파악하기란 여간 어려운 일이 아니다.

매우 도움이 될 것이다.

(28) 비표준어 사용의 예:

a. 3인칭 단수가 아닌 주어에 현재 시제 표시 ‘s’

“We goes shopping on Saturday.”

b. 1, 2 인칭 주어에 Has 사용

“We has a little fire keep us warm.”

c. 2인칭 주어에 Was 사용

“You was outside.”

d. 복수 부정

“I’m not going nowhere.”

e. “didn’t” 대신에 never done 사용

“I never done it. It was him.”

f. who, whom, which, that 대신 what 사용

“Are you the boy what’s just come?”

g. 삼인칭 주어에 조동사 do 사용

“How much do he want for it?”

h. 과거 시제로 come 사용

“I come down here yesterday.”

i. have의 부정어로 ain’t 사용

“I ain’t got any.”

j. 조동사 be의 부정어로 ain’t 사용

“I ain’t going to help.”

k. 계사(copular)의 부정어로 ain’t 사용

“It’s her proper name, ain’t it?”

(Bonvillain, 2003: 190-191)

조사결과 Reading 지역의 남학생들은 do를 제외하고 비표준어를 여학생보다 더 많이 사용하는 것이 밝혀졌다. 물론 놀라운 사실은 아니지만

이것은 일반적으로 여성이 남성보다 더 많이 표준어를 사용한다는 것을 뒷받침하여 준다.

(29) 비표준어 자질 사용시 젠더 차이

표 1. 젠더별 비표준어 사용 빈도

	남학생	여학생
비표준어 s	53.16	52.04
비표준어 has	54.76	51.61
중복 부정	88.15	73.58
비표준어 never	46.84	40.00
비표준어 what	36.36	14.58
비표준어 do	57.69	78.95
비표준어 come	100.00	75.33
ain't= "have"	92.00	64.58
ain't= "be"	74.19	42.11
ain't= copula	85.83	61.18

다음의 도표는 모범 소녀 그룹과 보통 소녀 그룹과의 비표준어 사용의 비교이다.

표 2. 젠더별 비표준어 사용 비율

	모범여학생	보통여학생
비표준어 s	25.84	57.27
비표준어 was	63.64	80.95
중복부정	12.50	58.70
비표준어 never	45.45	41.07
비표준어 what	33.33	5.56
비표준어 come	30.77	90.63
ain't= copula	14.29	67.12

표 3. 비표준화 형태 유형상 문체변이 (1)

	지방방언	학교방언
비표준어 s	57.03	31.49
비표준어 has	46.43	35.71
비표준 was	91.67	88.57

표 4. 비표준화 형태 유형상 문체변이 (2)

중복 부정	90.70	66.67
비표준어 never	49.21	15.38
비표준어 what	50.00	54.55
비표준어 do	·	·
비표준어 come	100.00	100.00
ain't= "have"	93.02	100.00
ain't= copula	74.47	77.78

위의 도표에서 알 수 있듯이 여성은 표준어를 사용하여 사회적 신분을 상승시키려는 욕구가 남성보다 더 강하고 사회적 언어 권위의 표상인 표준어를 더 선호하는 경향이 있음을 남녀의 비표준어 사용의 차이를 통해 잘 보여주고 있다.

비록 이것은 외국의 사례이지만 이러한 남녀 학생의 문법 실현 정도의 차이가 한국의 남녀 학생에게도 발견될 수 있다면 의미 있는 결과를 예측할 수 있다. 그리하여 성 일반적(gender-neutral)지도보다 성별 특성적(gender-specific) 지도를 함으로써 학생의 발음 수정이나 문법 교정을 더 효율적으로 교육할 수 있다.16)

그 밖의 문법상의 젠더 차이는 Lakoff(1975: 16-17)의 부가의문문 사용의 예를 들 수 있다. Lakoff에 따르면, 부가의문문은 직접적이고 직설적인 주장 대신 상대방과의 의견충돌을 피하기 위해 일반적으로 여성이 많이 사용하는 구문이라고 하였다. 그러나 이에 대한 반증으로 명령이나 비난을 Dubois와 Crouch(1975)는 젠더 간 부가의문문 사용에 대한 선호의 차이는 없다고 반증 하였다. Holmes(1984: 53)도 부가의문문이 문맥이나 목적에 따라 젠더 간의 사용의 차이가 있을 따름이지 단순히 여성이 부가의문문을 더 많이 사용한다는 논지에는 이견을 표시하였다.

16) 이러한 성 일반 지도 및 평가에서 성 특정적 지도 및 평가로의 변화는 사회 각계의 여러 분야에서 적용되고 있어(예를 들면, 복지 정책 등) 일선 영어 교사들이 한 번 시도해 봄직하다.

Holmes는 화자중심적 시각에서 상대방에게 정보를 알아내기 위해서나 상대방에게 화자가 잘 모르는 말을 확인하기 위해 사용하는 다음과 같은 부가의문문을 "양태 부가의문문(modal tag)"이라고 구분하였다.

(30) 양태 부가의문문: She's coming around noon, isn't she?

(31) 정의적 부가의문문 :

a. You're driving rather fast, aren't you?

b. Still working hard at your office, are you?

(Holmes, 1984: 53)

우리는 청자 중심의 정의적 부가의문문인 (31a) 문장의 기능을 명령이나 비난을 부드럽게 하기 위한 담화 유화적 기능으로 보고 (31b) 문장의 기능을 상대방에게 말을 걸기 위한 담화촉진 기능으로 본다.

양태 부가의문문은 정보의 진위를 상대방에게 물어 보는 성격인 반면 정의적 부가의문문은(Affective tag) 상대방의 호감을 사기 위하여 정보의 진위에 대한 확인과는 상관없이 사용된다.

Holmes는 남성과 여성의 부가의문문 사용의 차이를 설명하면서 남성은 주로 정보를 구하거나 정보를 확인하기 위해 사용하는 화자중심의 부가 의문문을 사용하는데 비해 여성은 청자 중심의 부가의문문을 사용한다고 하였다.

(32)

표 5. 부가 의문문 사용횟수

부가 의문문 유형과 기능	여성	남성
양태 부가의문문(정보 확인)	18(35%)	24(61%)
정의적부가의문문		
담화촉진기능	30(59%)	10(25%)
담화유화기능	3(6%)	5(13%)
합 계	51	39

그러나 Holmes과 같이 남녀의 부가의문문 사용이 단순한 젠더 구분이 아니라 부가의문문의 기능에 의해 구분되어야 한다는 것이 바람직하다. 이에 대한 보기로 Cameron et al.(1998: 89)는 다음과 같은 통계를 제시하였다.

(33)

표 6. 젠더 역할별 부가의문문

	여성		남성	
	사회적 강자	사회적 약자	사회적 강자	사회적 약자
양태 기능	3 (5%)	9 (15%)	10 (18%)	16(29%)
정의적기능	·	·	·	·
담화촉진기능	43 (70%)	0	25 (45%)	0
담화유화기능	6 (10%)	0	4 (7%)	0
합계	여성: 61		남성: 55	

(Bonvillain, 2003: 193)

(33)에서 물론 여성이 남성보다 부가의문문 사용횟수는 조금 더 많으나 전체적으로 볼 때 사용횟수의 차이는 미미하다. 그러나 단순한 정보를 구하는 양태 기능의 부가의문문을 여성도 사용하고 있다고 볼 때 양태 기능과 정의적 기능의 차이로 젠더 구분을 하는 것보다 누가 어떠한 사회적 힘을 가지고 있느냐에 따라 구분하는 것이 더 바람직하다.[17)]

따라서 우리는 외국어 교육을 할 때 상대방의 동의나 의견을 구하는 부가의문문의 단순한 기능만을 가르칠 것이 아니라 이에 따른 상황적 의미까지도 지도할 필요가 있다. 또한 젠더에 따라 어떻게 다른 용례로 많이 쓰일 수 있는 지를 살펴보도록 부가의문문의 형식이나 요건을 지도한다면 무조건 회화를 암기하게 하는 것보다 학생들의 흥미를 더 끌 수 있다.

17) 사회적 강자의 지위를 가지고 있는 남성은 양태 부가의문문을 남녀 청자에게 18:5의 비율로 사용하고 있으며 사회적 약자로서 지위가 낮은 여성이 남녀 청자에게 사용하는 정의적 부가의문문은 80: 52의 비율로 사용되고 있다.

이러한 선지식을 가지고 있을 때 학생들은 실제 외국인과의 대화나 소설, 영화 등 기타 매체를 통해 영어 학습을 하는 경우 부가의문문에 대해 상당한 관심을 가지고 주의깊게 보거나 듣게 되어 학생들이 부가의문문을 사용할 때도 전달하고자 하는 의미를 상황에 맞추어 정확하게 전달하는 학습효과를 거둘 수 있을 것이다.

외국어 교육에서 젠더도 영어의 관사처럼 우리말에는 없는 표현이어서 학습자들에게 혼란을 주는 일이 많다. 관사와 젠더가 내재된 대명사는 모두 영어 명사 앞에 올 수 있는 문법적 요소이다. '배나 국가는 여성취급을 하고 대표단수는 남성이다'라고 가르치는 대신에 젠더의 기본적 특성부터 가르친다면 영어가 좀더 쉽게 느껴지고 배워보고 싶다는 생각이 들게 된다. 외국어로서 영어를 가르치는 사람은 대명사의 젠더 사용이 관사 사용만큼 의외적인 사실에 놀라곤 한다. 이것은 우리말에는 없는 특수한 영어만의 표현이고 젠더를 사용하는 사람의 가치관의 반영은 물론 일반적으로 문화적인 개념이 젠더에 투영되어 있기 때문이다.

젠더에 따른 대명사 차이를 통해 우리가 생각하여야 할 점은 외국어 학습이나 번역시 젠더는 사회 계층, 연령, 문화 등과 함께 다루어야 할 중요한 학습 항목의 하나임을 알 수 있다. 한영 번역 시 젠더를 어떻게 사용하느냐 하는 것은 영어 문장의 복원력 향상을 위해 매우 중요하다. 젠더의 올바른 사용은 목표 외국어의 사회·문화적 배경을 이해하지 않으면 힘들어진다. 콩글리쉬는 영어와 우리말의 차이를 모르고 사회·문화적 배경의 몰이해로부터 만들어지는 것이다. 이제부터 외국어교육현장에서 우리가 소홀히 해왔던 작은 문화개념의 차이부터 차근차근 가르치면서 학습자의 흥미를 잃지 않도록 유의해 보는 것도 지구촌시대의 외국어교육의 한 방법이 될 수 있을 것이다.

본 책은 영어 교육자나 영어 학습자의 영어 젠더의 이해와 그 사용을 돕고자 쓰여졌으며 이 부분에 대한 논의는 앞으로 영어교육 부문에서 계속되어져야 한다고 생각한다.

2절 고등학교 영어동화 교육[18] -언어 및 젠더 분석을 통한 수업방안

유아기는 전 생애를 통하여 가장 짧은 기간 동안에 가장 많은 것을 배우는 기간이다. 이 기간은 인간의 행동양식의 기초가 형성되는 시기인 동시에 언어발달에 대한 민감기이다. 이 시기에 습득하는 언어는 각 개인의 사회적, 정치적, 문화적, 심리적 생활에 영향을 미치기 때문에 제 2 외국어 교육 측면에서도 중요한 시기이다.

어린이 교육을 위한 동화는 시대와 작가에 따라 조금씩 변화하면서 작가의 사회적 가치관이나 시대성을 반영해 왔다. 어린이들의 생활에 있어 동화는 가장 중요한 사회화 현상중의 하나이다. 어린이들에 대한 동화의 영향력은 어릴 때 독서를 통하여 무의식중에 받아들이는데서 생긴다.

지금까지 우리는 동화를 언어와 젠더 관점에서 연구하지 않았다. 하나의 이야기에 대해 그 메시지가 무엇이든 이것을 표현하는 방법은 다양하다. 이러한 이유 때문에 스토리텔링에서 언어 선택은 늘 중요하다. 동화에서 작가가 제시하는 세계관이나 젠더 관점은 코드화되므로 동화를 읽으면서 받아들인 젠더 관점은 일생동안 영향을 미치게 된다. 이러한 동화의 사회적 중요성 때문에 동화의 젠더 관점 분석은 동화가 유아들에게 미칠 결과까지 예상가능하게 만든다.

이러한 점에서 언어형성기나 가치관 형성기인 유아를 대상으로 하는 동화를 젠더관점에서 토론하고 이것을 재창조하여 새로운 이야기를 동화로 써보게 하는 작업은 영어를 모국어로 하지 않는 국가에서 젠더를 가르

18) [외국어연구논집]. 2009. 제23권. pp.121-151. 부산외대 어문학연구소.

치는 데 이해력과 통찰력이 부족한 유아기보다는 분석력과 창의력이 풍부한 고등학교 영어 교과과정에서 더 효과적임을 알 수 있다. 고등학교 영어 수업에 동화를 가르치는 이유는 동화가 가지는 사회적 특성을 이해하고 아울러 영어 표현의 다양성을 익히는데 좋다. 특히 동화가 영미권의 유아기 교육을 목표로 하지만[19] 동화교육은 유아만 대상이 아니라 성인도 그 대상이 됨을 유의할 필요가 있다. 인터넷에 들어가 보면 동화읽는 어른모임[20]이 많은 것을 알 수 있다. 동화에 관한 홈페이지나 인터넷 동화 토론방(http://www.surlalunefairytales.com)에는 동화가 어린이에게 미치는 영향과 어린이의 사회화를 돕기 위한 동화에 대한 성인들의 인식을 자유롭게 올려놓고 있다.

젠더는 많은 동화에서 전형적으로 묘사되고 있다. 동화의 젠더 관점은 작가의 언어 선택적 파워를 통해 성에 대한 사회 관습을 유지하거나 사회적 저항을 표현하기도 하므로 작가가 살았던 동시대의 젠더 이데올로기

19) 유아기 언어 습득의 중요성에 따라 최근 유아교육현장에서는 과거의 수동적이고 지시적인 교수학습 방법에서 벗어나 언어발달을 효율적으로 도와 줄 수 있는 수업방안이 제시되고 있다. 이러한 교육패러다임의 전환에 따라 제 2 외국어 교육이 멀티미디어 매체를 활용한 애니메이션 형태의 동화를 중심으로 이루어지고 있다. 이것은 동화가 어린이들에게 있어 효과적 교수매체임이 입증되고 있다 (Cullinan, 1994; Cullinan & Galda, 1994; Glazer, 1991; Routman, 1998). 동화는 언어능력에 영향을 미치며 어휘력이 부족하거나 적절한 문장규칙을 사용하는 데 미숙한 유아에게 동화는 아름다운 삽화가 기억력을 풍부하게 해주며 상상력과 창의성의 증진을 도와준다.

20) 전국적으로 많은 지역에 '동화 읽는 어른 모임'이 있다. '어른'에 견주어 약자인 '어린이'를 이해하고 어린이가 살아가는 세상을 건강하게 가꾸어가는 것이 참되게 사는 길이라 나는 생각한다. 어린이와 같이 사회적 약자인 외국인 노동자, 여성, 비정규직 노동자, 소수자, 그리고 작은 생명체까지도. 활동하면서 이런 가치를 세상에서 몸으로 실천하고 있는 사람들을 만나고 그이들과 함께 할 수 있다는 것만으로도 신났다. 동화 읽는 어른모임이 있는 한 어느 곳으로 이사를 하더라도 그곳이 정말 좋은 동네가 될 것이라고 생각한다.
(http://www.childbook.org/mag/index.php? cmd= read&id=2398)

적 정황을 알게 해 준다. 남성지배적 세상에 대한 의도적 반발이 작가에 의해 꾸며지기도 하고 때로는 페미니스트들이 정치적 교정을 하기도 한다.

영어 수업에서 동화를 다룰 시 똑같은 이야기를 다룬 여러 작가들의 동화를 분석하여 줄거리의 차이보다 언어 분석에 역점을 두고 개별 단어에서부터 문장의 다단계 구조 분석과 담화 양상을 분석하도록 하고[21] 특히 젠더관계가 나타난 담화의 진전에 비중을 둔다.

여기서는 여러 시대를 거치면서 많은 작가가 써낸 Little Red Riding Hood(LRRH) 를 통해 고등학교 영어 교과시간에 영어 동화가 지니는 젠더 관점 차이를 가르침으로써 영어 실력 향상은 물론 작가의 이데올로기적 성향을 이해하고 변화하고 있는 사회요구가 어떻게 동화속에서 반영되는지를 살펴보고자 한다. 이 동화는 원래 프랑스 구전에서 시작하여 300년이나 내려오면서 많은 작가가 저마다 다른 내용과 문체로 써내려 왔기 때문에 동화속에 나타난 젠더관점을 이해하기에 좋은 작품이라고 여겨진다.

참고로 효과적 동화 교수 · 학습 단계는 다음과 같다.

▸ 영어 동화 단계별 학습내용과 학습효과

학습내용	학습효과
1.텍스트 구성이해 및 분석	-일정분량의 텍스트 듣기, 비판적으로 읽기 -텍스트에 담긴 아이디어, 정보, 관점 이해 -비유적 표현 찾기, 대안 적 읽기 및 텍스트 구성
2.내용, 목적에 맞는 언어형태와 특징과 용례	-목적과 내용 설명 -언어형태와 구조 설명 -어휘, 철자, 구어와 문어 차이, 비유적 표현 설명
3. 의미와 언어 선택	-텍스트의 통사적 응집력 분석

21) Fairclough(1992)의 *Discourse and Social Change*의 3차원 분석은 언어분석을 어떻게 하여야 되는지 그 틀을 제공해 준다.

4. 문화적 표현 이해	-문화적 배경과 관점을 포함 한 문화적 요소 이해 -젠더, 민족, 종교, 연령, 성, 문화 다양성 등 이해
5. 교수 · 학습 활동	-소그룹으로 나누어 다양한 버전의 교재 선택(태, 시제, 어순 등) -짝을 지어 상호질문
6. 관점에 대한 집중 연구	사회 · 문화적 관점 차이 -학생들이 여러 관점의 동화를 읽는다. -교사가 중심이 되어 동화 내용을 바꾸어 여성(할머니)이 쓴 동화와 남성 작가의 동화를 통해 포커스 차이를 살펴본다. LRRH를 짝과 같이 읽으면서 등장 인물의 특징을 중심으로 남아와 여아의 특징이 어떻게 다르게 묘사되었는지 알아본다. -소그룹으로 나누어 학생들이 대안적 관점에서 동화를 다시 써 보도록 한다. -학생들로 하여금 자신이 쓴 이야기를 다른 학생에게 읽어 주고 관점이 어떻게 바뀌었는지를 이야기한다. 이것을 학급에 돌리고 인터넷에 올린다.
7. 비교분석	-전형적 소설구조 토론 후 동화 줄거리를 요약해서 써보게 한 후 발표하게 하고 그 차이를 이야기한다. -차이가 나는 이유와 구전과 동화의 문화적 목적에 대해 토론한다. 동화가 같은 메시지를 가지고 있는지에 대해 교사가 중심이 되어 토론을 주도한다. -혼자 아니면 짝지어 도서관이나 인터넷을 통해 다른 나라의 동화를 검색하게 하고 이것을 고전적 동화와 비교하는 벤다 이어그램을[22] 그리도록 한다. -동화의 목적과 독자에 대해 비교한 후 그룹별로 묶은 다음 학급 자료로 완성시킨다. -교사는 학생들이 발췌한 동화에 대한 언어분석을 해준다.
8. 젠더역할 평가	-동화의 내용, 목적에 대한 평가로서 젠더에 대한 이해가 포함되어야 한다. LRRH의 정치적 교정판을 읽어 본다. -학생들이 동화중의 등장인물과 그 특징을 포스터로 만들거나 수업시간에 젠더역할에 대해 조사한 것을 발표한다. -그룹별로 동화를 다시 창의적으로 써 보게 하여 젠더 역할이 고정되지 않음을 알게 하고 작품을 구두로 발표하게 하거나 연극 동아리에서 연극을 해 보도록 한다. -학생들로 하여금 짝을 짓거나 혼자서 옛날 동화나 현대 동화를 미리 정한 채점기준에 맞추어 독자적으로 써 보도록 한다.

▸ 영어 학습 평가

- 동화 재구성 후 쓰기 (대안적 관점- 소그룹)
- 학급동화 북 발간
- 언어 선택과 메시지 전달효과에 대한 독서 토론회 개최
- 학생들이 쓴 대안 동화중 하나를 선택하여 연극 개최

이러한 수업진행과정과 평가 방법에 따라 영어 동화 수업을 하되 교사가 수업중 필요한 보조자료로 제시할 내용을 중심으로 다루어 보도록 하겠다.

1. 동화속의 젠더 이미지

인터넷 동화 토론방(http://www.surlalunefairytales.com)에는 동화와 젠더에 대한 다양한 독자들의 의견이 자유롭게 게재되고 있다. 대다수의 동화에는 불행한 아름다운 소녀가 등장하고 이 소녀가 때로는 죽음까지 이르는 등 온갖 고난과 학대를 당하다가 마침내 행복하게 된다는 줄거리로 끝을 맺는다.

공주는 왕자가 구해 주는데 이것은 여성이 나약한 존재로서 스스로 자신을 구출하지 못한다는 메시지를 암묵적으로 어린이와 어른에게 심어주고 있다. 이러한 줄거리는 'Cinderella', 'Sleeping Beauty', 'Snow White' 등에서도 나타난다. 이들 동화속의 주인공들은 한결같이 같은 여자들로부터 괴롭힘을 당한다. '신데렐라'에는 나쁜 계모와 이붓 여동생들이 괴

---

22) 영어 벤다이어그램에 대한 자료는 http://www.vendiagram.com에서 찾아 볼 수 있음.

롭히고 '잠자는 숲속의 공주'에는 화난 요정이, 백설공주에는 나쁜 여왕이 등장한다.

이런 점에서 본다면 동화속의 여성은 약자이면서 동시에 강자로 등장하지만 대부분의 아름답고 착한 소녀는 약하나 못난 여자는 강하면서 공격적이라는 성고정적 관점을 보여준다. 그러나 'One Thousand and One Nights'에는 아랍세계에서 여성의 상상력이 얼마나 큰 힘을 발휘하는지 알려주고 있다. 왕자가 여주인공 Scheherazade를 죽음으로부터 구해주는 것이 아니고 상상력과 지혜로써 스스로를 구한다는 점에서 아랍 동화와 유럽 동화의 차이점을 알 수 있다.

'Cinderella', 'Sleeping Beauty', 'Snow White'의 각색판은 각기 다른 이름으로 많이 나와 있다. 심지어는 'Snow White'에 나오는 나쁜 여왕이 계모가 아닌 생모로 나오는 내용도 있는데 이것은 윤리적, 도덕적으로 문제가 있다 하여 나중에 다른 작가가 여왕을 계모로 바꾸기도 했다. 따라서 모든 동화가 여성에 대한 성고착적 태도를 가지고 있다고 볼 수 없다.

'Petrosinella'에는 주인공이 옥탑에 갇혀 있으면서 미리 탈출계획을 세워두었다가 자신이 선택한 남자와 함께 도망하여 살아나게 되었다는 이야기도 있고 LRRH(Little Red Riding Hood)가 목욕탕을 통해 밖으로 도망하여 살아남았다는 이야기도 있다.

성고정관념은 시대, 장소, 독자에 따라 바뀐다. 천성이 착하거나 착한 딸의 이미지를 가지고 있는 'Cinderella'도 디즈니판과 이태리판이 완연히 다르다. 이태리판 'Cinderella'에는 신데렐라가 나쁜 계모를 살해하고 아버지까지 협박한다.

사회가 먼저 존재하여 언어가 여기에 수동적으로 반영되는 것은 아니다. 언어 그 자체가 사회관행이며 언어는 활발히 사회를 재생산하고 변형시킨다. 언어는 인간에 의해 능동적으로 변화되고 사회관계를 재구성한다는 Stubbs(1996: 90)의 말처럼 언어는 새로운 사회를 만드는 데 중요한 역할을 한다.

1.1. 연대기별로 살펴본 젠더관점 차이

Levorato(2003)은 구전부터 최근까지 여성에 대한 관점의 변화를 'Little Red Riding Hood' 동화를 예로 들었다. 이 동화는 세계 여러 나라에서 시대와 작가에 따라 각각 조금씩 다른 내용으로 출간되었다(Levorato, 2003: 7-11).

(1) 원전: Oral version[23]: 'The Story of Grandmother' (15세기-16세기, 프랑스)

세계 각처에서 발간된 원전 모방작:

a. J. Perrault: 'Little Red Riding Hood'(1697, 프랑스)
Brothers Grimm: 'Little Red Cap' (1812, 독일)
S. Baring Gould: 'Little Red Riding Hood' (1895, 영국)

b. J. Thurber: 'The Little Girl and the Wolf' (1939, 미국)
C. Storr: 'Little Polly Riding Hood' (1955, 영국)
Merseyside Fairy Story Collective: 'Red Riding Hood' (1972, 영국)
O.F.Gmelin:'Little Red Cap' (1978, 독일)
A. Carter: 'The Werewolf' (1979, 영국)
A. Carter: 'The Company of Wolves' (1979, 영국)

c. Chiang Mi: 'Goldflower and the Bear' (1979, 중국)
R. Dahl: 'Little Red Riding Hood and the Wolf' (1982, 영국)

23) 또 하나의 oral version으로는 Paul Delarue가 다시 재구성하여 1885년 Nievre에서 Zipes(1983)가 쓴 *Trials and Tribulations of Little Red Riding Hood*를 들 수 있다.

(1a)는 서구의 보수적 여성성을 잘 보여주는 반면 (1b)는 독자로 하여금 작가의 젠더와 파워 관점을 되돌아보게 하면서 어린 소녀의 자립적인 이미지 부각을 통해 전통적 사고에 역행하고 있다. 소녀는 외부 도움 없이 스스로를 구출하고 있다. 고맙게 여겨야 할 영웅(남성)도 없다. 어떠한 복종도 강요당하지 아니하고 부모 역할도 매우 다르다. 기존의 문학작품에서 전통이 되었던 복종이나 순응은 도전적 인생관속에서 그 가치를 상실하였다. 더욱이 종전까지 엄하게 처벌되던 늑대가 나타내는 야생의 세계를 스스로 찾아 나서는 관능적 본능까지 여성들이 수용할 필요가 있다고 주장하고 있다.

Carter의 'The Werewolf'(1979)는 'Little Red Riding Hood'를 각색한 것으로 마녀와 늑대인간의 세계를 다루었다. 여기서는 늑대가 할머니로 변해 소녀를 공격하다가 소녀에게 부상을 당한다고 하고 있다. 할머니는 마녀이어서 이웃사람들의 돌에 맞아 죽고 소녀가 할머니 집에서 잘 살게 된다는 줄거리이다. 여기서 어린 소녀는 할머니의 살을 먹고 피를 마심으로써 상징적으로 할머니를 대신하게 되는데 이것은 사회의 존속을 의미하는 것으로 관습의 생명력과 계속성을 의미한다(Zipes, 1983: 7).

Carter는 'The Company of Wolves'(1979)에서도 매우 전향적이고 세련된 터치를 하였다. 시골소녀와 인간늑대를 다룬 민간 전설에서 그 소재를 빌려 왔다. 여성이 여성성의 잔학성과 관능미를 인식해야 한다고 강조하며 야생과 자연을 결코 두려워할 것이 아니라 긍지로 생각해야 한다고 하였다. 이야기의 배경은 마녀와 인간늑대 세계이다. 주인공은 강한 성격의 소유자이고 숲을 두려워하지 않는 똑똑한 아이이다. 늑대의 공격으로 할머니가 돌아가시자 두려움은 아무 소용이 없기 때문에 소녀는 두려워하지 않았다(Carter, 1979: 117). 이 동화는 여성과 성에 대한 태도가 동화가 쓰인 시점을 즈음으로 서양에서 바뀌었음을 알게 해준다.

(1c)의 중국판은 ‘Goldflower and the Bear’로 이름으로 출간되었다. 이것은 프랑스 구전을 여러모로 많이 연상시킨다. 소녀는 어머니가 병환중에 계신 숙모 댁에 가고 안 계실 때 남동생과 같이 집에 있다. 아이들을 돌보고 집에 계셔야 할 할머니는 아무리 불러도 대답이 없다. 아이들을 잡아먹고 싶은 곰은 할머니로 변장하고 집안으로 들어온다. 아이들은 곧 할머니가 아님을 알아차리고 도망하여 곰을 죽인다. 이어 어머니가 돌아오시자 딸을 칭찬하고 자신과 동생을 돌보는 용기를 높이 평가한다.

(1c)의 마지막에 나오는 Ronald Dahl의 ‘Little Red Riding Hood and the Wolf’(1982)는 유머스런 시로서 다른 작품의 이미지와는 차별화된 여성성 이미지를 주고 있다. 소녀가 겁도 없이 늑대를 쏘아죽이지만 이 이야기에 나오는 두 여성의 성적 관점을 잘 드러내고 있다. 할머니는 늑대 먹이가 되지만 허영심이 많은 소녀는 늑대의 가죽이 탐나 차고 있던 총을 꺼내 늑대를 죽인다는 이야기는 고전적 이야기와는 좀 다르다. 이 시는 주로 아이들을 위해 썼지만 어른들에게도 웃음을 주므로 인기가 있다.

위에 소개된 각 작품의 젠더 관점에 대해 연대기별로 설명해 보겠다.

① 구전

15-16세기 프랑스와 북이탈리아에서 유포된 구전은 어린 아이들이 늑대출현으로 잦은 희생을 당하던 산골이나 농촌마을의 실상을 이야기한 것이지만 늑대인간과 마녀라는 가공적 요소도 가미되어 있다. 어린 소녀는 용감하고 자립심이 강해 도망을 가서 위기를 모면한다. 여기서는 소녀를 보호해 줄 영웅은 등장하지 않는다.

② Perrault(1697)

17-18세기 작가들은 어린이에게 도덕 교육을 시키는데 관심이 많았다.

민화를 적절히 사회 요구에 맞추어 내용을 바꾸고 많이 변화시켰다. 남성 우위적 관점에서 사회적 젠더 역할을 구분하였다. 소녀는 희망을 잃은 채 숲속에서 늑대 말을 듣고 늑대가 하자는 대로 한다. 구조자도 없다. 소녀는 늑대로부터 도망치지 못하고 늑대에게 잡아먹힌다. 이 작품은 어린이가 어른 말을 듣지 않고 제 멋대로 하게 되면 위험에 처하게 됨을 경고하고 있다. 멋있는 청년의 이미지가 늑대에게 주어지나 섹스는 죄악으로 묘사된다. 숲속에서 재미나게 놀지 않았다면 잡아먹히지 않았을 터인데 하고 모든 것을 소녀의 잘못으로 돌린다.

③ Brothers Grimm(1812)

소녀는 길가에서 방황하지 마라는 어머니의 말을 듣지 않아 늑대에게 잡혀 먹힐 위험에 처했으나 지혜로운 할머니의 도움으로 구출된다. 어린이의 행동과 젠더 역할에 대한 사회적 경향을 보여주는 것으로 여기서는 나이 든 여성의 지혜를 강조하고 존중하고 있다.

④ Sabine Baring Gould

소녀가 엄마 말을 안 듣고 숲에서 노닐다가 늑대를 만나 잡아먹히기 직전 아버지의 도움으로 구출된다. 여기서는 남성 구원을 내포하고 있다.

⑤ James Thurber(1939) & Catherine Storr(1955)

소녀는 스스로 총을 바구니에 소지하고 가다가 늑대를 쏘아 죽인다. 혼자 방어한다. 조언해 줄 어머니도 없다. 혼자서 늑대를 대항할 만큼 머리도 좋다. 늑대를 무서워하지도 않는다. 늑대는 어리석다. 소녀는 늑대로부터 도망친다. 주인공인 소녀를 통해 머리 좋고 똑똑하며 용감한 여성상을 제시한다.

⑥ 최근 30년(1972년 이후)

Merseysid Fairy Story에는 소녀와 할머니가 늑대를 죽인다. 코트는 용기의 상징으로 몸에 어울려서 입는다기보다 할머니 옷이기 때문에 입는다. O.F. Grmelin의 작품에는 어머니의 심부름을 갈 때 오빠의 칼을 가지고 떠날 만큼 소녀가 영리하다. 늑대를 만나도 겁내거나 원망하지 않았고 잡아먹힌 다음에는 늑대의 배를 가르고 나왔다. 이 작품은 소녀를 위험앞에 무기력한 여성성이 아닌 독자적 문제해결 및 준비능력을 갖춘 여성성으로 기술하고 있다.

1.2. 정치적 교정

페미니스트들은 기존의 젠더관점을 바꾸기 위해 어린이들이 접하는 동화부터 고쳐야 한다고 생각한 끝에 기존의 동화의 줄거리를 과감히 바꾸기 시작하였다. 페미니스트들의 이러한 젠더 관점 바꾸기 노력을 정치적 교정이라고 부른다.

> *수업 팁: 정치적 교정에 대한 배경을 이야기 해 주고 아래 동화 보기를 수업시간에 설명해 준다. 여기서 줄치거나 박스처리한 부분은 정치적 교정이 나타난 부분이다. 학생들에게 그 이유를 생각해 보라고 한 다음 각자 생각한 바를 정리하여 발표하도록 한다.

(2) *Little Red Riding Hood*[24)]

There once was a [young person] named Red Riding Hood who lived with her mother on the edge of a large wood. One day her mother asked her to take a basket of fresh fruit and mineral water to her

24) *Politically Correct Bedtime Stories*라는 제목으로 1994년 James Finn Garner가 Macmillan Publishing USA에서 출판.

grandmother's house--not because this was womyn's work, mind you, but because the deed was generous and helped engender a feeling of community. Furthermore, her grandmother was not sick, but rather was in full physical and mental health and was fully capable of taking care of herself as a mature adult.

So Red Riding Hood set off with her basket through the woods. Many people believed that the forest was a foreboding and dangerous place and never set foot in it. Red Riding Hood, however, was confident enough in her own budding sexuality that such obvious Freudian imagery did not intimidate her.

On the way to Grandma's house, Red Riding Hood was accosted by a wolf. who asked her what was in her basket. She replied, "Some healthful snacks for my grandmother, who is certainly capable of taking care of herself as a mature adult."

The wolf said, "You know,_my dear, it isn't safe for a little girl to walk through these woods alone."

Red Riding Hood said, "I find your sexist remark offensive in the extreme, but I will ignore it because of your traditional status as an outcast from society, the stress of which has caused you to develop your own, entirely valid, worldview. Now, if you'll excuse me, I must be on my way."

Red Riding Hood walked on along the main path. But, because his status outside society had freed him from slavish adherence to linear, Western-style thought, the wolf knew a quicker route to Grandma's house. He burst into the house and ate Grandma, an entirely valid course of action for a carnivore such as himself. Then, unhampered by rigid, traditionalist notions of what was masculine or feminine, he put on Grandma's nightclothes and crawled into bed.

Red Riding Hood entered the cottage and said, "Grandma, I have brought you some fatfree, sodium-free snacks to salute you in your role of a wise and nurturing matriarch."

From the bed, the wolf said softly, "Come closer, child, so that I might see you."

Red Riding Hood said, "Oh, I forgot you are as optically challenged as a bat. Grandma, what big eyes you have!"

"They have seen much, and forgiven much, my dear."

"Grandma, what a big nose you have, only relatively, of course, and certainly attractive in its own way."

"It has smelled much, and forgiven much, my dear."

"Grandma, what big teeth you have!"

The wolf said, "I am happy with who I am and what I am," and leaped out of bed. He grabbed Red Riding Hood in his claws, intent on devouring her. Red Riding Hood screamed, not out of alarm at the wolf's apparent tendency toward crossdressing, but because of his willful invasion of her personal space.

Her screams were heard by a passing woodchopperperson (or log-fuel technician, as he preferred to be called). When he burst into the cottage, he saw the melee and tried to intervene. But as he raised his ax, Red Riding Hood and the wolf both stopped.

"And just what do you think you're doing?" asked Red Riding Hood.

The woodchopper-person blinked and tried to answer, but no words came to him.

"Bursting in here like a Neanderthal, trusting your weapon to do your thinking for you!" she exclaimed. "Sexist! Speciesist! How dare you assume that womyn[25] and wolves can't solve their own problems without a man's help!"

When she heard Red Riding Hood's impassioned speech, Grandma jumped out of the wolf's mouth, seized the woodchopperperson's ax,[26]

25) woman/women 의 성차별을 피하기 위해 페미니스트 언어교정학자들이 새로 만든 철자

and cut his head off. After this ordeal, Red Riding Hood, Grandma, and the wolf felt a certain commonality of purpose. They decided to set up an alternative household based on mutual respect and cooperation, and they lived together in the woods happily ever after.

위에 제시한 정치적 교정이 가미된 동화속의 여성은 기존 동화에서 볼 수 있듯이 공주가 왕자 도움으로 기사회생한다는 줄거리처럼 나약한 존재가 아니다. 주인공은 공주도 아니고 평범한 시골소녀이다. 할머니도 의존적 성인이 아니라 독립적 성인이고 할머니와 소녀는 남자의 도움없이 문제를 거뜬히 해결하는 강한 존재이다. 여자는 남자의 도움없이 문제를 해결할 수 없다는 전통적 관념을 깨기 위해 할머니는 늑대가 아닌 나무꾼을 죽여 버리는 등 페미니스트조차 놀라울 정도의 극적 사건을 꾸미고 있다. 이 때 할머니가 죽인 나무꾼은 모든 남녀 불평등 가치관으로 상징되고 있으며 이것을 할머니가 용감하게 없앤다는 것을 내포하고 있다.

나무꾼도 남자라는 것을 강조하는 언어사용을 지양하고 'woodchopper-person'이라고 표현하여 성중립적 언어인 'person'을 사용하는 것도 특징이다. 또한 자연 안에 인간과 동물을 함께 가족으로 표현하여 할머니와 소녀, 늑대가 한 가족이 되어 서로 존중하고 협력하며 잘 살았다는 동화의 말미는 인간과 자연의 조화를 지향하는 에코페미니즘적 시각이 숨어 있다.

그러나 정치적 교정이 가미된 이 동화에 대해서는 여러 가지 견해가

---

26) 독자 논평소개(Elaine Whitmanbonner, October 7, 1997): 페미니스트로서 남성에게든 여성에게든 폭력은 배제한다는 측면에서 할머니의 나무꾼살해는 이 이야기의 가치를 다시 생각하게 만들고 있어 다르게 쓰면 좋겠다. (I am a feminist. I do not believe in violence, whether the violence is inflicted on females or males! So when I got to the part where grandma jumps out of the wolf's mouth and chops off the head of the "woodsperson", I had to rethink the value of the story. It seems to me, that part could have been written differently! (http://philip.greenspun.com/ zoo/red-riding-hood))

존재한다. 첫째 이 이야기는 현실과 너무 동떨어진다. 늑대는 인간과 커뮤니케이션이 안 되고 해부학적으로 늑대는 사람을 산채로 통째로 삼키기 때문에 동화에서처럼 늑대 입을 통해 다시 튀어나오게 할 수 없다.27)

일반적으로 동화에는 언제나 불쌍한 어린 공주와 공주를 구해주는 힘센 왕자가 나온다. 그러나 성불평등 해소를 위해 만든 정치적 교정판 동화에는 여성 구조자로서의 남자는 등장하지 않는다. 그 이면에는 여성 스스로 남자 도움 없이 큰 일을 할 수 있다는 것을 입증하고 싶어하는 페미니스트의 의도가 있다. 'woman'이 'woe man' 또는 'wife man'에서 유래되었다고 생각하는 페미니스트 중에는 'men'이나 'man'이 들어 있는 'woman'이나 'women'을 'womyn'으로 바꾸자고 하는 사람도 있다. 그러나 'womyn'이 'woman' 보다 더 낫다고 생각하지 않는 페미니스트들도 많다. 왜냐하면 단어를 만들 때 편의성과 더불어 새로운 단어를 만들기 전 단어 이면에 숨은 뜻을 생각해야 하기 때문이다.

남녀평등과 정치적 평등이 이루어지지 않았던 시기에 쓴 동화에 대한 정치적 교정은 또다른 문제점을 야기한다. 이 동화는 모르는 사람을 조심해야 한다는 여아에 대한 경고성 교육 메시지-순결과 안전-를 전달한다.

이 동화의 이면적 의미는 다분히 성차별적 요소가 있기는 하지만 이 소설이 1679년에 쓴 것이라고 생각하면 당시의 사회가 매우 중요하다고 생각한 여아에 대한 교육메시지를 현대 젠더적 관점에서 다시 쓸 필요는 없다고 본다.

따라서 동화의 역사성, 문화성, 시대성을 반영하지 않은 정치적 교정은 동화 본래의 시적 순수성을 상실할 수 있다는 반론이 제기된다는 점에서 페미니스트들의 동화에 대한 정치적 교정은 성평등에 입각한 젠더 관점

---

27) LRRH(Little Red Riding Hood)의 정치적 교정판은 다양하게 출간되어 있다. 그 중에는 늑대와 나무꾼이 소녀와 할머니에게 복수한다는 것도 있다.

을 넘어 또 다른 문제점을 제기할 가능성도 있다.

2. 동화 언어 분석

> *수업 팁: 아래 내용과 함께 학생들에게 연어에 대해 먼저 설명하고 연어를 찾아보게 한 다음 발표를 시킨다. 이때 행동주와 연어를 이루는 동사의 특징을 언급한다.

언어 선택을 통한 의미 변화는 연어[28]나 의미 운율(semantic prosody)[29]에서 나타난다. Stubb(1995)는 어린이들의 초등학교 교과서에 나타난 'little'이란 단어가 'boy' 보다는(30%) 'girl'과 같이 많이 쓰인다(50%)고 하였다. 이러한 언어 사용은 어린이에 대한 개념을 차별화시킨다. 'little'은 귀여운 의미를 가지고 있어서 'girl'과 자주 사용됨으로써 이들 동화가 여아가 남아보다 더 작고 귀엽다는 성적 편파성을 암시하고 있다. 이러한 암시는 계속적인 연어의 반복사용으로 습득된다. 의미는 잘 고정되지 않으며 문맥과 연관되어 쓰이므로 단어가 빈번히 사용되는 환경을 바꾸면 의미도 따라서 변화하게 된다.

2.1. 문맥속의 단어의미

문맥속에서 다양하게 사용되는 단어 의미를 파악하기 위해서 먼저

---

28) Stubbs(1996: 176)에 따르면 연어의 정의는 두 개 이상의 단어가 습관적으로 같이 사용되는 것이라고 한다.

29) 문맥이 다르면 같은 단어라 할지라도 의미운율은 다름. 의미운율은 긍정적, 부정적 운율로 구분되며 호불호를 나타냄. 이것을 Stubbs(1996)는 의미의 묘(semantic engineering)라고 한다.

'child'의 예를 들어 보자. 'child'는 행위의 수혜자나 목표로서 사용되거나 귀여운 의미의 호칭으로 종종 사용된다.

(3) My child
The poor child, who did not know....
Give the child
Imitating the child's voice
Be a child
Take the child
Give things to the child

'child'와 가장 많이 쓰이는 단어는 'my' 'the', 'a' 라고 볼 수 있다. 형용사로서는 'poor'. 'strong-minded', 'wise' 'good'도 'child'와 연어가 가능하다. Collins Cobuild dicitionary의 'child'에 대한 사전적 정의는 다음과 같다.

(4) A child is 1.1 a person from the time of birth to the time when they become an adult.[....] 1.2 a newly born or unborn baby.[....] 1.3 a son or daughter of any age. [...]. 1.4 an immature or childish person; used showing disapproval. [...](Collins Cobuild dictionary, 1987:234-5)

'poor'는 1.4의 'immature'의 의미가 있어 연어가 될 수 있으나 'wise'는 'child'와 연어가 되지 못한다. 단 'child'는 문장의 행동주체(initiator of process)로서 쓰이는 일은 드물다.

'girl'은 'child'와 달리 문장의 행동주체(role of initiator)로서 쓸 수 있다. 동화속에서 'girl'이 가장 많이 쓰이는 단어는 'little'이다. (3)에서 보듯이 가장 빈번한 연어 구조는 LITTLE GIRL + VERB이다.

(5) a. So the little girl departed. At the crossway she met bzou.(Zipes, p.5)

b. 'The path of needles', the little girl said.(Zipes, p.5)
c. The little girl entertained herself by gathering needles.(Zipes, p.5)
d. The little girl arrived and knocked on the door.(Zipes, p.5)
e. When she laid herself down in the bed, the little girl said: 'Oh Granny how hairy you are!' (Zipes, p.5)
f. When the little girl was outside, she tied an end of the rope to a plum tree in the courtyard. (Zipes, p.5)

'girl' 외에 'little'[30]과 함께 쓰이는 연어로서 'village', 'prettiest'가 있다. 이때 'little'과 같이 쓰이는 'village'의 의미는 '부패되지 않은' '도시티가 나지 않는' '순박한'의 의미이다. 'prettiest'가 'little'과 함께 쓰이면 어린 여아의 예쁘고 고운 연약한 이미지를 나타내므로 대담한 행동을 하는 주인공과는 어울리지 않는다. 소유격 다음에 'little girl'이 오면 '애인('his girlfriend')'의 의미를 지니기도 한다.

(6) 시대별 작가별 동화 속 등장인물의 행동주(agent) 숫자

	girl	wolf	grandma	mother	farther	rescuer
The Story of Grandmother	15	17	0	3	0	0
Perrault	28	24	7	3	0	0
Grimm	40	40	11	1	0	13
Baring Gould	27	34	5	4	11	11
Thurber	10	5	0	0	0	0
Storr	23	57	12	4	4	0
Merseyside	84	15	15	1	1	0
Gmelin	48	31	7	2	0	0
Carter 'The Werewolf'	29	6	12	2	0	0
Chiang Mi	43	48	0	6	0	0
Dahl	12	24	6	0	0	0

30) 'wolf'는 'little'과 함께 쓰이지 않는다. 'wolf'와 같이 쓰이는 연어는 'wicked', 'impatient', 'old', 'grey', 'cruel', 'big', 'dangerous', 'frightened', 'wild', 'starving, 'less brave' 등이 있다.

(6)에서 Baring Could의 작품에서는 어머니보다는 아버지의 역할을 강조하고 있다. 대체적으로 소녀, 할머니, 늑대의 이야기가 많으나 실제로 구전에서는 할머니가 거의 행동을 하지 않고 있는 점도 주목할 만하다. 이것은 Chiang Mi, Thurber에서도 공통적이다. 늑대의 활동이 더 두드러지는 쪽은 Storr, Barring Gould, Chiang Mi의 작품이라고 볼 수 있다. 그러나 대체적으로 늑대와 소녀가 행동주체로 나오는 빈도가 높고 할머니는 낮아 늑대와 소녀가 전체 이야기의 중심역할을 하고 할머니는 부차적 역할을 한다고 볼 수 있다. 이와 같이 우리는 동사의 행동주 분석을 통해 작가의 등장인물의 중요도까지도 규명할 수 있다.

(7)의 'girl'과 'wolf'와 연어로 사용되는 동사 차이를 통해 'girl'은 'affected'와 'actor'로서의 역할을 하고 있다. 'wolf'는 주로 'goal'을 목적으로 취한다는 점에서 'girl'은 피해자이고 'wolf'는 공격자로서 역할을 한다.

(7) the girl	the werewolf
arrived	arrived
knocked	killed (grandmother)
ate	put some of her meat in the cupboard
laid herself down	attached a rope(to her leg)
tied the rope	let her go
escaped	jumped out

(7)에서 'the girl'과 'the werewolf'의 동사연어를 살펴보면 'the girl'은 적극적 행동을 하는 성격의 주인공으로서 누구의 도움도 받지 않고 극적으로 도망을 가 위험을 모면하는 반면 늑대는 할머니를 죽이지만 여아는 살려 보내는 등 주도적 역할을 한다. 주어간 힘의 균형 관계가 동사 등의 언어 선택을 통해 잘 나타나고 있다.

*수업 팁:

1. 각 동화의 첫 부분에 나오는 문장을 통해 젠더 관점에 대한 표현 차이를 가르친다. 밑줄 친 부분에 대한 젠더관점을 설명해 준다.
2. 같은 동화에 대한 저자간 관점(intertextual perspective) 차이 분석은 동화 언어 분석과 곁들여 설명한다면 고등학교 수업자료로서 매우 유용하다. 학생들의 토론을 이끌어 낸다.
3. 학생들에게 비슷한 주제로 된 영어 동화를 써 보게 하여 발표하고 젠더 관점의 차이를 이야기한 후 이것을 학급 문집이나 교내 문집으로 발간한다.[31)]
4. 학생들의 창작 동화중 가장 반응이 좋았던 작품을 골라 영어 연극을 해 본다..

3. 동화의 젠더관점

동화를 시대별, 작가별로 살펴보면 어린이 양육의 사회적 관점차가 나타나 있다.

(8)

a. There was a woman who had made some bread. She said to her daughter: 'Go carry this hot loaf and a bottle of milk to your Granny.' So the little girl departed ('The Story of Grandmother', in Zipes, p.5)

b. Once upon a time there was a little village girl, the prettiest that had ever been seen. Her mother doted on her, and her grandmother even more. This good woman made her a little red hood which suited her so well that she was called Little Red Riding Hood

31) 외국 명문대에 진학할 때 자신이 쓴 영어 동화를 학교 당국에 제출한다면 입학사정에도 유리하다.

wherever she went. One day after her mother had baked some biscuits, she said to Little Red Riding Hood: 'Go see how your grandmother is feeling, for I have heard that she is sick. Take her some biscuits and this small pot of butter.' Little Red Riding Hood departed at once to visit her grandmother, who lived in another village.(Perrault, in Zipes, p.70)

c. Once upon a time there was a sweet little maiden. Whoever laid eyes upon her could not help but love her. But it was her grandmother who loved her most. She could never give the child enough.
One time she made her a present, a small, red velvet cap, and since it was so becoming, she always wanted to wear only this. So she was simply called Little Red Cap. One day her mother said to her: 'Come Little Red Cap, take this piece of cake and and bottle of wine and bring them to your grandmother. She is sick and weak. This will strengthen her. Be nice and good, and give her my regards. Don't tarry on your way, and don't stray from the path, otherwise you'll fall and break the glass. Then your sick grandmother will get nothing.' Little Red Cap promised her mother to be very obedient.(Grimm, in Zipes, p. 124)

d. All in a little cottage
There lived a little maid,
The sweetest little maiden that ever was seen,
And her mother loves her well
But her granny loves her better,
And she had a little hood, just like a little queen.
Now, because this little girl wore a red cloak with a red hood, everybody called her Little Red Riding Hood. It chanced one day her mother had made some custards and a little plum-pudding.
And she said:
Now take the little basket,

And the little custard too,
And the little pudding hoiled for your granny dear.
But don't you stop or stay,
Do not idle on the way,
On the highroad little Red Riding Hood will nothing
Have to fear.

'Go', said her mother, 'straight along to your grandmother, give her the nice things in your basket, and then come straight home again and tell me how the old lady is. Mind, talk-to-no-one on the way.' (Baring Could, in Zipes, p. 178)

구전인 (8a)는 서두가 짧고 간단하다. 주인공의 모습에 대한 언급도 없다. 단지 한 여자와 평범한 딸아이가 할머니를 방문한다는 것뿐이다. 'There was'라는 말로 시작하는 것으로 봐서 동화가 이야기체이며 수사적 어휘가 적으므로 구전임을 쉽게 알아차릴 수 있다.

(8b)는 어린이의 사회적 역할에 대한 작가의 입장을 보여준다. 구전을 많이 바꾸었다. 그러나 구전에 대한 약간의 모방은 첫머리에서 찾아 볼 수 있다. ' There was....' 로 시작하는 것이 닮았다. 'a woman'이 'a little village girl'로 바뀌면서 독자의 관심을 엄마가 아닌 어린 딸에게 가게 하였다. 그 다음 'a woman'을 'her mother'로 하여 여성의 정체성을 나타내고 매우 예쁜 딸이라는 이미지를 강조하기 위해 'little village girl, the prettiest that had ever been seen'으로 표현하여 순수하고 어여쁜 시골 소녀를 자세히 묘사하려고 하였다.

구전에서는 단순히 빵과 우유라고 했지만 여기서는 과자와 버터라고 하였고 딸이 입는 옷도 부르조아적 색채가 드러난다(Zipes, 1983:6). 엄마가 과자를 굽고 옷을 만드는 모습에서 전형적 여성의 역할을 강조한다는 점에서 작가의 가부장적 가치관도 보이고 있다. 할머니는 병상에 계시는 할머니로 묘사되어 전형적인 노년의 모습을 나타내며 구전에 없던 할머니에 대한 어머니의 걱정까지 여기서 언급되어 있다.

(8c)는 소녀의 모습을 'sweet little maiden'으로 바꾸고 'Whoever laid eyes upon her could not help but love her'로 묘사하였다. (8b)보다 주인공이 확고한 중산층 가정출신이라는 관점이 동화에 나타나 있다. (8c)에는 이데올로기적인 색채도 보이는데 대표적 보기는 'sweet little maiden', 'it was so becoming' 등이다. 어머니의 말도 일반적인 조언이 아닌 어떻게 행동해야 한다는 식의 명령조로 보수적 중산층의 도덕의식을 나타내고 있다. 호기심과 관능을 억누르고 숲의 유혹을 물리쳐야 할 것을[32] 소녀에게 교육시키고 있다. 딸의 행동을 구속하는 어머니 말씀을 잘 따르겠다고 약속했다는 말 속에서 도덕적 강요마저 느껴진다.

(8d)는 (8b)와 (8c)의 이야기가 섞여 있고 격식을 차리지 않는 구어체의 형태이다. 어휘와 통사구조도 쉽게 이해가 가도록 선택하였다. (8b)와 (8c)에서 나타나지 않는 이데올로기적 색채가 'idle'이란 단어에서 엿보인다. 빅토리아 시대의 'idle'은 나쁜 짓이고 위험한 짓이며 순종하지 않는 행동이다. 그리고 'path'와 'wood', 'highroad'와 'dark wood'를 대비시켜 놓고 그곳으로 가면 인간이 위험에 처해질 가능까지 시사하고 있다. 언어 사용역(register)도 전형적인 동화(children's literature)인 앞의 세 작품과는 다르다. 첫 문장에 'little'이 5번이나 반복된다.

여기서는 (1a) 작품만 소개하고 (lb,c) 작품의 젠더관점 분석은 지면관계상 생략하기로 한다.

고등학교 영어 교육과정에 영어동화를 교재로 선택하여 젠더관점의 차이와 동화 언어 분석 등을 가르친 후 영어 동화 독서 토론회, 창의적 영어 동화쓰기, 창작 영어동화연극 등을 학생들이 발표할 수 있는 수업방안이

---

32) 'Don't tarry on your way, and don't stray from the path'.가 이것을 의미함.

없을까 고민하던 끝에 이러한 주제를 다루어 보게 되었다. 이러한 방법은 일률적인 교과서 위주의 수업으로 지루해지기 쉬운 영어 학습에 새로운 흥미를 느끼게 할 수 있고 주입식 교육이 아닌 영어로 생각하고 말하고 쓰게 만든다는 점에서 영어 학습시 강조되는 4가지 기술(듣기, 읽기, 말하기, 쓰기)을 동시에 습득할 수 있다. 이 때 학생들의 수준별, 단계별 필독 동화 리스트를 작성해 주어 학생들의 능력에 맞추어 스스로 여러 종류의 동화를 읽게 만듦으로서 단계별 독서지도가 가능하고 맞춤식 수업, 눈높이 수업이 기대된다.

본 책에서는 같은 구전에서 전래된 다양한 영어 동화를 소개하면서 시대별 작가들의 언어의 사회화와 젠더 이데올로기를 분석하였다. 학생들은 여러 작가들이 쓴 동화를 읽으면서 다음과 같은 메시지를 얻을 것이다.

첫째, 작가의 정체성을 파악한다. 여기에는 작가의 인생관, 가치관, 사고방식, 글쓰기 양식, 지적 능력이 드러난다.

둘째, 학생들은 작가의 메시지가 무엇인가를 스스로 질문해 보게 한다. 독자로서 동화를 읽으면서 동화속의 인물 중 어떤 사람이 되고자 하는지 생각해 보도록 한다.

셋째, 동화를 통한 작가와의 대화로 상대적 파워와 지위에 관한 메시지를 읽어낸다.

학생들은 작가의 가치관과 신념이 나타난 동화를 통해 독자에게 무엇을 기대하고 있는지 이것을 독자가 수용할 자세가 되어 있는지 거부할 입장인지에 대해서도 생각해 보라고 한 다음 영어 독서 토론회를 가진다. 이러한 작가에 대한 젠더 이데올로기 차원의 분석은 작가와 독자의 대화를 끊임없이 유도한다는 점에서 청소년의 가치관 형성에 도움을 주고 자기의 생각을 영어로 자유롭게 말하고 쓰는 표현 기회를 제공해 준다는 점에서 의의가 크다.

■ 참고문헌

<국내 참고문헌>

김귀순(2003). 영어 공손어법과 젠더 이해. 「언어과학」.2003. 한국언어과학회.

김장수(2003). Happy farm. 「지앤비영어전문교육교재」. 지앤비영어전문교육(주).

김장수(2002). Snake on the subway. 「지앤비영어전문교육교재」. 앤비영어전문교육(주).

한국영미문학 페미니즘학회(2000). 「페미니즘: 어제와 오늘」. 서울. 민음사.

한희정(2002). 한국 여성잡지의 모성분석: 「여성중앙」「여성동아」「우먼센스」「주부생활」을 중심으로. 언론과학연구 제2권 1호, 2002. 4. pp. 231-273.

<국외 참고문헌>

Ainsworth-Vaughan, N. 1992. Topic transitions in physician-patient interviews: power, gender and discourse change. *Language in Society*, 21: 409-26.

Allan, Keith. (1986). *Linguistic Meaning*. 2. vols. New York: Methuen

Alsop, R., Fitzimons, A. and Lennon, K. 2002. *Theorizing Gender*. Cambridge: Polity

Alvarez, L.(2003. August 11). Sipping and smoking in Ireland. *New York Times*. p.1

Andrews, M and Talbot, M. (eds). 1999. *All the World and her Husband: Women in Consumer Culture*. London. Cassell. Academic.

Aries, E. & Johnson, F. L. 1983. Close Friendship in adulthood: conversational content between same sex friends. *Sex Roles* 9: 1183-96.

Austin, J. L. 1962. *How to do things with words*. Oxford: Clarendon.

Austin, P. 1990. Politeness revisited: the dark side. In Allan Bell and Janet Holmes (eds) *New Zealand Ways of Speaking English*. Clevedon, Avon: Multilingual Matters, pp. 276-95.

Ballaster et al. 1996. a critical analysis of women's magazines, in H. Baehr and A.Gray (eds) *Turning it On: A Reader in Women and Media*. London: Arnold.

Baxter, J. 2003. *Positioning Gender in Discourse: A Feminist Methodology*. Basingstoke: Palgrave. Macmillan.

Bellafante, G. 1998. "Feminism: It's all about me". *Time Magazine*(June): 54-62.

Benwell, B. 2002. Is there anything 'new' about these lads? The textual and visual construction of masculinity in men's magazines, in L. Litosseliti and J.

Sunderland (eds) *Gender Identity and Discourse Analysis*. Amsterdam: John Benjamins, 149-74.

Bing, J. and Bergvall,V.L. 1998. The Question of Questions: Beyond Binary Thinking. In J.Coates(ed.) *Language and Gender*: *A Reade*r. 495-510. Oxford: Blackwell.

Bloomfield, Leonard. 1933. *Language*. New York: Holt

Blum-Kulla, Shoshana, Brenda Danet and Rimona Gherson (1985) The language of requesting in Israeli society. In Joseph P. Forgas 9ed.) *Language and Social Situations*. New York: Springer-Verlag, 113-39.

Bourdieu, P. 1984. *Distinction*. London: RKP.

Brabandt, S and Mooney, L. 1989. Him, Her, or Either: Sex of Person Addressed and Interpersonal Communication. *Sex Roles. 20*: 1/2:47-58.

Bremner, S., Caskey, N. and Moonwomon, B. (eds). 1986. *Proceedings of the First Berkeley Women and Language Conference*, Berkeley, CA: Berkeley Women and Language Group.

Brewis, J. 2001. Telling it like it is? Gender, language and organizational theory, in R. Westwood and S. Linstead (eds) *The Language of Organization*. London: Sage, 283-309.Sebeok (ed.) *Style in Language*. Cambridge, Mass.: MIT Press, 253-76

Brewster, K. L and I. Padacie. 2000. "Change in Gender-Ideology 1977-1996: The Contributions of Intracohort Change and Population Turnover". *Journal of Marriage and the Family* 62L 460-477.

Brooks, C. 2000. "Civil Rights and the Suppression of a Republican Political Realignment in the United States 1972 to 1996". *American Sociological Review* 65: 483-505.

Brown, P. and Levinson, S. 1987. *Politeness: Some Universals in Language Usage*. Cambridge: Cambridge University Press.

Brown, Penelope (1990) Gender, politeness, and confrontation in Tenejapa. *Discourse Processes* 13: 123-41

Brown, Penelope and Stephen Levinson (1987) Politeness: *Some Universals in Language Usage*. Cambridge: Cambridge University Press.

Brown, R. & Gilman, A. 1960. The pronouns of power and solidarity, in Sebeok, T. (ed.) *Style in Language*, Cambridge, MA: MIT Press.

Brown, Roger and Marguerite Ford (1961) Address in American English. *Journal of Abnormal and Social Psychology* 62: 375-85.

Bruner, E. M. & Kelso, J. P. 1980. Gender differences in graffiti: a semiotic perspective, in Kramarae, C. (ed.) *The Voices and Words of Women and Men*,

Oxford: Pergamon.

Bucholtz, M. 1999. Bad Examples: Transgression and Progress in Language and Gender Studies, in M. Bucholtz, A. C. Liang and L. Sutton (eds) *Reinventing Identities: The Gendered Self in Discourse.* 3-24. New York: Oxford University Press.

Bucholtz, M., Liang, A. C. and Sutton, L. (eds). 1999. *Reinventing Identities: The Gendered Self in Discourse.* New York: Oxford University Press.

Butler, J. 1990a. *Gender Trouble: Feminism and the Subversion of Identity.* New York: Routledge.

Butler, J. 1990b. Performative Acts and Gender Constitution: An Essay in Phenomenology and Feminist theory. In S. Case (ed.). *Performing Feminisms: Feminist Critical Theory and Theatre.* 270-282. Baltimore: Johns Hopkins University Press.

Butruille, S. G., and Taylor, A. 1987. Women in American Popular Song, In L. P. Stewart and S. Ting-Toomey (eds), *Communication, Gender, and Sex Roles in Diverse Interactio Contexts.*179-188. Norwood, NJ: Ablex Publishing Co.

Cameron, D. (ed.) 1998. *The Feminist Critique of Language*, 2nd edn. London: Routledge.

Cameron, D. 1985. *Feminism and Linguistic Theory*, London: Macmilan.

Cameron, D. 1998. Gender, language and discourse: a review. *Signs: Journal of Women, Culture and Society,* Summer.

Cameron, D. 1990. *The Feminist Critique of Language.* London: Routledge.

Cameron, D. 1995. *Verbal Hygiene.* London: Routledge.

Cameron, D. 1997. Theoretical Debates in Feminist Linguistics: Questions of Sex and Gender, in R. Wodak (ed.) *Gender and Discourse.* 21-35. London: Sage.

Cameron, D. 2001. *Working with Spoken Discourse.* London: Sage.

Case, S. (ed.). 1990). *Performing Feminisms: Feminist Critical TheoryndTheatre.* Baltimore: Johns Hopkins University Press.

Case, S. S. 1988. Cultural differences not deficiencies: an analysis of managerial 'women's language', in L. Larwoood and S. Rose (eds) *Women's Careers: Pathways and Pitfalls.* New York: Praeger, 13-30.

Cheshire, J. (1982). Linguistic variation and social function. In S. Romaine, (Ed.), *Sociolinguistic Variation in Speech Communities.* (pp.153-166). London: Edward Arnold.

Chouliaraki, L. and Fairclough, N. 1999. *Discourse in Late Modernity: Rethinking Critical Discourse Analysis.* Edinburgh: Edinburgh Uiversity Press.

Christie, C. 2000. *Gender and Language.* Edinburgh: Edinburgh University Press.

Cixous, H. 1976. “Le sexe ou la tete”. *Les Cahiers du GRIF* 13: 1-16.

Cixous, H 1981a. “The Laugh of the Medusa”, in Marks and de Courtivron (eds). 245-282.

Cixous, H 1981b. “Stories”, in Marks and de Courtivron (eds). 76-115.

Coates, J. (ed). 1998. *Language and Gender*. London: Longman.

Coates, J. 1995. Language, gender and career, in S. Mills (ed.) *Language and Gender: Interdisciplinary Perspectives*. London: Longman, pp. 13-30.

Cole, C. M. 1991. Oh wise women of the stalls. . . , *Discourse & Society* 2: 401-11.

Cooper, P, J. 1987. Sex Role Stereotypes in Children’s Literature. In L.P. Stewart and S.Ting-Toomey(eds).*Communication, Gender, and Sex Roles in Diverse nteraction Contexts*. 61-82. Norwood, NJ: Ablex Publishing Co.

Crawford, M. 1988. Gender, age and the social evaluation of assertion, *Behavior Modification* 12: 549-64.

Crawford, M. 1995. *Talking Difference: On Gender and Language.* London: Sage.

Cullinan, B.E. 1994. *Literature and the Child.* NY. Harcourt Brace Jorabovich.

Cullinan, B.E. and Galda, L. 1994. *Literature and the Child.* San Diego: Harcourt.

Dahl, Osten.(1975). On generics. *Cambridge Colloquium on Formal Semantics of Natural Language*. Ed. Edward L. Keenan. London: Cambridge UP. 99-111

Daly, M. and J. Caputi. 1987. *Websters’ First New Intergalactic Wickedary of the English Language.* The Women’s Press: London.

Davies, C. E. 1986. The anonymous collective conversations of women’s graffiti, in Bremner, Caskey & Moonwomon (eds).

Derrida, J. 1976. *Of Grammatology*. Baltimore, MD: Johns Hopkins University Press.

Dubois, B. L., & Crouch, I. (1975). The question of tag-questions in women’s speech: They don’t really use more of them, do they? *Language in Society,* 4, 289-294.

Dunn, L. (1988) A study of tag questions in women’s friendly interaction. Unpublished term paper, Lancaster University.

Duranti, A. & Brenneis. (eds.). 1986. The audience as co-author. *Special Issue of Text* 6: 3. 239-47.

Eagleton, M. (ed.) 1986. *Feminist Literary Theory: A Reader.* Oxford: Blackwell.

Eagleton, M. (revised edn). 1994. *Feminist Literary Theory: A Reader*, Oxford: Blackwell. (revised edn. 1996)

Eckert, P. and McConnell-Ginet, S. 1987. *Native Tongue II.*. DAW Books: New York.

Eckert, P. 1992. Think Practically and Look Locally: Language and Gender as

Community-Based Practice, *Annual Review of Anthropology*, *21*:461-90.

Eckert, P. 2003. Language and Gender, Cambridge: Cambridge University Press.

Edmondson W.J. 1981. On saying you're sorry. In Florian Coulmas (ed.) *Conversational Routine*. The Hague: Mouton, 273-88.

Edwards, D. & Potter, J. 2001. 'Discursive psychology'. In A. McHoul and M. Rapley (eds) *How to Analyze Talk in Institutional Settings: A Casebook of Methods.* 12-24).London: Continuum.

Eggins, S. and Iedema, R. 1997. Difference without diversity: semantic orientation and ideology in competing women's magazines, in R. Wodak (ed.) *Gender and Discourse*. London: Sage.

Elgin, S. 1985. *Native Tongue*. Women's Press: London.

Ellman, M. 1968. *Thinking About Women*. New York: Harcourt Brace.

Erickson, F. 1986. Listening and speaking. Languages and linguistics: The interdependence of theory, data, and application. *Georgetown University*

Fairclough, N. 1989. *Language and Power*. London: Longman.

Fairclough, N. 1992. *Discourse and Social Change*. Cambridge: Polity Press.

Fairclough, N. 1995. *Media Discours*e. London: Arnold.

Fairclough, N. 2003. *Analysing Discourse: Textual Analysis for Social Research*. London: Routledge.

Faludi, S. 1991. *Backlash: The Undeclared War against American Women*. New York: Crown.

Fisher, S. 1993. Gender, power and resistance; is care the remedy?. in S. Fisher and K. Davis (eds) *Negotiating at the Margins: The Gendered Discourse of Power and Resistance*. New Brunswick, NJ: Rutgers University Press.

Frank, F. & Frank Anshen.(1984). *Language and the Sexes.* Albany:State Univ. of New York Press.

Frank, F. W & P. A. Treichler.(1990). *Language, Gender, and Professional Writing: Theoretical Approaches and Guidelines for Nonsexist Usage.* MLA Press

Fraser, B. 1981. On apologising. In Florian Coulmas (ed.) *Conversational Routine*. The Hague: Mouton, 259-71.

Freed, A. 1996. Language and gender in an experimental setting, in V. Bergvall, J. Bing and A. Freed (eds) *Rethinking Language and Gender Research: Theory and Practice*. New York: Longman, 54-76.

Gal, S. 1995. Language, Gender and Power: an Anthropological Review, in K. Hall and M.Bucholtz(eds) *Gender Articulated: Language and the Socially Constructed Self.* 169-82. London: Routledge.

Garfinkel, H. 1967. *Studies in Ethnomethodology*. Cambridge, MA: Polity Press.

Garner,J.F. 1994. *Politically Correct Bedtime Stories.* Macmillan Publishing USA.

Gilbert, P. and Taylor, S. 1991. *Fashioning the Feminine: Girls, Popular Culture and Schooling*. Sydney: Allen and Unwin.

Glazer, J. I. 1991. *Literature for Young Children*. New York: Macmillan.

Goddard, A. and L. Patterson. 2000. *Language and Gender*. London: Routledge.

Goffman, E. 1971. *Relations in Public*. New York: Basic Books.

Goffman, E. 1974. *Frame Analysis*. New York: Harper and Row.

Goffman, E. 1976. *Frame Analysis: An Essay on the Organiaztion of Experience*. New York: Harper and Row.

Goodwin, M.H. 1980. Directive-response speech sequences in girls' and boys' task activities, in S. McConnell-Ginet, R. Borker and N. Furman (eds) *Women and Language and Literature in Society*. New York: Praeger, 157-73

Graddol, D. and Swann, J, 1989. *Gender Voices*. Oxford: Blackwell.

Gumperz, J. J. 1978. The conversational analysis of interethnic communication. In E. Lamar Ross (ed.) *Interethnic Communication*: *Proceedings of the Southern Anthropological Society*. 9, 2: 159-66.

Gumperz, J. J. 1982. *Language and Social Identity.* Cambridge: Cambridge University Press.

Gumperz, J. J. 1982. *Discourse Strategies*. Cambridge: Cambridge University Press.

Hare-Mustina, R.T and Maracek, J. 1994.. Asking the Right Questions: Feminist Psychology and Sex Difference.*Feminism and Psychology. 4(*4):531-7.

Harris, R. J. and J. M. Firestone. 1988. "Changes in Predictors of Gender Role Ideologies among Women: A Multivariate Analysis". *Sex Roles* 38: 239-52.

Harvey, K. 1997. Everybody loves a lover. In K. Harvey & C. Shalom (Eds.) *Language and Desire* pp. 55-74. London: Routledge

Hayashi, R. 1997. Hierachical Interdependence Expressed through Conversational Styles in Japanese Women's Magazines. *Discourse and Society*. *8*(3): 359-389.

Hermes, J. 1995. *Reading Women's Magazines*. Cambridge: Polity

Herriman, J. (1988). Descriptions of woman and man in present-day English. *Moderne Sprak*, XCII(2), 136-142.

Hollway, W. 1994.. Beyond Sex Differences: A Project for Feminist Psychology. *Feminism and Psychology* *4*(4): 538-46.

Holmes, J. 1984. Hedging your bets and sitting on the fence: some evidence for hedges as support structures. *Te Reo* 27: 47-62.

Holmes, J. 1995. *Women, Men and Politeness*. Real Language Series. Longman:

London and New York.

Holmes, J. 2000. Women at work: analysing women's talk in New Zealand. *Australian Review of Applied Linguistics*, 22(2):1-17.

Holmes, J. and Schnurr, S. 2005. Politeness, humour and gender in the workplace: negotiating norms and identifying contestation, *Journal of Politeness Research: Language, Behaviour, Culture*, 1(1):121-49.

Holmes, J. 1984. Modifying illocutionary force. *Journal of Pragmatics* 8, 345-65.

________. 1995. *Women, Men and Politeness.* Longman Group. UK.

Hopper, R. & LeBaron, C. 1998. How gender creeps into talk, *Research on Language and Social Interaction. 31*(1): 59-74.

Horwood, E. C. (1971). *Poetry and prose: A selection.* London: Hutchison.

House, J. and Gabriele K. 1981. Politeness markers in English and German. In Florian Coulmas (ed.) *Conversational Routine*. The Hague: Mouton, pp.157-85.

Ide, Sachiko. 1982. Japanese sociolinguistics: politeness and women's language. *Lingua* 57: 357-85.

Ide, Sachiko. 1990. How and why do women speak more politely in Japanese. In Sachiko, Ide and Naomi Hanaoka McGloin (eds) *Aspects of Japanese Women's Language.* Tokyo: Kurosio, 63-79

Irigaray, L. 1985. This Sex Which Is Not One, trans. C. Proter, New York: Cornell University Press.

Jacobs, R. A., & P. S. Rosenbaum. 1971. *Transformations, Style, and Meaning*. Waltham:Xerox Coll.

Jagose, A. 1996. *Queer Theory: An Introduction*. New York: New York University Press.

James, D. & Clarke, S. 1993. Women, men and interruptions: a critical review. in Tannen (ed).

Janoschka, A, 2004. *Web Advertising: New Forms of Communication on the Internet*. Amsterdam: John Benjamins.

Jansen, S. C., and Sabo, D. 1994. The Sport/War Metaphor: hegemonic Masculinity, the Persian Gulf War and the New World Order. *Sociology of Sport Journal. 11*: 1-17.

Jenkins, M. M. 1986. What's so funny? Joking among women. in Bremner, Caskey & Moonwomon (eds).

Jepersen, O. 1922. *Language: its Nature, Development, and Origin*. London: Allen and Unwin.

Jones, D. 1980. Gossip: notes on women's oral culture, in Kramarae, C. (ed.) *The*

Voices and Words of Women and Men, Oxford: Pergamon.

Joseph, J. 2004. *Language and Identity: National, Ethnic, Religious*. Basingstoke: Palgrave Macmillan.

Kamen, P. 1991. *Feminist Fatale: Voices from the "noentrysomething" Generation Explore the Future of the Women's Movement*. New York: Donald 1. Fine.

Kaminer, W. 1993. "Feminism's Identity Crisis". *Atlantic Monthly*(January/October).

Keenan, E. O. 1974. Norm makers, norm breakers: uses of speech by men and women in a Malagasy community. in Bauman, R. & Sherzer, J. (eds) *Explorations in the Ethnography of Speaking*, Cambridge: Cambridge University Press.

Kendall, S and Tannen, D. 1997, Gender and language in the workplace, in R. Wodak(ed.) *Gender and Discourse*. New York: Longman, 81-105.

Kendall, S. 2004. Framing authority: gender, face and mitigation at a radio network, *Discourse and Society*, 15(1): 55-79.

Kessler, S. & McKenna, W. 1978. *Gender: an Ethnomethodological Approach*, New York: Wiley.

Kessler,S. J., and McKenna, S. 1978. *Gender: An Ethnomethodological Approach*. New York: Wiley.

Kimball, R. 1990. *Tenured Radicals: How Politics has Corrupted Higher Education*. New York: Harper & Row.

Kramarae, C. 1986a. A feminist critique of sociolinguistics, *JAPLA* 8: 1-22.

Kramarae, C. 1986b. Linguistic crimes which the law cannot reach, in Bremner, Caskey & Moonwomon (eds).

Kress, G. 1985. *Linguistic Processes in Sociocultural Practice*. Victoria: Deakin University Press.

Kristeva, A. 1986. Word, dialogue and novel, in T. Moi (ed.) *The Kristeva Reader*.

Kupier, Koenraad (1991) Sporting formulae in New Zealand English; two models of male solidarity. In Jenny Cheshire(ed.) *English around the World: Sociolinguistic Perspectives.* Cambridge: Cambridge University Press, pp. 200-9.

Labov, W. 1972. *Sociolinguistic Patterns*. Philadelphia: University of Pennsylvania Press.

Lakoff, R. 1973. Language and Woman's Place. *Language in Society*. *2*:45-80

Lakoff, R. 1975. *Language and women's place.* New York: Harper & Row.

Lakoff, R. 1979. Women's language, in Butturff and Epstein (eds) *Women's Language and Style*. Akron, OH: University of Akron.

Lakoff, R. 1975. *Language and Woman's Place*. New York: Harper and Row.

Lakoff, R. 1990. *Talking Power: The Politics of Language: The Politics of Language*. San Francisco: Basic Books.

Laver, J. 1981. Linguistic routines ad politeness in greeting and parting. In Florian Coulmas (ed.) *Conversational Routine.* The Hague: Mouton, 289-304.

Lamb, C. 1980. *Seduction.* Richmond: Harlequin Mills & Boon Ltd.

Lave, J and Wenger, E. 1991. *Situated Learning: Legitimate Peripheral Participation*. Cambridge: Cambridge University Press.

Lazar, M. 2002. Consuming personal relationships: the achievement of feminine self-identity through other-centeredness, in L. Litosseliti and J. Sunderland (eds) *Gender Identity and Discourse Analysis*. Amsterdam: Jo Benjamins. 11-28.

Lazar, M. 2005. *Feminist Critical Discourse Analysis. London*: Palgrave.

Leech, G. N. 1983. *Principles of Pragmatics*. London: Longman.

Leonardi, S. 1986. "Bare Places and Ancient Blemishes: Virginia Woolf's Search for New Language in Night and Day". *Novel* (Winter): 150-64.

Levorato, A. 2003. *Language and Gender in the Fairy Tale Tradition*. Palgrave Macmillan.

Litosseliti, L. 2002. The discursive construction of morality and gender: investigating public and private arguments, in S. Benor, M. Rose, D. Sharma, J. Sweetland and Z. Zhang (eds) *Gendered Practices in Language*. Stanford, CA: Center for the Study of Language and Information, Stanford University, pp. 45-63.

Litosseliti, L. 2006. *Gender and Language: Theory and Practice*. Hodder Arnold. Oxford University Press.

Livia, A. and Hall, K. 1977. It's a Girl! Bringing Performativity back to Linguistics'. In J. Holmes and M. Meyerhoff(eds). *Queerly Pharased: Language, Gender, and Sexuality*. New York: Oxford University Press.

Lyons, J. 1977. *Semantics*. 2 vols. Cambridge: Cambridge UP.

Macdonald, M. 1995. *Representing Women: Myths of Femininity in the Popular Media*. London: Arnold.

Machin, D. & Thornborrow, J. 2003. Branding and discourse: the case of cosmopolitan. *Discourse and Society,* 14(4): 453-71.

Maltz, D. & Borker, R. 1982. A cultural approach to male-female miscommunication. J. Gumperz. ed. In *Language and Social Identity*. New York: Cambridge University Press. 195-216.

Marks, E. and Courtivron, I. 1980. *New French Feminism*, Amherst: University of Massachusetts Press.

Martin-Rojo, L. and Gomenz Esteban, C. 2002. Discourse at work: when women take on the role of manager, in G. Weiss and R. Wodak(eds) *Critical Discourse Analysis: Theory and Interdisciplinarity*. London: Palgrave Macmillan.

Mason K. and Y. H. Lu. 1988. “Attitudes toward women’s Familiar Roles: Changes in the United States 1977-1985”. *Gender and Society* 2: 39-57.

McConnell-Ginet, S. 2000. Breaking through the glass ceiling: can linguistic awareness help?, in J. Holmes (eds) *Gendered Speech in Social Context: Perspectives from Gown to Town*. Wellington: Victoria University Press, 259-82.

McConnell-Ginet, S. R. Broker & N. Furman, eds.(1986). *Women and Language in Literature and Society*. New York: Praeger

McConnell-Ginnet, S. , Borker, R. & Furman, N. (eds). *Women and Language in Literature and Society*. New York: Praeger.

McCracken, E. 1993. Decoding Women’s Magazines: from Mademoiselle to Ms. Macmillan Press.

McDermott, R. P., & Henry Tylbor. 1983. On the necessity of collusion in conversation. *Text* 3: 3. 277-97.

McElhinny, B. 2003. Theorizing gender in sociolinguistics and linguistic anthropology, in J. Holmes and M. Meyerhoff (eds) *The Handbook of Language and Gender*. Oxford: Blackwell, 21-42.

McIntosh, P. 1989. White Privilege: Unpacking the Invisible Knapsack. *Peace and Freedom.* 10-12. July-August.

Mill, S. 1997. *Discourse*. London: Routledge.

Miller, C. & K. Swift. 1988. *The Handbook of Nonsexist Writing*. 2nd rev. ed. New York: Harper

Mills, S. 2002. Third Wave Feminist Linguistics and the Analysis of Sexism, Plenary Talk at IGALA 2 Conference, 12-14 April, Lancaster. Also in *Discourse Analysis f*rom the world-wide web: http://www.shu.ac.uk/daol/

Morgan, G. 1986. *Images of organization.* London: Sage.

Mullany, L. 2003. Identity and role construction: a sociolinguistic study of gender and discourse in management, unpublished PhD thesis, Nottingham Trent University, UK.

N. Sik Hung and James J. Bradac. 1993. *Power in Language.* London: Sage.

Olshtain, E. 1983. “Spociocultural competence and language transfer: The case of apology.” In S., M. Gass. & L. Selinker (eds.), *Language Transfer in Language Learning*. 232-249. Rowley, MA:Newbury House.

Ostermannn, A.C. 2003. Communities of practice at work: gender, facework and the power of habitus at an all-female police station and a feminist crisis intervention center in Brazil, *Discourse and Society*, 14(4): 473-505.

Peltola P. Milkie A. M. & Presser S. 2004. The Feminist mystique: feminist identity in three generations of women. *Gender and Society* 18. No.1: 122-144.

Pilkington, J. 1992. Don't try to make out that I'm nice! The different strategies women and men use when gossiping. *Wellington Working papers in Linguistics* 5: 37-60.

Rosenfeld, R. A. & B. W. Kathryn. 1996. Evolution of the contemporary U.S. women's movement. *Research in Social Movements, Conflict and Change* 19: 51-73.

O'Barr, W. & Atkins, B. K. 1980. Women's language or powerless language? In McConnell-Ginet, Borker & Furman 1980.

Quirk, R., S. Greenbaum, G. Leech & J. Svartvik. 1985. *A Comprehensive Grammar of the English Language*. London: Longman.

Rakow, L. F. 1987. Looking to the future: five questions for gender research, *Women's Studies in Communication* 10: 79-86.

Reskin, B. and Roos, P. 1990. *Job Queues, Gender Queues*. Philadelphia: Temple University Press.

Riley, S. 2002. Constructions of equality and discrimination in professional men's talk, *British Journal of Social Psychology*, 41: 443-61.

Roberts, Celia, Evelyn D. and Tom J. 1992. *Language and Discrimination.* London: Longman.

Rosenberg, R. 1987. From the witness stand: previously unpulished testimony in the sex discrimination case against sears. *Academic Questions* 1.1 15-35.

Routman, R. 1988. *Transitions: From Literature to Literacy.* Heinemann: Portsmouth & New Hampshire.

Sachie, I. 1998. Apology across culture and gender. *SURCLE.* Vol. I. 26-35.

Sacks, H. 1995. *Lectures on Conversation* (vols 1 and 2 combined, G. Jefferson, ed.). Oxford: Blackwell.

Sattel, J. 1983. Men, inexpressiveness and power, in Thorne, Kramarae & Henley (eds). *Language, Gender and Society*. Rowley. MA: Newbury House.

Schegloff, E. 1982. Discourse as an interactional achivement: Some uses of 'uhuh' and other things that come between sentences. Analyzing discourse:Text and talk. Georgetown University Round Table on Languages and Linguistics. 1981.ed.by Deborah Tannen. 71-93. Washington, DC: Georgetown University Press.

Schegloff, E. 1988. Discourse as an interactional achievement II: An exercise in conversation analysis. *Linguistics in Context: Connecting Observation and*

Understanding, ed. by Deborah Tannen, 135-58. Norwood, NJ: Ablex.

Schegloff, E. 1992. In Another Context. In A. Duranti and C. Goodwin(eds) *Rethinking Context: Language as an Interactive Phenomenon.* 191-227. Cambride: Cambridge University Press.

Scollon, R. & Scollon, S. 1981. *Narrative, Literacy and Face in Interethnic Communication.* Norwood. NJ: Ablex.

Shimanoff & Susan, B. 1977. Investigating politeness. In E.O. Keenan and T.L. Bennett (eds) *Discourse across Time and Space: Southern California Occasional Papers in Linguistics.* No. 5, 213-41.

Showalter, E. 1981. "Feminist Criticism in the Wildnerness", *Critical Inquiry* 8: 189-206.

Shuy, R. 1982. Topic as the unit of analysis in a criminal law case, in Tannen, D. (ed.) *Analyzing Discourse: Text and Talk.* Washington DC: Georgetown University Press.

Smith, J. S. 1992. Women in charge: politeness and directives in the speech of Japanese women. *Language in Society* 21, 1: 59-82.

Smith-Hefner, Nancy J. 1988. Women and politeness: the Javanese example. *Language in Society* 17, 4: 535-54.

Speer,S.A. 2002. Sexist Talk: Gender Categories, Participants' Orientations and Irony. *Journal of Sociolinguistics. 6*(3):347-77

Speer,S.A. 2005. *Gender Talk: Feminism, Discourse and Conversaton Analysis.* London and New York: Routledge.

Spender, D. 1980. *Man made language.* London: Pandora.

Spender, D. 1980. "Disappearing Tricks" in Dale Spender and Elizabeth Sarah(eds), *Learning to Lose: Sexism and Education.*

Spender, D. 1980. *Man Made Language*, London: Routledge and Kegan Paul. *The Young Childern's Encyclopedia.* 1997. vol. 10. Encyclopedia Brittannica. Inc.

Spender, D. *The Young Children's Encyclopedia.* 1997. vol. 3, Encyclopedia Britannica Inc.

Spender, D. and S. Elizabeth (eds). 1980. *Learning to Lose: Sexism and Education.* The Woman Press.

Stewart, L. P. and Ting-Toomey, S. (eds), 1987. *Communication, Gender, and Sex Roles in Diverse Interaction Contexts*. Norwood, NJ: Ablex Publishing Co. *Round table on Languages and Linguistics* 1985, ed. by Deborah Tannen, 294-319. Washington, DC: Georgetown University Press.

Stubbe, M., Holmes, J., Vine, B. and Marra, M. 2000. Forget Mars and Venus: let's get back to earth!: challenging gender stereotypes in the workplace, in J. Holmes (ed.) *Gendered Speech in Social Context: Perspectives from Gown to Town*. wellington: Victoria University Press, 231-58.

Stubbe, M. 1991. Talking at cross-purposes: the effect of gender on New Zealand primary school children's interaction strategies in pair discussions. MA thesis. Wellington: Victoria University.

Stubbe, M. 1995. Collocations and cultural connotations of common words. *Linguistics and Education*. 7. 379-90.

Stubbe, M. 1996. *Text and Corpus Analysis*. Oxford: Blackwell.

Talbot, M. 1995. A synthetic sisterhood: false friends in a teenage magazine, in K. Hall and M. Bucholtz (eds) *Gender Articulated: Language and the Socially Constructed Self*. New York: Routledge.

Stubbe, M. 1998. *Language and Gender: An Introduction*. Cambridge: Polity Press.

Tallentire, D. 1986. Confirming intuition about style using condordances, in Jones, A. (ed.) *The Computer in Literary and Linguistic Studies*, Cardiff: University of Wales Press.

Tannen, D. 1981. Indirectness in discourse: ethnicity as conversational style. *Discourse Processes* 4 (3): 221-38.

Tannen, D. 1984. *Conversational Style: Analyzing Talk among Friends*. Norwood, NJ:Ablex.

Tannen, D. 1985. Silence: Anything but. in Tannen & Saville-Troike(eds). *Perspective on Silence*. Norwood, NJ: Ablex.

Tannen, D. 1986. *That's Not What I Meant! How Conversational Style Makes or Breakes Your Relations with Others*. New York: Morrow.

Tannen, D. 1990a. *You Just Don't Understand: Men and Women in Conversation*, New York: Morrow.

Tannen, D. 1990b/1994. Gender differences in conversational coherence, in Tannen 1994.

Tannen, D. 1990c. Gender differences in topical coherence. Discourse Processes: 73-90.

Tannen, D. 1990. *You Just Don't Understand*. New York: Ballantine.

Tannen, D. 1994. Talking from 9 to 5: women and men in the workplace: Language, Sex and Power. New York: Avon.

Tannen, D. 1996. Gender and Discourse. Oxford University Press. New York: Oxford.

Tester, K. 1994. *Media, Culture and Morality*. London: Routledge.

Thaler, B, 1987. Gender Stereotyping in the Comic Strips. In L. P. Stewart and S.

Ting-Tommey (eds), *Communication, Gender and Sex Roles in Diverse Interaction Contexts.* 189-199. Norwood, NJ: Ablex Publishing Co. The United States Dept of Labor. 1975. *Job Title Revisions*, 3rd edn.

Thimm, C., Koch, S. & Schey, S. 2003. Communicating gendered professional identity: competence, cooperation, and conflict in the workplace, in J. Holmes and M. Meyerhoff (eds) *The Handbook of Language and Gender*. Oxford: Blackwell, pp. 528-49.

Thompson, K. 1998. *Moral Panics*. London: Routledge.

Thorne, B. & Henley, N (eds). 1975. *Language and Sex: Difference and Dominance*. Rowley, MA: Newbury House.

Thornton, A. 1989. "Changing Attitudes toward Family Issues in the United States". *Journal of Marriage and the Family* 51: 873-93.

Thornton, A. F. D. F Alwin and D. Camburn. 1983. Causes and consequences of sex-Role attitudes and attitude change. *American Sociological Review* 48: 211-27.

Tibbets, A. M., & Charlene Tibbetts. 1983. Reponse to Mary K. Deshazer. *College Composition and Communication* 34: 485-90.

Treichler, P. & Kramarae, C. 1983. Women's talk in the ivory tower. *Communication Quarterly* 31: 118-32.

Treichler, P. A. 1986. Language, feminism, theory: an annotated bibliography. *Woman and Language*. 10(1): 5-36.

Troemel-Ploetz, S. 1992. The construction of conversational equality by women. In Kira Hall, Mary Bucholtz and Birch Moonwomon (eds) *Locating Power*. Proceedings of the Second Berkeley Women and Language Conference, 4 and 5 April 1992, Vol. 2. Berkeley, Cal.: Berkeley Women and Language Group, University of California, pp. 581-9.

Walsh, C. 2001. *Gender and Discourse: Language and Power in Politics, the Church and Organisations.* London: Longman.

Weatherall, A. 2002. *Gender, Language and Discourse.* New York: Routledge.

Wenger, E. 1998. *Communities of Practice*. Cambridge: Cambridge University Press.

West, C. & Zimmerman, D. 1983. Small insults: a study of interruptions in cross-sex conversations between unacquainted persons, in Thorne, Henley & Kramarae (eds). *Language, Gender and Society*, Rowley, MA: Newbury House.

West, C. & Zimmerman, D. 1987. *Doing Gender, Gender and Society* 1: 125-51.

West, C. 1984. When the doctor is a lady, *Symbolic Interaction*, 7:87-106.

West, C. 1990. Not just 'doctor's orders':directive response sequences in patients' visits to women and men physicians, *Discourse and Society*, 1(1): 85-112.

Wetherell, M., Stiven, H. and Potter, J. 1987. Unequal egalitarianism: a preliminary study of discourses concerning gender and employment opportunities, *British Journal of Social Psychology*, 26: 59-71.

Wetzel, Patricia J. 1988. A. 'powerless' communication strategies the Japanese norm? *Language in Society* 17(4): 555-64. Reprinted in Sachiko Ide and Naomi McGloin (eds). 1991. *Aspects of Japanese Women's Language.* Tokyo: Kurosia, 115-26.

Whorf, B. L. 1976. *Language and Thought and Reality*, ed. J. B. Carroll. Cambridge. MA: MIT Press.

Wilkin, H. A. *et. al*. 1962. *Psychological Differentiation*. New York: Wiley.

Williams, R. & M. A. Wittig. 1997. "I'm not a feminist, but?" factors contributing to the discrepancy between pro-feminist orientation and feminist social identity. *sex roles* 37: 885-904.

Winship, J. 1987. *Inside Women's Magazines*. London: Pandora.

Wittig, M. 1983. The point of view: universal or particular? *Feminist Issues* 3 (2).

Wodak, R. (ed.) 1997. *Gender and Discourse*. London: Sage.

Woolf, V. 1929. *A Room of One's Own*. London: Granada.

Woolf, V. 1977 [1929]. *A Room of One's Own*. London: Granada.

Zimmerman, D. H. & West, C. 1975. 'Sex Roles, Interruptions and Silences in Conversation'. In B. Thorne and N. Henley (eds). *Language and Sex: Difference and Dominance*. 105-29. Rowley, MA: Newbury House.

Zimmerman, D. H. & West, C. 1987. Doing Gender. *Gender and Society*. *1*:125-151

Zipes, Z. (ed). 1983. *Trials and Tribulations of Little Red Riding Hood.* London: Heinemann.

<인터넷 참고문헌>

http://mybox.happycampus.com/platon21/339185 '일상생활에서 나타나는 성차별적 언어와 행위'

http://news.naver.com

http://snow.shinshu-u.ac.jp/~surcle/surcle01/04.pdf

http://philip.greenspun.com/zoo/red-riding-hood

http://www.surlalunefairytales.com